JN000130

ドラマから映画、K-POPまで知られざる最強戦略

韓国コンテンツはなぜ世界を席巻するのか

KOREAN CONTENTS

WHY KOREAN CONTENTS ARE
TAKING THE WORLD BY STORM

増淵敏之 法政大学大学院政策創造研究科教授
コンテンツツーリズム学会会長
岡田幸信

徳間書店

はじめに

2020年から現在まで、新型コロナウイルスのパンデミックの影響で、都度、生活が制限されるなか、韓流ドラマはNetflixの普及に伴い、第4次ブームを日本でも巻き起こした。『愛の不時着』『梨泰院《イテウォン》クラス』『イカゲーム』『地獄が呼んでいる』など、次々にNetflixで上位を占めるようになった。日本のコンテンツはアニメが比較的堅調ではあるが、すでにドラマにおいては韓国の後塵を拝しているといっても過言ではない。

もちろん、日本のドラマも2021年は『最愛』『アバランチ』、2022年は地上波では『Silent』、Netflixでは『First Love 初恋』などが健闘したが、Netflixがグローバルなプラットフォームであることからすれば、韓国が日本に比べて先行しているという見方はあながち間違いではないだろう。まして同じコンテンツ領域では、ポピュラー音楽ではK-POPがグローバルに存在感を示して久しい。実際、相乗効果もあがっており、IU《アイユー》に代表されるようにK-POPアーティストが俳優として活躍する事例や、韓流ドラマにおけるK-POPの劇中歌としての使用も大きな効果を生んでいる。

日本はアニメ、マンガ、ゲームを中心に海外でも認知度を高めてきたが、その領域でも中国、韓国の追い上げには目を見張るものがある。２０１０年に経済産業省が日本のポピュラー文化を日本の経済活動とし、海外進出・人材育成を促進するためクール・ジャパン室を創設したところから、クールジャパン政策は始まるが、政策的には大きな結果には結び付いていないので、評価は難しい。アニメ『君の名は。』『鬼滅の刃』が海外でもヒットしたものの、このヒットは民間企業が主体になって実現したという認識が強い。

つまり、日本と比べて韓国は国として大きなムーブメントを創出することに成功したと見てもいい。冷静に判断して、もはや日本のコンテンツの海外展開には、相当、一層の努力が求められている。とくにポピュラー音楽、ドラマ、映画などの映像コンテンツに関しては、韓国が日本に対して競争優位に立っていることは否定できない。

もちろん、その背景には日本の経済的な凋落《ちょうらく》がある。日本は、１９８０年代にはアメリカを経済的に凌《しの》ぐのではないかといわれ、とくに半導体を中心にした家電製品などの海外での比較優位を誇っていたが、それも昔日《せきじつ》のことだ。その領域で台頭する韓国、台湾、そして物量で圧倒的な力を持つ中国、デジタル時代の世界を寡占しているＧＡＦＡ《ガーファ》（グーグル、アップル、フェイスブック〈現メタ〉、アマゾン）を擁するアメリカの狭間で揺らめいているだけの存在になってしまった。

現在、日本の産業を支えている自動車も来《きた》るべき非化石燃料時代にうまく対応ができるのだろうかという心配がある。まだまだ日本の技術力、開発力には潜在的な力があるという意見もあるが、例えば新型コロナウイルスのワクチンにしても、薬事法等の複雑な背景があるとはいえ、どうして2年以上も開発できないのだろう。ひとことでいえば、産業構造の転換に失敗したということになるのだろうか。

さて、本書ではふたつのテーマを設定して進めていきたい。ひとつは、これだけの結果を出すことに成功した韓国のコンテンツ振興であり、もうひとつは、韓流ドラマを中心にした観光の活性化である。つまりコンテンツ振興の延長線上に、それに伴った観光振興があるということだ。それを本書ではコンテンツツーリズムと呼ぶことにする。魅力的なコンテンツ創出が前提にあっての観光行動がコンテンツツーリズムなのである。

従来のコンテンツツーリズムの議論で欠けている部分はこの点にある。つまり、ファンダム（熱心なファンたちによる世界観や文化）の対極にある部分である。従来は、ファンの立場を重視した捉え方がとくにアニメツーリズムでは一般的だったが、今後のコンテンツツーリズム研究は、その背景にある産業政策も視野に入れていく必要があるだろう。つまり、ファンダムなどの現象面を追いかけるだけではコンテンツツーリズムの議論は深まらないともいえる。コンテンツ産業のあり方にまで踏み込むことの必要性も、グローバルな視野での競争戦略を考えるうえでは不可欠に思う。

また、新たな視点として韓国のコンテンツの浸透は、ＳＮＳやＹｏｕＴｕｂｅなど動画共有サイトの相乗効果によるところも大きい。メディアがデジタルにシフトして以降の特徴でもあるが、これからはこの点を見過ごすわけにはいかないだろう。これはあくまで偶発的な事象なのかもしれないが、ソウルをはじめ韓国の都市のイメージ伝達には、ＳＮＳや動画共有サイトだけでも相当の効果があるといっていい。

ある意味、もはやコンテンツ領域においては、日本が韓国や中国から学ぶ時代が来たという解釈もできよう。韓国のコンテンツ産業振興政策を分析し、かつそれをインバウンド観光客創出の契機にしようという政策の推進も、すでに韓国政府は表明している。もちろん、本格的にはパンデミック以降の着手になるのだろうが、日本としても注目すべきだ。確かにビジット・ジャパンの成功により、インバウンド観光客数はパンデミック前には日本は韓国を追い抜いたのだが、韓国のコンテンツの世界的な認知度が高まることで、充分に再逆転もあり得るだろう。

日韓両国ともそれぞれに経済的な側面で大きな課題を抱えてはいるが、それでも韓国は依然として競争優位を保っているＩＴ産業や台頭するコンテンツ産業を軸として、海外での競争力を高めていこうとしている。さて、日本はどのような策を講じればいいのだろうか。本書はコンテンツ産業創出およびコンテンツを活用した観光創出を見ていくものであり、２０２２年の夏に実際に韓国を訪れて現地調査を行った。そうすることで、本書に一定のリアリティを持たせることができたと考えている。

しかし振り返ってみると、筆者が韓国のコンテンツを強く意識したのは２０００年に日本で公開された映画『シュリ』からだった。それまでは隣国とはいえ、ほとんど意識をしていなかった。韓国は朝鮮戦争のあと、朴正熙《パクチョンヒ》政権時に「漢江《ハンガン》の奇跡」と呼ばれる経済復興を成し遂げたが、長く続いた軍事政権のもとでポップカルチャーはなかなか育たなかった。民主化以降、鉄鋼、造船、自動車、家電で企業の台頭があったが、１９９７年の通貨危機でＩＭＦ（国際通貨基金）による救済を受けることにより、産業再編を余儀なくされた。

つまり、韓国が本格的にコンテンツ産業振興に乗り出したのはそれ以降のことになる。まだ20年余りだ。日本はちょうど１９９０年前後にバブル経済を迎え、その後は産業構造の転換がうまくいかず、見事に失速した。つまり戦前から連綿と続くコンテンツ産業の成長のピークは、１９８０年代とそれ以降のわずかな期間ということになるだろう。確かに、前掲したアニメやマンガでは相変わらず国内でのヒット作品を生み続けているが、一部の作品を除いてグローバルに展開しているとは言い難い。

一方、韓国のコンテンツのグローバル展開を見ていると、学ぶべき点が多々あるように思える。もはやアジアにおいても日本は頂点にいるわけではない。とくに、コンテンツの領域においては韓国、中国の追撃を受け、その優位性も薄れつつあるという見方は厳しすぎるだろうか。バブル崩壊後、日本の経済成長率は足踏みを続け、ここでももはや優位性を担保にはできない。ましてや、いつ終息するのかわからない新型コロナのパンデミックの影響も見逃せない。

ただ、これまでの日本のコンテンツ産業が残してきた実績は否定できない。また日本人特有の美意識、表現力はオリジナリティ豊かなものである。この延長線上に未来を描くために、隣国である韓国のコンテンツの成長の理由を解き明かし、かつ韓国が国の政策としてコンテンツ作品を観光に活用していく戦術の効用を分析、考察していきたい。

議論の範囲は産業から観光までと、相当、広くなるが、できる限り散漫にならないように心がけたつもりだ。最後までお付き合いいただければ幸いである。

なお、第7章はさらなるリアリティも盛り込むことが必要なのではないかと考え、メディアで映像や出版業に携わる岡田幸信氏に寄稿をお願いした。違う観点からの韓流ドラマが語られていることと思う。

韓国コンテンツはなぜ世界を席巻するのか――目次

第3章　K-POPの海外戦略

第4章 活発化する韓国ドラマの「聖地巡礼」

第7章

日本のエンタメ業界から見た韓国ドラマの強さ

装幀／井上新八

第1章

日本のドラマはなぜ韓流に負けるのか？

1　ヒット作品が次々に生まれる韓流ドラマ

◎すべては『冬ソナ』から始まった

韓流ドラマについては、かつて『物語を旅するひとびと―コンテンツ・ツーリズムとは何か』（彩流社、2010年）でも触れたことがある。2000年代初頭に日本で起こった、『冬のソナタ』による中高年層の訪韓行動を中心に書いた。いわゆる『冬ソナ』ブームである。2002年、韓国で放送されたテレビドラマ『冬のソナタ』は、2003年からNHK－BS、2004年からはNHK総合でも放送され、一大ブームを巻き起こす。

2004年に入ると、テレビ、ラジオ、映画、音楽、新聞、出版などの各メディアが競うように韓国の文化芸能情報を取り上げ、「韓流」という言葉を普及させた。この年、民間調査機関の発表する各種のヒット商品番付では、「韓流」が上位にランクインした。

各旅行会社も韓国でのロケ地巡りツアーを企画し、ドラマの舞台になったソウル、春《チュン》川《チョン》には連日、日本人観光客が訪れるようになる。このいわゆる『冬ソナ』ブームや韓流ブームの解釈については、これまでも多くの識者、論者が議論を多彩に展開させてきた。また、2006年からはパチンコ台にも『冬ソナ』バージョンが登場し、ブームの余波は意外と長く続いた。

『冬ソナ』ブームが作られ、ロケ地訪問ツアーがわが国の中高年層を中心に人気を呼び、韓国への観光客が急増したことも記憶に新しい。韓国への日本人観光客は2004年4月から10月までの7カ月間に18万7192人増加し、これに伴い韓国の観光収入も299億5000万円増加した。また『冬ソナ』ブームは、日本国内での『冬ソナ』関連商品の販売増加、主演の俳優のCM効果による商品の売り上げ拡大などを通じて、日本のマクロ経済にも好影響を与えたとされる。

「はじめに」にも書いたが、筆者が韓国の映像コンテンツを強く意識したのは、1999年公開の映画『シュリ』からだった。その年の東京国際映画祭で上映され、翌2000年に日本でも公開された。北朝鮮から韓国に潜入した武装集団を巡るスパイアクション映画で、日本での配給はシネカノン、アミューズだった。まだ筆者がレコード会社にいた頃で、そういう情報は身近に入ってきており、映画館に観に行ったことを覚えている。韓国の映像コンテンツの成長を確認できる作品だった。

『冬ソナ』に話を戻そう。確かに『冬ソナ』は中高年層の女性から大きな支持を受けた。藤脇邦夫『定年後の韓国ドラマ』（2016年、幻冬舎）でも、「当時こういったドラマ世界は日本で探すことはほとんどできなかった」（P20）とし、それを「通俗のメカニズム」ともいうべき完成度と述べている。日本では見られなくなったかつての古典的なストーリー展開、初恋の人との紆余曲折《うよきょくせつ》を経ての恋の成就が、日本の視聴者にある種の懐かしさを与えたのだろう。

また、南怡島《ナミソム》のメタセコイアの並木道に象徴される美しい風景、効果的な音楽など、当

[図1] 年代別でみた『冬のソナタ』視聴回数

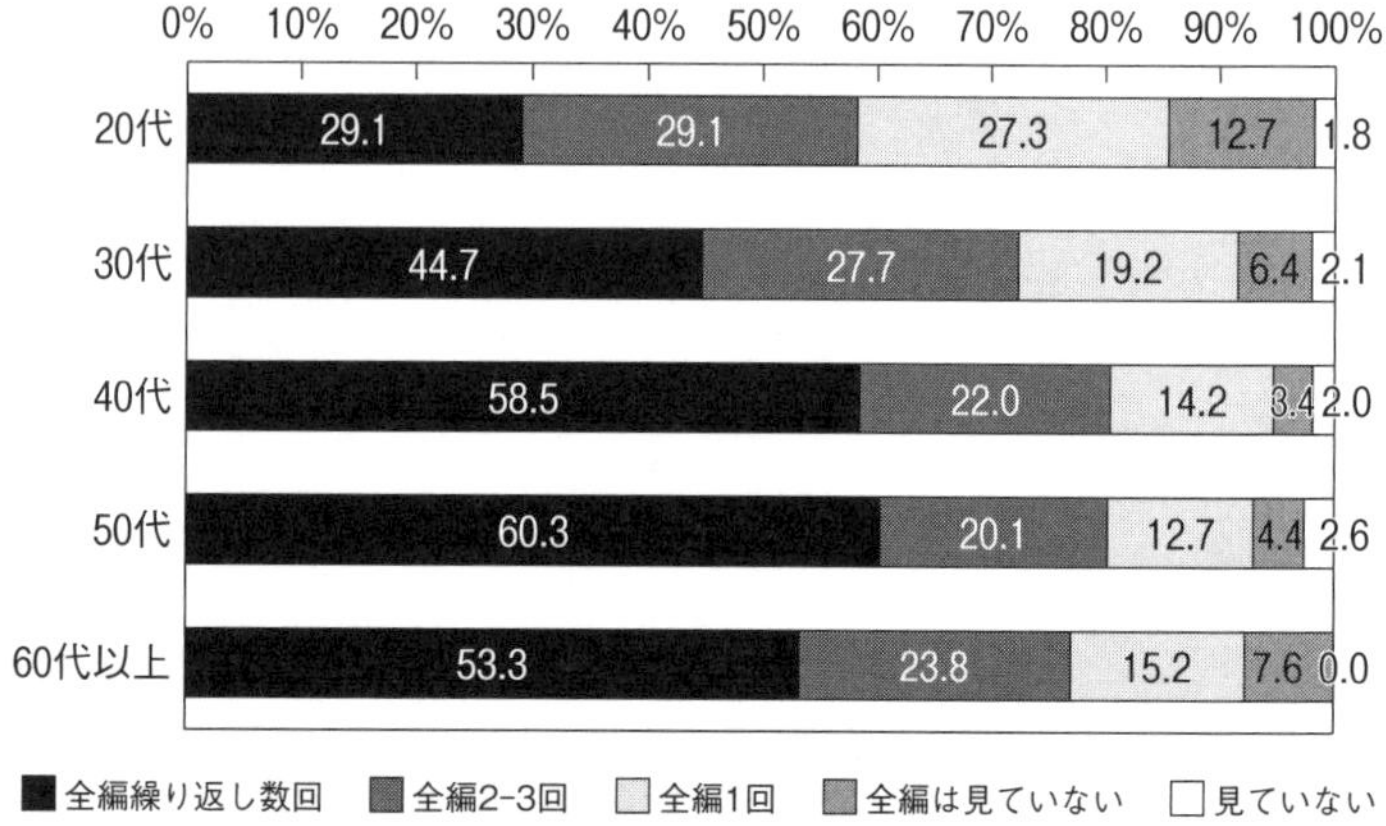

出典）金相美「日本における『冬のソナタ』視聴と効用」（2004年）
注）N（母集団）＝798

時の筆者にとっては少々、気恥ずかしいものではあったが、それでも全20回を観てしまったというのはコンテンツの力だったのだろう。それは認めざるを得ない。監督はユン・ソクホで、彼にとっては、2000年の『秋の童話』に続く作品であり、『冬のソナタ』の後に『夏の香り』（2003年）、『春のワルツ』（2006年）が放送され、この4作は『四季シリーズ』と呼ばれている。

主演のペ・ヨンジュンは日本では中高年層のアイドルとなり、訪日の際には成田空港に数千人のファンが集まり、ホテルの駐車場には出待ちの女性が殺到し、ケガ人が出るほどの熱狂ぶりだった。また、ヒロインのチェ・ジウも日本のテレビドラマに出演するなど、『冬ソナ』現象と呼ばれるほどの、一種の社会現象になった。ペ・ヨンジュンの日本での愛称は「ヨン様」で、日本ではフルネームよりも愛称で呼ばれることが多くなった。

［図１］は金相美「日本における『冬のソナタ』視聴と効用」（２００４年、ソウル大学校・東京大学合同シンポジウム・プレゼンテーション）に掲載されていたものだが、当時の日本の視聴者がどれほどこのドラマにハマっていたのかがわかる。要するに、ディープな視聴者が多いということは、実際の観光行動に結び付くのだという、ひとつの根拠にもなるだろう。リピート視聴はコアなファンを作っていく。

◎日本からのアウトバウンド観光が急増

『冬ソナ』は、日本からのアウトバウンド観光客が急増した契機になった作品とされている。２００２年にサッカーの日韓ワールドカップが実施され、両国の交流が進展したが、その後、ＳＡＲＳ《サーズ》（重症急性呼吸器症候群）による影響で一時期、滞ったところで、『冬ソナ』によって日本からのアウトバウンド観光が活発化するという流れを辿《たど》った。

ロケ地は、南怡島《ナミソム》、東海《トンヘ》、竜平《ヨンピョン》リゾート、外島《ウェド》、そしてソウルであった。基本的に主人公の二人が出会うのが春川という設定であったが、彼らの家や通った高校はソウルでロケがなされた。また、彼らが社会に出てから再会するのだが、その時代はソウルが中心で、一緒にリゾート開発を手掛けるスキーリゾートに竜平リゾート、二人で遠出をした海辺の町に東海、最終回でまた二人が再会する場所に外島が使われた。［図２］（23ページ）は当時の日本の旅行会社が企画した『冬ソナ』のプランである（現在はリンク切れになっている）。

日本人はディテールにこだわる国民性があるといわれるが、このプランでもやはり主人公たちの一挙一動を勘案したうえでのものになっている。3泊4日の旅程であるが、ファンが訪れたい場所をほとんど網羅した内容になっている。おそらくこの手のプランで韓国を訪れたファンは帰国後、また熱心なリピーターになったに違いない。

『冬ソナ』は韓流ブームの幕開けだった。現在、ペ・ヨンジュンは実業家に転身し、テレビドラマや映画に登場することはなくなった。チェ・ジウは結婚、出産を経て、今も現役で活躍中である。しかし、ペ・ヨンジュンのライバルを演じたパク・ヨンハは残念ながら自ら命を絶ち、『冬ソナ』の続編は作りにくくなってしまった。とはいえ、今でも語り継がれる作品であることは疑いようがなく、現在の韓流ブームもこの作品の延長線上にあるといえるだろう。

監督、俳優もずいぶんと様変わりはしているものの、『冬ソナ』の成功が韓流ドラマ隆盛の道を開いたといっても過言ではない。そして、ここから日本のメディアも韓国のテレビドラマに注目し、各局で放送が始まっていく。

もともと韓国は内需市場が日本に比べて小さいので、経済発展には外需拡大が不可欠であった。この背景は大きい。つまり、内需だけで何とかやっていける日本とは必死感が違うのだ。

[図2]『冬のソナタ』ロケ地巡り４日間の旅

日次	都市名	時間	内容	食事
１日目	成田 ソウル 春川	午前 午後 夕刻 夜	成田より空路仁川国際空港へ 仁川到着後、春川へ 春川到着後、春川明洞通りロケ地見学（ユジンのお母さんの洋品店、チュンサンとユジンが酔っ払いにからまれた路地、補導された警察署、チュンサンが食事をした食堂、１回目の事故現場、ユジンがコーヒーを買ったお店など） 春川ロケ地見学（春川駅、バス停通り、飛び越えた塀、１話でユジンが遅刻しそうになって駆け下りた坂道、チュンサンの家など） ＊番外編でドラマ『初恋』のロケ地春川ユクリム劇場へご案内いたします。 夕食はタッカルビとマッグクス（そば）をお楽しみください ホテルへ	機内 夕食
２日目	春川 東海 竜平	午前 午後 夜	朝食後、南怡島ロケ地見学（メタセコイヤ並木、出演者が休憩に使ったカフェ「恋歌」、チュンサンとユジンがファーストキスをしたベンチなど） 南怡島ロケ地見学後、東海へ 市内レストランにて昼食 東海ロケ地見学（２人が宿泊した民宿や海岸、ユジンが迷子になった市場のある場所、２人で記念写真をとった写真館、18話で結婚式をあげようとした北平聖堂など） ＊番外編で映画『外出』のロケ地三陟周辺見学 東海より竜平へ 夕食はカルビをお楽しみ下さい	朝食 昼食 夕食
３日目	竜平 ソウル	午前 夕刻	朝食後、 ドラゴンバレーホテルロケ地見学（ゴンドラに乗りドラゴンピーク、コンサートホール、駐車場、チョウムカフェ、チェリンが泣き崩れたベンチなど） 竜平からソウルへ ラディンソンプラザホテルチェックイン後、撮影で使われたプラザスイートルーム1952号室と２度目の事故現場見学 見学後、ロッテ免税店にご案内いたします 夕食をご希望の場合は近くの食堂にご案内いたします ご希望の方は、プラザスイート1952室にてビデオ鑑賞会をお楽しみください	朝食
４日目	ソウル 成田	午前 午後 夕刻 夜	朝食後、ソウルロケ地見学（高校の門、ユジンの家、マルシアン、不可能な家の模型を渡した公園と振り返らずに別れた道、チェリンのブティック、ポラリス、４人が鉢合わせしたレストラン、サンヒョクが酔いつぶれたバーなどをご案内します ＊番外編で『ホテリアー』でドンヒョクとジニョンが行ったマクドナルドにご案内いたします ＊番外編でミヒが電話を受けた階段を見学（車窓より） 昼食は味噌チゲをお楽しみください ソウル市内から仁川国際空港へ 空港内ロケ地見学（ミニョンがお茶を飲んでいたコーヒーショップ、２人が抱き合ったＣカウンターなど） ソウルより空路成田へ 到着後、解散。お疲れさまでした	朝食 昼食 機内

出典）www.inet-koreadramafan.com/korea（※現在、このURLは消去されている）

ましてや儒教国家とはいえ、国内での競争も凄まじい。韓国ドラマの大きな要素になっている格差がその根底にあるのだろう。国際統計データを取り扱うＷｅｂサイト「グローバルノート」の「世界の大学進学率 国別ランキング・推移２０２１」によれば、日本の大学進学率は64・62%で世界49位だが、韓国は１０２・47%で6位となっており、受験熱は日本では考えられないほど過熱している。とくにソウルにあるソウル大学校、高麗《コリョ》大学校、延世《ヨンセ》大学校をあわせて「ＳＫＹ」と呼び、２０１８年から２０１９年にかけて放送された『ＳＫＹキャッスル〜上流階級の妻たち〜』がその状況を描いている。

大企業に勤めるにはそういった上位校を卒業する必要があるため、地方の大学は影が薄い。日本とは違い、明らかに個々人レベルでの競争社会が歴然と存在する。競争社会では当然、脱落者も出るが、一部にはモチベーションを持たせることになるだろう。気がつくと日本も次第に格差が生じてきているが、まだ実生活のうえではあまり意識をしない人々も多いに違いない。

◎韓流ブームを支えたＫ－ＰＯＰの台頭

ドラマだけではなく、ＢＴＳ（防弾少年団）に代表されるＫ－ＰＯＰの台頭も見逃せない。現在の韓国ドラマでは、『冬ソナ』の頃とは様変わりし、音楽との相乗効果を一層図るとともに、Ｋ－ＰＯＰアーティストが俳優として出演することも多くなってきている。日本のＪ－ＰＯＰはグローバルな視点から見ると、Ｋ－ＰＯＰに一歩も二歩も遅れている状況にあるといえる。

　また、マンガやアニメは日本のアドバンテージはまだ大きいものの、『キム秘書はいったい、なぜ？』『梨泰院《イテウォン》クラス』などはマンガが原作なのである。この先鞭をつけたのが、2014年のドラマ『ミセン－未生－』であった。この作品は日本でもリメイクされ、原作マンガも日本で翻訳出版された。現在では韓国のマンガはウェブトゥーン（縦スクロール型のウェブコミック）が一般的なメディア形式であり、日本とは違った独自のマンガ文化を作りつつある。

　つまり韓国はドラマ、音楽でコンテンツ大国を目指し、そこにマンガ、アニメ、ゲームなどが今後、絡んでいくことになるのだろう。いわゆるクロスメディアでの展開だ。近年、韓国ドラマでは食事のシーンが相当、盛り込まれてきている。おそらく意図的なものだろう。日本では「和食：日本人の伝統的な食文化」が2013年にユネスコの無形文化遺産に登録され、これを受けて韓国も自国の食文化を世界に認知させることを意識しているのかもしれない。

　サムスン、LG、SKなどが日本の半導体、家電を凌駕《りょうが》しているのも、韓国が日本を一つのベンチマークとしてきたところから生じた現象だ。コンテンツも然りである。このままでいれば、コンテンツの領域でも韓国の後塵を拝することになっていくに違いない。もはや「『学ぶ』べき点は『学ぶ』」というスタンスが重要になってきているようにも見える。

『冬ソナ』を代表作として始まった韓流ブームは、同時期にはペ・ヨンジュンをはじめとして、チャン・ドンゴン、イ・ビョンホン、ウォンビンが日本のマスコミに韓流四天王として祭り上げられ、さらに加速したかに見えたが、その後、一時、終息し、一部の識者からは韓流ブームの持続可能性を疑う意見もあった。しかし、2004〜05年に『宮廷女官チャングムの誓い』がNHK総合で放送され、男性にもファン層を広げる結果になった。

ここでも同時にK-POPを見ておく必要がある。韓国のSMエンタテインメントは日本のエイベックス・エンタテインメントと提携し、日本市場にBoA《ボア》を投入、その後、2005年に東方神起を日本デビューさせ、日本のファンに強くK-POPの存在をアピールすることに成功する。つまり、韓流ブームは映像コンテンツのみで生じていたわけではないことがわかる。

◎国を挙げた戦略で第2次韓流ブームへ

その後、日本での韓流ブームは沈静化の方向に向かうが、2009年に韓国文化体育観光部が音楽産業振興のために5年間で1275億ウォンを投じることを表明し、日本では2011年のNHK紅白歌合戦に東方神起、KARA、少女時代を出場させることに成功した。また、その戦略ターゲットを日本以外のアジア諸国やアメリカにまで広げていく。

2012年5月12日付の「サンケイBiz」では、韓国の毎日経済新聞の記事を引用しながら「第19回ビジョンコリア国民報告大会」で発表された報告書を紹介、韓流が韓国経済にいかに貢献しているかを示した。それによると、映画や音楽など韓流コンテンツの輸

[図3]「韓国言論振興財団」の2020年報告書が示した需用者のメディア選択
（単位：%）

年齢	テレビ	紙の新聞	インターネット			オンライン動画
				携帯電話	PC	
20代	82.9	1.1	99.9	99.7	73.1	87.0
30代	93.4	5.8	99.7	99.7	60.0	82.7
40代	97.2	10.5	99.3	99.2	44.8	75.7
50代	97.7	12.4	94.1	93.3	27.1	62.5
60代以上	99.4	16.9	65.1	63.8	9.0	39.3
全体	94.8	10.2	89.1	88.5	38.9	66.2

出典）「フォーサイト」（新聞「紙」が消え「地上波テレビ」凋落の韓国最新メディア事情：平井久志）
https://www.fsight.jp/articles/-/48343

出額は、『冬のソナタ』などの大ヒットドラマが中心だった2003年には8600万ドル（現レートで約68億円）だったが、2005年には2億2000万ドルに急増。ドラマブームが一段落した2006年に1億7500万ドルに減少したが、K-POPが増えた2007～2010年には1億8900万ドルから3億1300万ドルと成長している。

しかし、この時点では売り上げの80%を日本に依存し、それ故に収益の8割が日本側に渡っているなどの点が今後の課題だとされた。この時期を日本では第2次韓流ブームと呼んでいる。ドラマでは『美男《イケメン》ですね』がフジテレビなどで放送され、主演したチャン・グンソクの人気に火がついた。

また、韓国の放送システムの変化も重要だ。韓国では高速ブロードバンドの普及を背景にケーブルテレビも台頭し、本来、韓国の地上波テレビはKBS、MBC、SBSの3局が日本同様に全国ネットワークを形成しているが、純粋に民間放送局と呼べるのはSBS

だけである。

また地上波には、ＫＢＳから分派した教育放送中心のＥＢＳもある。

国内ではケーブルテレビの普及も進み、専門チャンネルが50前後ある。もちろん総合チャンネルもあるが、ドラマ専門チャンネルもあり、２００７年前後から存在価値を高めてきたといえる。

前ページ［図３］の表で明らかなように、韓国でもメディアの多様化が進み、とくに若年層でメディアの接触形態に大きな変化が見られる。つまり、ドラマもケーブルテレビで放送される作品が若年層を中心に浸透しているのは自明のことであろう。日本と違って、ケーブルテレビの台頭が韓流ブームを支えている構造変化と捉えてもいい。

この時期はちょうど韓国がリーマンショックからいち早く立ち直った時期に重なる。サムスンの台頭がそれを象徴している。サムスンは「世界ブランドランキング」（インターブランド調べ）において、２０１２年に初のベストテン入りを果たした。ただ日本での韓流ブームということになると、２０１１年は東方神起、少女時代、ＫＡＲＡがＮＨＫ紅白歌合戦に出場していたが、２０１２年には李明博《イミョンバク》大統領の竹島上陸によって、ＮＨＫ紅白歌合戦に出場したＫ－ＰＯＰアーティストはなく、第２次韓流ブームはトーンダウンした。

◎第3次韓流ブームで広がった韓国コスメ、食品への人気

第3次韓流ブームはドラマやK－POPが牽引したというより、コスメ、ファッション、食品などがSNSで人気を集めるようになって始まったといわれている。このブームは明確に始まった時期を特定できない。ただ特徴としては、10～20代の若年層の女性の間に広まった流行であり、とくに東京の新大久保は客層が若い世代に代わり、なかでもチーズを使ったチーズタッカルビやチーズハットグなどを提供する飲食店に長蛇の列ができた。

とはいえ、その時期にはK－POPではBIGBANG、SHINee《シャイニー》などがワールドツアーを敢行し、K－POPのグローバル化が始まって、BTSの登場に繋がっていく。ドラマでいえば、『トッケビ～君がくれた愛しい日々～』『花郎《ファラン》』『シグナル』など、かつての家族愛的なアプローチから多様性に富んだ作品が増えていくことになる。この時期に第4次の予兆があったと見ることもできる。『ミセン－未生－』のようなマンガ原作のドラマも登場し、韓流のクロスメディア戦略が本格的に始まっていく。

2　第4次韓流ブームとは？

◎パンデミックの影響でブーム再燃

2020年以降、韓流ブームが再燃する。決定的だったのは、新型コロナウイルスのパンデミックの影響で外出自粛が求められたことにあるだろう。代表的なドラマは『梨泰院

クラス』『愛の不時着』だった。その背景には、ＮｅｔｆｌｉｘやＡｍａｚｏｎプライム・ビデオなどの定額動画配信サービスの普及がある。外出自粛により、人々が自宅にいる時間は格段に増えた。定額動画配信サービスには韓国のドラマのカタログが充実しており、見事にライフスタイルの変化とマッチングしたと見てもよい。

Ｋ－ＰＯＰの好調で、ＢＴＳやＢＬＡＣＫＰＩＮＫなどもアメリカ市場で好調に推移し、政府系機関である文化体育観光部と韓国国際文化交流振興院が発表した『２０２０韓流白書』によると、２０１８年度の音楽関連産業の輸出額比重は、日本（65・１％）、中国（19・８％）、東南アジア（12・３％）、北米（１・３％）、欧州（１・２％）の順だった。だが、韓国統計情報院によれば、２０１９年の音楽産業の輸出額比重は日本（55・１％）、東南アジア（17・１％）、中国（15・１％）、北米（10・６％）、欧州（３％）となっている。同じ統計での比較ではないものの、北米シェアの伸長と日本のシェア低下が目立つが、実際は海外でのシェアの半分は日本であるという事実もある。

またＩＦＰＩ（国際レコード産業連盟）の２０２０年の音楽売り上げなどをまとめたグローバルミュージックレポートによれば、パンデミックの影響もあり、Ｓｐｏｔｉｆｙ、Ａｐｐｌｅ Ｍｕｓｉｃなどのサブスクリプションサービスの利用が増え、世界での音楽の収益は、前年比で７・４％増加、総売り上げは２１８億ドルに達し、６年連続の成長としている。

有料音楽サブスクリプションサービスを見ていくと、収益は18・５％、広告分も含めると19・9％増加で売上額は134億ドルの規模になる。これはすべての音楽収益の62％にあたるという。また、このレポートでは世界第2位の市場である日本が伸び悩んでおり、原盤売り上げでは前年比2・1％減少、2019年では前年比0・95％の減少で、さらに減少率が大きくなっている。

それに反してアジア市場では好調に推移し、日本での減少を含んでも前年比9・5％の成長を記録した。日本を除くと29・9％になり、売上規模で世界第6位の韓国は前年比で44・8％と急成長、これもK－POPの成功が背景にあるとされる。

動画に目を向けると、『愛の不時着』で登場したオリーブチキン、『梨泰院クラス』に登場したスンドゥブチゲなどの商品も日本で注目され、まさにブームを呼び起こしている。

◎ドラマとK－POPがクロスメディア化、韓流は国家ブランドへ

もちろん、それを下支えする動画配信市場も好調だ。デジタルコンテンツ協会の『動画配信市場調査レポート2020』によると、2019年の動画配信市場規模は、前年比26％拡大し、推計で2770億円となった。今後も、定額制サービス（SVOD）が引き続き好調に推移すると見られることに加え、都度購入（EST）や都度課金サービス（TVOD）の拡大も見込まれる。その市場規模は2024年には3440億円まで成長し、順調に増加基調を辿ると推定されている。

また、日韓合同のグローバルオーディションプロジェクト「Ｎｉｚｉ Ｐｒｏｊｅｃｔ」

で結成された日本人の9人組ガールズグループ「NiziU《ニジュー》」の影響もあるに違いない。彼女たちは日韓合同のオーディションプロジェクトで結成された日本人9人のガールズグループだが、韓国のJYPエンターテインメントと日本のソニー・ミュージックエンタテインメントの合同オーディションやレッスンを重ねながらの彼女たちの情報は動画配信され、多くの人々の共感を呼んだ。ミュージックビデオの再生回数が1億回を超え、「縄跳びダンス」も話題になった。

つまり第4次韓流ブームはドラマ、K-POPがクロスメディア化し、それが派生商品へと拡大したと捉えてもいい。韓国政府によれば、K-POPや映画、ドラマなどの韓流コンテンツによる経済波及効果の実績が、2019年に約123億ドル（約1兆3200億円）になったと発表している。これは、2016年の約76億ドルから3年で6割増である。また、韓国政府は「韓流」を政府公認の「国家ブランド」と位置付け、関連省庁による新たな戦略を取りまとめるなど、支援に力を入れており、韓国産業のなかでも最重要視される状況に至った。

ただ日本も同様だが、パンデミックによりインバウンド、アウトバウンドの観光は停滞を余儀なくされ、韓国はコンテンツの海外展開では結果を残したが、直接的な観光創出と結び付かなかった。しかしこれはパンデミックが落ち着いて以降、施策がなされていくに違いない。

3　韓流ドラマのグローバル市場での認知拡大

◎『イカゲーム』の世界的躍進

先にも触れたが、２０２１年では『イカゲーム』が韓流ドラマのグローバル市場での認知を広げた作品であろう。その後も、『地獄が呼んでいる』『その年、私たちは』『今、私たちの学校は…』と続々とヒット作品が生まれている。なかでも『イカゲーム』はＮｅｔｆｌｉｘでは世界90カ国で視聴率第１位を記録することになった。

『イカゲーム』は、経済的に困窮した４５６人が巨額の賞金を懸けてサバイバルゲームを繰り広げるというもので、２０２１年９月17日に全世界で同時配信が開始されると、その後の１週間で１億４２００万世帯が視聴し、Ｎｅｔｆｌｉｘ史上歴代第１位を記録した。これは『ブリジャートン家』『Ｌｕｐｉｎ／ルパン』などの大ヒット作を凌ぐ記録であった。

作品は日本の『カイジ』を彷彿とさせるところもあるが、キャラクターデザインや俳優の魅力、セットの造作など見どころの多い作品になっている。主役級の俳優、イ・ビョンホンが仮面下から現れるといったサプライズも盛り込まれ、多くの人々の耳目を集めるにふさわしい内容になっている。

『イカゲーム』はＮｅｔｆｌｉｘの業績にも大きな影響を与え、２０２１年の第３四半期

（7〜9月）の決算では、前年比16％増、74億8346万ドル（約8600億円）を計上することに大きく貢献したといわれている。この期の有料加入者の増加数も440万人となり、とくに太平洋地域で急増した。結果、同年9月末時点でのＮｅｔｆｌｉｘの加入者数は2億1356万人となった。

◎パンデミック、新自由主義、インターネット

また、日本の渋谷などで行われたハロウィンでも『イカゲーム』のコスプレが登場し、ＳＮＳ上にはこの作品をアレンジしたミーム動画（拡散されて流行るネタ動画）も増加、ＮｅｔｆｌｉｘによればＴｉｋＴｏｋ上の関連動画再生回数は420億回を超えたということだ。もはや社会現象になったといってもいいだろう。結果、オ・ヨンスがアメリカの第79回ゴールデングローブ賞で助演男優賞を受賞し、第74回エミー賞では主演男優賞や監督賞など、6つの賞を受賞した。

この背景には、やはりパンデミックで人々の外出が困難になったことがある。これはＮｅｔｆｌｉｘの急成長とも同文脈で捉えることができるが、Ｎｅｔｆｌｉｘが魅力的な作品のラインナップを揃えたことにも起因している。もちろん、新自由主義経済の浸透によって世界中に貧富の格差が広がっていることも、『イカゲーム』が韓国以外の数多くの国で視聴された理由のひとつに挙げられる。

またインターネットの普及により、世界がこれまで以上に繋がりを深めているという側

面も見逃せない。振り返るとＮｅｔｆｌｉｘもそうだが、ＴｉｋＴｏｋ、ＹｏｕＴｕｂｅなどによって他国がより身近に感じられるようになり、他国の人々と容易にコミュニケーションを図ることができるようになった。

それはＫ－ＰＯＰも同じだ。コンテンツはインターネットを介して簡単に国境を超えていく。韓流の近年の海外展開はこの部分に依拠しているといえる。そして、その背後に韓国の政府・企業の綿密な計算があると見ることもできる。

4　Ｎｅｔｆｌｉｘへの積極的な作品提供

◎高まるＮｅｔｆｌｉｘ依存とＩＰ確保の問題

さて、先に述べたように韓国の動画に関しての海外展開の背後には、Ｎｅｔｆｌｉｘとの密な関係の構築がある。つまり互恵的な仕組みを築いてきたということでもあろう。強いていえば、互いの方向性が合致したともいえる。海外市場を射程に入れた韓国の方向性と各国のコンテンツに投資をしていくＮｅｔｆｌｉｘの方向性である。それが『イカゲーム』で結実した。

ただ『イカゲーム』のヒットにより、別の問題もまたクローズアップされてきている。

確かにＮｅｔｆｌｉｘ側から見れば、各国のコンテンツに投資をしてきたことが、各国のコンテンツのクオリティを向上させ、カタログを充実させることになったのは否定できない。

しかし、Ｎｅｔｆｌｉｘのビジネスモデルは、制作費を支給するが、興行で収益が急増しても制作会社に対するインセンティブは基本的にない。つまり、Ｎｅｔｆｌｉｘのひとり占めという図式が浮かび上がる。またＩＰ（知的財産）の権利譲渡も契約に盛り込まれているという。

ＩＰは簡単にいうと、コンテンツをほかのジャンルに変形したり、付加事業を展開したりすることができる権利のことである。韓国でも、制作会社数社が独自のアライアンス（提携）を作るという動きが見られる。Ｎｅｔｆｌｉｘとは放映権のみ契約し、ドラマから派生した第２・３次コンテンツの知的財産権を確保することを目標にしている。しかし現実的には、Ｎｅｔｆｌｉｘの扱う韓流ドラマはさらに増えていくことが予想される。現時点でも、Ｎｅｔｆｌｉｘはアメリカ以外の投資先としては韓国が最も多い。

◎Ｎｅｔｆｌｉｘでアジア最初だったはずの日本は挽回なるか

日本もこれからはＮｅｔｆｌｉｘの作品が増えることが予想されている。２０１５年以降、Ｎｅｔｆｌｉｘの日本オリジナルコンテンツは90本を超えている。日本は地上波放送局がドラマ制作においては圧倒的に強いので、なかなかＮｅｔｆｌｉｘも一般ユーザーに浸透しなかったが、２０２０年9月に日本の会員数が５００万人を超え、会員の年齢層も広がっている。また、パンデミックも会員獲得の追い風になったと見る向きもある。

２０２１年に催された新作発表会「Netflix Festival Japan」では50本の作品が発表され、映画監督の福田雄一、白石和彌《しらいしかずや》、そして日本を代表する是枝裕和《これえだひろかず》も作品を制作する旨が伝えられた。Ｎｅｔｆｌｉｘの日本法人を立ち上げて以降、プロデューサーを着実に増やし続けており、充実の方向にあるという。また、地上波放送局もＮｅｔｆｌｉｘとの提携を視野に入れ始めている。

Ｎｅｔｆｌｉｘは各国にローカルチームが設立されており、アジア太平洋地域では日本が最初だった。しかし韓国の急速な展開もあり、幾分、影が薄くなってしまった感は否めない。Ｎｅｔｆｌｉｘの日本法人は、これまで日本のコンテンツ制作の弱点であった意思決定のスピードの遅さを改善することに腐心しているようだが、海外市場を視野に入れてムーブメントを作るためにはある種の加速力が必要であり、今後の成否はそれ次第ということになろう。

◎クロスメディアで海外へ進出する韓国

同時に韓国の海外展開に関しては、Ｋ－ＰＯＰやドラマ以外に映画も重要なコンテンツだ。なかでもポン・ジュノ監督の『パラサイト　半地下の家族』（以下『パラサイト』）がカンヌ国際映画祭でパルム・ドールを、アカデミー賞で作品賞を受賞したことは象徴的なできごとだ。これまでアカデミー賞では、非英語圏の国の作品は、せいぜい外国語作品賞を受賞することが最大の名誉だったが、『パラサイト』はそこを超えたのだ（ほかに監督賞、脚本賞、国際長編映画賞も受賞)。

韓流はクロスメディアで海外に波及しているという点に注目すべきであり、単発のヒットに拘泥《こうでい》せず幅広い視野でことを進めていくことが重要だ。また、政府の適正なポジショニングがどこにあるのかを見極めることも大事なことのひとつであるだろう。

そういう意味では、コンテンツの海外展開で先鞭をつけた韓国に学ぶ点は極めて多い。ただこの先、ディズニープラスなどの競合プラットフォームが台頭していくなか、韓国コンテンツもバランスを取った協力体制を模索することになるに違いない。

5 制作会社の台頭

◎韓国制作会社の雄、スタジオドラゴン

Ｎｅｔｆｌｉｘの韓国ドラマでは、オープニングで「スタジオドラゴン(Studio Dragon)」「ＣＪ ＥＮＭ」といった制作会社のクレジットを見かけることが多い。韓国では既存の地上波放送局もドラマを制作してはいるが、やはり制作会社の活躍が日本に比べて活発化していると見ることができる。

まず前記の2社を概観すると、さまざまな韓国のドラマ制作の基盤の特徴が見えてくるだろう。基本的な構図としては、スタジオドラゴンはＣＪ ＥＮＭの系列会社という立ち位置になる。スタジオドラゴンはＣＪ ＥＮＭのドラマ事業部門として設立され、ＣＪ Ｅ

[図4] スタジオドラゴンの年別ドラマタイトル数推移

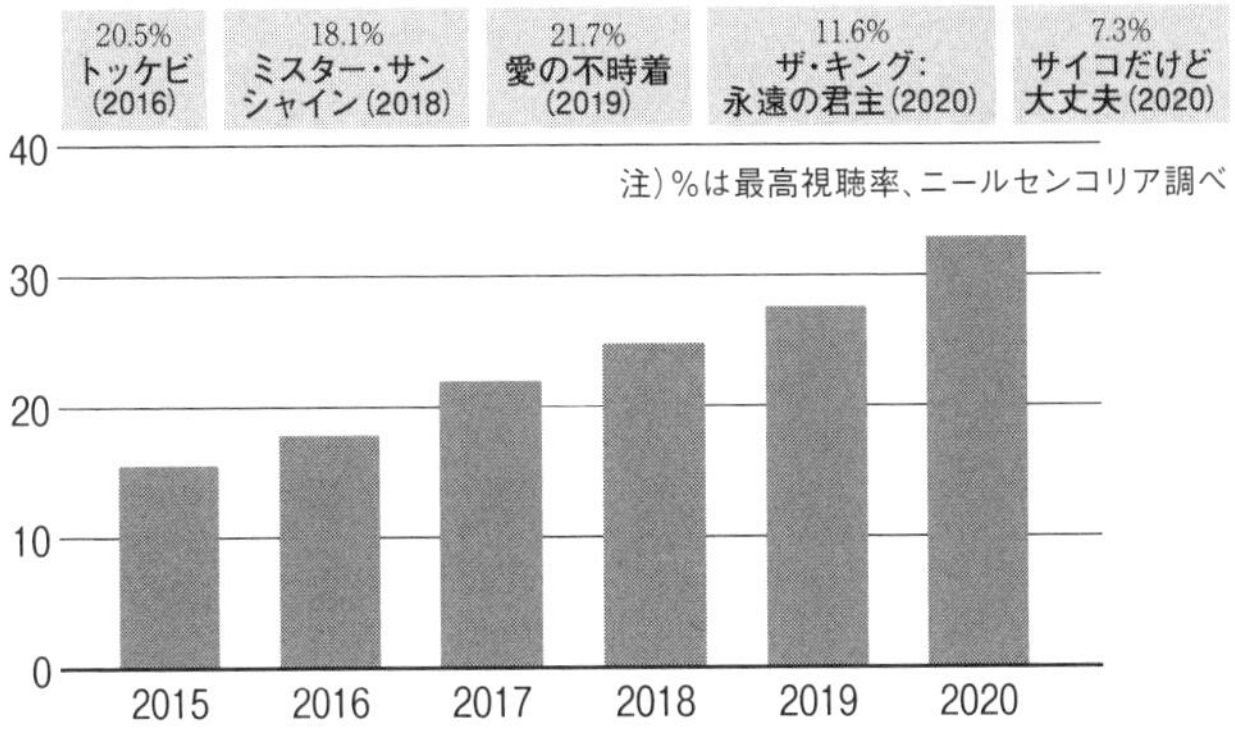

出典)「BUSINESS INSIDER」(『愛の不時着』大成功は必然。韓国ドラマ「ヒット請負人」企業の驚きの世界戦略：西山里緒)
https://www.businessinsider.jp/post-219780

NMが母体になっているCATV局tvNのドラマを数多く制作している。

またスタジオドラゴン、CJ ENMは、2019年にNetflixとMOU（了解覚書）を締結し、3社共同の形でコンテンツの制作および供給が始まった。これまではNetflixに対して単発的に放映権を販売してきたが、この契約によって2020年1月1日から3社共同でコンテンツを制作し、21本以上（年間7本）の作品をNetflixに供給もしくは制作協力する運びになった。またこれを機に、2019年12月時点でNetflixはスタジオドラゴンの4・99％の株式を保有、これはCJ ENMの58・18％、NAVER6・26％に次ぐものになっている。

代表作には、『トッケビ～君がくれた愛しい日々～』『ミスター・サンシャイン』『シグナル』『ボイス』『愛の不時着』などがある。

筆者がＣＪ ＥＮＭを強く意識したのは映画『パラサイト』の投資・配給会社としてからだった。ＣＪ ＥＮＭは放送、映画、音楽、ライブなど、エンターテインメント業界全般において多様なビジネスを展開している韓国最大のコンテンツ企業だ。

スタジオドラゴンは２０２０年第２四半期の売り上げが１６１４億ウォン（約１４４億円）、営業利益が１６９億ウォン（約15億円）、当期純利益が１３４億ウォン（約12億円）で、四半期の業績で史上最高を記録した。前年同期比25・９％の成長である。営業利益は56・３％増の１６９億ウォンで、海外での売り上げは40・７％増の５９４億ウォン（約53億円）を記録した。所属する脚本家を含めたクリエイターは前年同期比で50人増加し、２２６人になっている。タイトル数も年々、増えており（前ページ［図４］）、日本進出もすでに２０２２年に報道されている。

この背景には前掲した『愛の不時着』をはじめ、『ザ・キング：永遠の君主』『サイコだけど大丈夫』などの世界的なヒットがあった。２０１７年にはスタジオドラゴンは韓国ＫＯＳＤＡＱに上場し、現在はドラマ制作会社を傘下に置く、韓国でも有力なコンテンツ制作企業に成長した。『愛の不時着』はその制作会社「文化倉庫」と共同制作している。

ＣＪ ＥＮＭはオーディション番組『ＰＲＯＤＵＣＥ』シリーズで有名なＭｎｅｔ、アニメで知られるトゥーニバース（Tooniverse）など数多くのＣＡＴＶを運営しているが、やはりドラマ、バラエティで構成されたｔｖＮは作品の質および視聴率で地上波放送局をも凌駕しているとされる。ＣＪ ＥＮＭ、ｔｖＮ、そしてスタジオドラゴンは資本関係もあり、緊密な協力関係を築いていることが成功の重要なポイントである。

◎サムスンと同じルーツを持つＣＪ ＥＮＭ

さて、そのＣＪ ＥＮＭは韓国のＣＪグループの子会社という位置付けになる。ＣＪグループの源流は１９３８年に創業した三星商会（現在のサムスン物産）で、その後、１９５３年に第一製糖を設立し、これがＣＪグループになった。１９９３年にはサムスングループから離脱し、２００２年に社名を第一製糖からＣＪグループに変更している。つまり韓国最大のコングロマリット、サムスン電子を擁するサムスングループと同じルーツを持つ企業グループになる。

ＣＪ ＥＮＭは２０１８年に、エンターテインメント事業のＣＪ Ｅ＆Ｍと通販事業のＣＪオーショッピングが合併して設立された。ＣＪ Ｅ＆ＭはＣＪグループ傘下の放送局が統合して２０１１年に設立されている。前掲したＣＡＴＶのｔｖＮをはじめとして、音楽専門チャンネルＭｎｅｔや子供番組専門チャンネルであるトゥーニバース、映画専門チャンネルのオリオン・シネマ・ネットワークを保有し、傘下にスタジオドラゴンをはじめとしたドラマ制作会社、数多くの音楽レーベルも保有している。

◎淘汰が進む韓国の制作会社業界

韓国の映像制作会社の業界団体はふたつある。韓国放送映像制作社協会、韓国ドラマ制

［図5］韓国ドラマ制作社協会 HP
（http://kodatv.or.kr/sub/index.php）

作社協会（［図5］）だ。文化体育観光部の申告数は2011年に1764社だったが、近年では幾分、数的には減少傾向にあるといわれている。状況は活性化の方向にあるものの、同時に淘汰が進んでいるという見方もできるのかもしれない。ホームページを確認したところ、2022年2月時点での放送映像制作社協会の会員社は168社、ドラマ制作社協会の会員社は40社で、どちらかというと前者はドラマよりもドキュメンタリー、バラエティ番組を手掛ける会社が多く、後者はドラマ制作が中心のようだ。

　代表的な制作会社は三和《サムファ》ネットワークス、キム・ジョンハプロダクション、PANエンターテインメント、チュロクベヌメディア、イギムプロダクション、ＪＳピクチャーズ、ドリームＥ＆Ｍ、ｉＨＱなどだ。ただ、なかには制作会社のみならず俳優、脚本家、演出家を抱えるところもあり、その形態は一概に捉えることはできない。

また、すべての会社がうまくいっているわけではなく、赤字に悩まされ、俳優の出演料が滞るといった事態も発生している。つまり、韓国のコンテンツが国内外で好調を持続しているにもかかわらず、メディア業界の構造的・環境的要因のため、制作サイドの収益が向上していないという実情もある。そのため２０２１年には制作会社数社が組んで、企業連合体「クリエイター・アライアンス」を結成するといった動きも出てきている。

スタジオドラゴンの勢いが目立つが、やはり制作会社間に格差が生じてきているのかもしれない。これは資本主義社会においては避けられないことで、大が小を飲み込むというのは欧米でも、日本でも至極、当たり前のことである。

6　独自のプラットフォームの構築

◎官民でコンテンツビジネスに積極的な姿勢

先に触れたように、Ｎｅｔｆｌｉｘのオリジナル作品は、制作費をＮｅｔｆｌｉｘが負担し、配信権および作品から発生するすべてのＩＰをＮｅｔｆｌｉｘに譲渡、制作側にマージンを支払うというのが前提になっている。ただ、このマージンは制作費に対して一定の割合で事前に支払われ、一種のアドバンス（前払い金）のようなものだ。つまり作品がヒットしても追加で支払われることはない。

テレビ放送される作品は、放送局が制作費を100％負担はしないので、制作会社はプロダクトプレイスメント（作品中に広告商品を登場させる手法）の広告収入やOST（オリジナル・サウンド・トラック）の販売、国内外のプラットフォームへの作品供給などで制作費の回収および利益確保を行ってきた。このケースと比較すると、Netflixとの取引は事前に制作費の100％確保が可能で、一定の利益も保証され、制作費規模も既存の放送局より大きい。

ただIPに関しては、制作者の発言力はほぼないに等しい。韓国ドラマが世界市場で利益を上げる状況のなかで、韓国ではNetflixとのビジネスの問題点についても議論が重ねられてきた。『イカゲーム』はその議論を左右する具体例になったといえる。Netflixは制作費約253億ウォン（約24億円）を投じて約1兆600億ウォン（約1019億円）の収益を得たとされるが、制作会社が得た利益はその10％程度といわれる。

監督からの批判の声に対し、Netflixが制作会社に追加のインセンティブを払ったというニュースもあったが、日本の渋谷でのハロウィンで散見された『イカゲーム』のコスチュームなどのグッズ類も世界的に売れたものの、この収益は基本的には制作会社にはまったく入らなかったようだ。ただ『イカゲーム』は続編が予定されており、この作品に関しては幾分の条件変更も見込まれている。

また韓国政府もこの点には関心を寄せており、政府機関もＮｅｔｆｌｉｘなどのグローバル・プラットフォームと契約した韓国国内のコンテンツ制作会社が、公正に利益を享受できるように、収益情報開示と追加収益の確保に関する法案の検討の必要性を示している。この政府の積極的な関わり方が日本と大きく違うところなのかもしれない。ＩＰの権利保有と収益分配に関してはコンテンツ産業の収益基盤になるので、法整備が必要だということは自明でもある。

韓国国内でも、コンテンツビジネスに関する議論は研究やセミナーなどであまねく開示されており、一般市民でも情報をキャッチアップすることが可能である。確かに、韓国経済の全体を視野に入れると決してうまくいっていない部分もあるのだが、選択と集中という意味では競争優位を取り得る領域を明確に見定めているという点で評価できる。

◎独自プラットフォームに向けたＯＴＴ

並行して韓国では独自のプラットフォーム創出に関しての関心も高まり、２０２１年以降、具体的な動きも生じてきた（次ページ［図６］）。まず、ＳＫテレコムと韓国の地上波放送３社（ＫＢＳ、ＭＢＣ、ＳＢＳ）による合弁事業のパートナーシップにより、２０１９年９月に立ち上げられたＷａｖｖｅ《ウェーブ》は、韓国を代表するＯＴＴ（動画配信サービス。Over The Top の略）ストリーミング・プラットフォームだ。２０１９年11月にＷａｖｖｅは、韓国のテレビドラマシリーズやコンテンツに投資し、それらの制作を行うために２

［図6］韓国の代表的OTT

サービス名	提供事業者	加入状況等
Wavve	SKテレコムと地上波放送事業者（KBS、MBC、SBS）の合弁	・2020年9月基準の有料・無料合計会員数1000万人（うち有料会員数非公開） ・米NBCユニバーサルにコンテンツ輸出
Tving	Tving（2020年にCJ ENMから分社）	・総合編成チャンネルJTBCが第2株主としてコンテンツ等協力 ・NAVER有料会員向けサービス提供（2021年3月） ・Netflixとコンテンツグローバル展開で提供
seezn	KT	リアルタイム放送チャンネルとVODのモバイル専用サービス
U⁺ Mobile TV	LG U+	モバイル専用サービス
Netflix	Netflix	・2020年末基準有料加入者数380万人

出典）FMMC研究員レポート（三澤かおり）、2021年5月、NO.1

000億ウォン（約178億円）を調達した。その後、Wavveは成長するOTT業界の利点を活かして、アメリカのNBCユニバーサルと密接な協力を続けてきた。NBCユニバーサルは2020年1月以降、すべての新シリーズをWavveに独占的に提供しており、さらに関係を深化させていくようだ。

ここでいうOTTとは、インターネット回線を通じてコンテンツを配信するストリーミングサービスのことで、本稿で使っているプラットフォームと同義語である。もちろん、グローバル・プラットフォームを作っていくことは重要であるが、本来の目的は「ワンソース マルチメディア」の発想のもとにIPの権利保有による収益の拡大を図ることにある。そういう意味ではコンテンツは高付加価値産業であり、Netflixとの事業展開で学んだ点を活かすという視座で未来を捉えているということにもなるだろう。

またＴｖｉｎｇ《ティービング》（ＴＶＩＮＧと表記する場合もある）はＣＪ ＥＮＭ傘下のＯＴＴで、２０１０年の設立だ。その後の２０１６年にＣＪ ＥＮＭに買収され、２０１９年にＣＪ ＥＮＭとＣＡＴＶのＪＴＢＣでサービス運営のための合弁会社が立ち上げられ、２０２０年に現在のＴｖｉｎｇになった。なお、ＪＴＢＣはｔｖＮとしのぎを削るＣＡＴＶだが、ここのドラマの企画、投資は制作会社ジェイコンテンツリーが担っている。２０２１年にＴｖｉｎｇにはＮＡＶＥＲが資本参加し、15％の株式を保有、ＣＪ ＥＮＭに次ぐ第２位の株主になった。

そしてＴｖｉｎｇは、モバイルメッセンジャー、ＬＩＮＥと提携して海外進出を狙うことも視野に入れた。すでにＬＩＮＥが浸透している日本、台湾を手始めに、アメリカも射程に入れているとのことだ。ＣＪ ＥＮＭのドラマ制作においてグローバル市場で成功しているノウハウと、世界で2億人のユーザーを持っているＬＩＮＥのグローバル展開のノウハウの融合というところだろうか。

◎Ｎｅｔｆｌｉｘで得たノウハウを独自プラットフォームに活かす動き

先に挙げたＷａｖｖｅとＴｖｉｎｇが現在のところ、韓国での2大ＯＴＴといえる。しかし冷静に考えてみると、巧妙な戦略構築がなされているといえよう。Ｎｅｔｆｌｉｘとのビジネス構築でグローバル展開を果たし、そこで得たノウハウを韓国独自のＯＴＴに活かすという筋書きが見て取れる。そのためには権利の譲渡も厭《いと》わないという、卓越した戦略が描かれていたように捉えてもいいのではないだろうか。

実は、2019年にスタジオドラゴンとジェイコンテンツリーが、同時期にNetflixと3年契約を結んだのも、2022年にはTvingで自ら世界に出ていくことを見据えたうえでの契約だったということだ。戦略の成就のためには既存の概念を捨て去るという姿勢は、残念ながら日本のコンテンツ産業界には見えてこない。同時に、注目すべきは韓国では企業間の垣根が日本よりも低いことだ。つまり、そこのこだわりよりも戦略が優先しているのである。

この点は韓国のドラマに限ったことでなく、K-POPにも通底していることである。楽曲のカバーも会社の垣根を越えて自由に行われてもいるし、自社への過剰なこだわりの前に、常に戦略があるということでもあるだろう。このような戦略の遂行に当たってのビジネス構築では、IPという要素が最も重要視されていることも理解できる。最終目標には、自社がIPを保有する作品を海外で制作し、グローバルにIPビジネスを展開する戦略を描いているのである。

そこには、制作会社がOTTや放送局に対して、一定の交渉力を持ち、従来と比べて多額の制作費を確保できるようになったこと、クリエイターが制作に集中できる環境を整備できたこと、そして制作したコンテンツが安定的に流通されるシステムを構築できたことなどが背景にある。

7　ドラマの原作の変化

◎ウェブトゥーンからのドラマ化

ＩＰビジネスの展開に注目しているのは、制作会社だけではない。第４次韓流ブームのドラマの原作はマンガ、とりわけウェブトゥーンが増えた。

筆者がウェブトゥーンを知ったのは今から10年ほど前になる。筆者のゼミに在籍していた韓国人留学生が、修士論文のテーマにウェブトゥーンを選択したのだ。いわゆる韓国が創出したデジタルコミック、ウェブコミックの一種である。

その特徴は、縦スクロールで読む形であり、そのため複数のページではなく、縦長のストリップで各章のエピソードが構成されていることだ。また、白黒で描かれているものより、カラーで描かれているものが多い。音楽やアニメが追加されている作品もある。韓国では出版物としてのマンガの出版数は減少し、ウェブトゥーンが主流になりつつある。

グローバルインフォメーションの「ウェブトゥーンの世界市場：市場規模・情勢・予測（２０２１～27年）」では、世界のウェブトゥーン市場は２０２７年までに、日本円で約１兆８７００億円に成長するという予測がなされている。２０２０年では約２２００億円であったことからすれば、急速な拡大基調にあるといえる。

韓国でウェブトゥーンのＩＰの多くを保有しているのは、ＮＡＶＥＲとＫａｋａｏだ。

ＮＡＶＥＲは２０１５年に「ＮＡＶＥＲウェブトゥーン」サービスを開始しており、日本ではＬＩＮＥマンガにも出資している。Ｋａｋａｏは２０１３年からウェブトゥーンと小説を扱う「Ｋａｋａｏページ」を運営し、その延長線上に「ＫａｋａｏＭ」というエンターテインメント会社を設立、出版社やウェブトゥーン関連の会社への出資を行い、ＩＰの保有に精力的に動いている。

Ｋａｋａｏはさらに「Ｋａｋａｏウェブトゥーン」を立ち上げ、グローバルにコンテンツを供給していく方策に出ている。また日本では「ピッコマ」を展開、ＬＩＮＥマンガを凌ぐ存在になっている。ＮＡＶＥＲ、Ｋａｋａｏともに音楽、映像コンテンツも保有しており、ウェブトゥーンのみならず多岐にわたるコンテンツのＩＰ展開を視野に入れている。前者はどちらかというと制作および流通に関してＣＪ ＥＮＭやＮｅｔｆｌｉｘなどとの提携によって、グローバル展開を行っており、後者は総合メディア会社として大規模な投資、Ｍ＆Ａを行っているという印象がある。

また、韓国のコンテンツ産業はさまざまな動きを見せており、例えば「キーイースト」などのマネジメント会社がクリエイターを迎え入れ、ドラマ制作に乗り出したり、ＢＴＳを擁するＨＹＢＥ（旧Ｂｉｇ Ｈｉｔエンターテインメント）も、所属アーティストを活かしたウェブトゥーンやアニメ、ゲームなどを視野に入れたＩＰビジネスに向かったりしている。個々の会社がそれぞれのアドバンテージを活かした形で前進しているわけである。

◎ドラマとＮＦＴとの連動

『イカゲーム』がＩＰへの注目を助長する形になったが、同時に韓国ではＮＦＴが産業側からの視線を集めている。ＮＦＴは非代替性トークン（ブロックチェーン上に記録される一意で代替不可能なデータ）のことだが、コンテンツが対象となり得ることから、すでにいくつかの具体例も生まれてきている。例えば韓国で最初のＮＦＴ市場にはドラマ『ヴィンチェンツォ』に登場した主人公ヴィンチェンツォ・カサノのモデルのライターが出品され、1個あたり0・13イーサリアム（２５０ドル相当）が数量限定で販売された。

ただ、まだ韓国でも法整備が追いついておらず、法律下での地位は確定していない。また、２０２１年11月1日時点のグーグルトレンドでは、韓国はＮＦＴ購入に関心を持っている国として世界でも上位にランクされているが、２０２２年に入って少々関心が薄れてきたと見る向きもある。

企業グループの傘下にあるサムスンＮＥＸＴやＣＪオリーブネットワークなどの会社はすでにＮＦＴに投資し、ＮＦＴベースのチケットソリューションの開発に着手している。またＫａｋａｏ傘下のグラウンドX（Ground X）、ミレー・アセット（Mirae Asset）証券、新韓銀行、ハンファ・アセット（Hanwha Asset）・マネジメントなどの金融系会社も、ＮＦＴを自社コンテンツやビジネスモデルに統合する方向を模索してもいる。世界的に認知を高める音楽、ドラマ、ゲームなどポップカルチャーの優位性は、ＮＦＴを牽引するものだと捉えている。

とくに音楽産業の動きが目立つ。韓国を代表するエージェントであるＳＭエンタテインメント、ＹＧエンターテインメント、ＪＹＰエンターテインメントは、所属するアーティストのＮＦＴへの投資に着手、またＢＴＳの所属するＨＹＢＥも、ブロックチェーンのＤｕｎａｍｕと提携してＮＦＴ市場に進出するための合弁会社を設立した。

しかし、Ｋ－ＰＯＰやドラマはメディアを賑わせることが多いものの、実際に韓国のコンテンツで最も輸出規模が大きいのはゲームである。２０２０年の実績を見ても、コンテンツ全体の輸出の66・９％がゲームであり、６・４％のＫ－ＰＯＰ、４・５％のドラマを遥かに凌いでいる。代表的なゲーム会社であるＫＲＡＦＴＯＮ、ＮＣＳＯＦＴなどは、すでにＮＦＴを自社コンテンツやプラットフォームに統合する計画を発表し、その直後に株価の急速な上昇を実現している。Ｋａｋａｏゲームズも著名なオンラインゲーム開発者とパートナーシップを結び、海外進出を視野に入れている。ただ、先に触れたように法整備が追いついておらず、ＮＦＴを統合したゲームは韓国国外での利用に限定されている。

日本のコンテンツ産業はもはや韓国の後塵を拝しているように見える。しかし、日本のコンテンツが劣るということではない。ビジネススキームの構築に精緻さ、大胆さ、スピード感がないだけだろう。つまり、既存のスキームを重視するために、イノベーションがなかなか生じないのである。日本のコンテンツ産業はそれぞれの領域で長い歴史を有している。それは一見、経験の蓄積という面では大きなアドバンテージなのだが、反面、それがネックになってしまっていることもあるに違いない。

第2章

コンテンツ大国を目指す韓国

1　韓国のコンテンツ産業政策の現在

◎ソフトパワーを意識した文化コンテンツへの注力

コンテンツ産業への注目は、国際政治学者のジョセフ・ナイが著書（『Bound to Lead』1990年、邦訳は『不滅の大国アメリカ』久保伸太郎訳、読売新聞社）で提唱した「ソフトパワー」という概念が端緒になった。いわゆる軍事力や経済力に代表される「ハードパワー」への対抗が「ソフトパワー」であるが、そこに文化力が内包されるとする。この視点は創造都市論とともに、音楽、映像、文学、マンガ、アニメ、アートなどの文化・芸術による都市再生を標榜《ひょうぼう》するひとつの都市戦略論への注目が生じる契機になった。

これは「クールブリタニア」にも通底する。この政策はイギリスで1990年代半ばに策定され、1990年代末に一世を風靡《ふうび》した言葉であり、ブレア首相（当時）は「クリエイティブ産業特別委員会」を組成し、文化産業の担い手、メディア関係者、学者らを集めて、クリエイティブ産業の振興を協議し、さまざまな施策を実行に移した。

同時に「広報特別委員会」を組織して、イギリスのブランドイメージを刷新する国家広報戦略を実施させた。政府省庁も再編され、国家遺産省が文化・メディア・スポーツ省（文化省）へと改称され、文化遺産の管理のみならずクリエイティブ産業の振興などに当たることになった。

このクールブリタニアが韓国のコンテンツ産業振興政策の遠因になっており、もちろん日本の経済産業省が主導する「クールジャパン」の背景にも存在すると見ることができよう。

カナダ・トロント大学教授のリチャード・フロリダは、現代経済の新しい担い手として、新しいアイデアや技術、コンテンツを創造する専門的職業従事者、「創造階級（Creative Class）」の登場と勃興に注目した（『The Rise of the Creative Class』２００２年、邦訳は『クリエイティブ資本論――新たな経済階級《クリエイティブ・クラス》の台頭』井口典夫訳、ダイヤモンド社）。そして地域再生の鍵は、いかにして創造的な人材をその地域が誘引できるかにかかっていると主張する。この議論には、高度情報化に伴う地理的制約の緩和を背景に、創造的な人材は、仕事が存在することを優先条件として活動拠点を定めるのではなく、自身が創造的に活動できる環境にプライオリティを置くという考え方がある。

２０１２年に発表された、韓国投資公社の『文化コンテンツ』によれば、コンテンツ産業の特徴として、①体験経済、②不確実性、③窓口効果、④文化的割引、⑤関連効果の５つを掲げており、ポテンシャルが強い産業としている。以下、項目ごとに説明する。

①は近代化以降の産業パラダイムの変化により、21世紀にはクリエイティブ性と感性を大切にする体験経済（experience economy）が産業の中心パラダイムであり、体験経済の代表的な事例が文化コンテンツ産業である。

②に関しては、文化コンテンツ産業は需要を予想しにくいためハイリスクであるが、同

時にハイリターンの可能性を秘めており、また一般製造業とは異なり、文化コンテンツ産業は収穫逓増の法則、限界費用逓減の法則が適用される。

③については、文化商品は特定領域で創造された後、部分的な技術変化を経てほかの領域の商品として活用されながらその価値を増し、OSMU（One Source Multi Use）の事例として『ハリー・ポッター』を挙げ、小説『ハリー・ポッター』→映画『ハリー・ポッター』→ゲーム、アニメ、キャラクターなどの二次商品に発展する可能性を持つ。

④については、文化商品は言語、慣習、歴史などの理由からほかの文化圏に入るとその価値や効用がある程度小さくなり（これを文化的割引という）、一般的にはゲーム、アニメ、キャラクターなどは文化的割引率が低く、ドラマ、音楽、映画などは割引率が比較的高いといわれているが、最近では韓流ブームによって変容している。

⑤文化コンテンツ産業は製造業、観光業などほかの産業に及ぼす経済・社会的波及効果が大きく、文化コンテンツ産業の生産誘発効果、付加価値誘発効果、雇用誘発効果はすべて一般製造業やサービス業に比べて大きいと述べている。

◎日本の「クールジャパン政策」との違い

また、文化体育観光部公式HPの『コンテンツ産業の競争力強化核心戦略』によれば、文在寅《ムンジェイン》政権ではコンテンツ産業振興に係る大方針として、2018年に「コンテンツ産業の競争力強化核心戦略」を発表し、さらに翌2019年には「コンテンツ産業の3大革新

[図７] 近年の韓国のコンテンツ産業振興政策

コンテンツ産業の競争力強化核心戦略（2018）

方針	概要
グローバルレベルの競争力確保	●金融政策によるコンテンツ市場の資金不足解決 ●産学連携した現場型専門人材の養成と雇用支援 ● VR・AR 等体験型コンテンツの R&D 支援
新市場拡大と需要創出	●地域のコンテンツ拠点化・広域化のインフラ連携体制の構築 ●海外主要国の韓流関連データの総合情報システムの構築 ●韓国コンテンツ振興院・海外文化院等コンテンツ関連支援機関のワンストップ支援システムの構築 ●企業の海外進出連携支援
公正な環境づくりと制度の革新	●創作者権益を確保するための著作権制度の改善 ●コンテンツ産業分野の公正行為について実態調査・申告活動・広報活動の強化 ●コンテンツ産業者の遵守事項・禁止行為・違反時の制裁活動を明文化した法律制定の推進 ●コンテンツの有害性を前提とする政府主導型の規制緩和

コンテンツ産業の３大革新戦略（2019）

戦略	具体施策	コンテンツ産業の2022年までの目標
❶政策金融の拡充	①コンテンツ冒険投資ファンドの新設	コンテンツ産業売上高153.8兆ウォン（約13.6兆円）
	②コンテンツ企業保証の拡大	
❷VR・ARコンテンツの育成	③公共サービス・産業・科学技術分野の VR・AR コンテンツプロジェクトの推進	コンテンツ産業輸出額134.2億ドル（約1.45兆円）
	④文化観光体感型コンテンツと体験空間の構築	
	⑤市場主導型キラーコンテンツ制作の支援	コンテンツ産業雇用70万人
	⑥企業支援、人材育成等の産業成長基盤の強化	
❸新韓流関連産業の成長牽引	⑦コンテンツ有望企業と輸出重要要素に対する集中支援	売り上げ100億ウォン以上の企業2000社（参考:2020年時点1700社）
	⑧消費財・観光など関連産業の韓流マーケティング支援の強化	
	⑨知的財産の保護と公正な環境など韓流産業基盤の強化	VR・ARコンテンツ売上高11.7兆ウォン（約1兆円）
	⑩持続可能な韓流のための文化基盤の拡散	

出典）内閣府『クールジャパン戦略 KPI 策定に向けた基礎調査分析及び仮説提案』（2020 Accenture）、文化体育観光部公式 HP『コンテンツ産業の競争力強化核心戦略』『コンテンツ産業の３大革新戦略』

［図8］クールジャパン戦略（2015年、経済産業省）

1. 日本ブーム創出	2. 現地で稼ぐ	3. 日本で消費
日本の魅力の効果的発信	**現地で稼ぐためのプラットフォーム構築**	**日本に呼び込み大きく消費を促す**
日本に対する興味・関心を高める機会の創出 ⑴コンテンツの海外展開及びローカライズ支援 a. J-LOP(ジャパン･コンテンツローカライズ&プロモーション支援助成金)＋事業 ⑵ふるさと名物や日本酒関連情報の海外発信 a. 海外情報発信事業 b. 日本酒関連情報の多言語表記・発信	日本のコンテンツ専用チャンネルの確保や商業施設等における関連商品の販売 ⑴製品開発・チームづくり a. 発掘支援 b. プロデュース支援 c. 企業マッチング ⑵現地企業とのマッチング ⑶テストマーケティング ⑷クールジャパン機構による出資等 ⑸日本政策金融公庫による融資	外国人の日本各地域への誘客及び滞在期間・消費の拡大 ⑴クールジャパン資源を活用した観光振興 a. クールジャパン資源の発掘・磨上げ b. 海外への効果的な情報発信 ⑵クールジャパン機構による地方発・インバウンド案件に対する出資等

出典）近畿経済産業局（経済産業省「クールジャパン政策について」〈平成28年1月〉より抜粋）

戦略」を発表してより具体的な戦略・施策・目標値を示した（前ページ［図7］）。日本とは違って明確に目標設定されていることがわかるだろう。

日本のいわゆる「クールジャパン戦略」（［図8］）も同文脈にあるが、韓国のほうがより明確で、グローバル市場での競争優位を確保するという点に紛れもなく力点が置かれている。

韓国コンテンツ振興院予算規模推移（［図9］）では、コンテンツ産業の育成および環境整備に多くの予算が投下されているのがわかる。

日本は従来のモデルを踏襲し、どちらかというと民間企業が産業を主導するという点に大きな変化はないが、韓国では国策として取り組んでいることがわかる。つまり、韓国のコンテンツ振興政策はあくまでも産業の特徴である高付加価値という点に注目しての政策を立案し、遂行しているが故の結果といえるであろう。しかし、基本的にコンテンツは表現の自由に基づいていることから、政府の関わりは少

[図9] 韓国コンテンツ振興院予算規模推移
（単位：百万ウォン、カッコ内は億円）

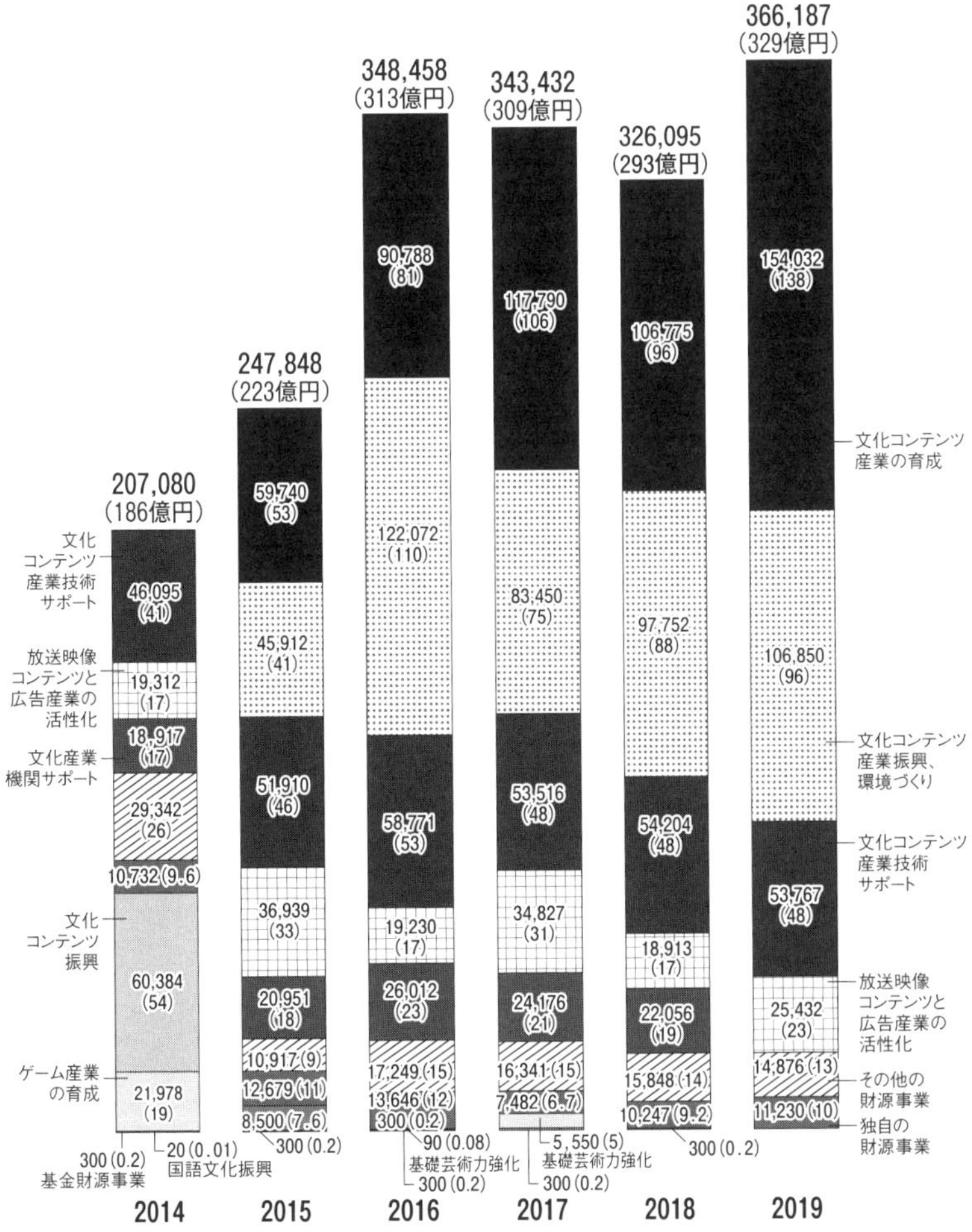

出典）内閣府『クールジャパン戦略KPI策定に向けた基礎調査分析及び仮説提案』（2020年Accenture）、公共機関経営情報公開システム『韓国コンテンツ振興院　主な事業予算』よりAccenture作成

ないほうがいいという意見もあった。

ただ、韓国のコンテンツのグローバル展開を目にすると、一概にそうともいえない。政府が有形無形の形で支援、援助することはあながち間違いではないのかもしれない。常識的な範囲での表現の自由を担保しての、政府の支援も充分に考えられるだろう。また、日本では韓国のコンテンツ振興院のような管轄機関の一元化はなされておらず、経済産業省をはじめとした各省庁が個々に政策を進めていく形になっている。この点はさらなる議論を迅速に進めていく必要があるに違いない。

2 IMF危機からの戦略転換が成功

◎通貨危機という国難が転機となった

韓国がIT産業やコンテンツ産業の振興に本格的に取り組み始めたのは、1997年のアジア通貨危機後である。韓国は朝鮮戦争で受けた壊滅的な打撃を克服するため、朴正煕大統領（当時）が提唱した経済政策により、「漢江の奇跡」と呼ばれる経済成長を果たした。

急速な経済成長の内的な要因としては、財閥を基盤にした輸出志向型工業化政策や独裁政権下の開発独裁による労働組合の抑圧、外的な要因としては、冷戦下においての西側諸国、とくに日本とアメリカによる膨大な経済および技術援助、欧米および日本の市場へのアクセス、そして経済成長初期の韓国の出稼ぎ労働者の受け入れによる外貨獲得などが挙げられている。

しかし、韓国が正式に先進国の一員として認められた1996年のOECD（経済協力開発機構）加入と、その翌年に起こったアジア通貨危機をもってこの奇跡の一区切りとされる。アジア通貨危機は1997年夏にタイのバーツ暴落が端緒になり、12月には韓国に飛び火した。この通貨下落は米国のヘッジファンドを主とした機関投資家による通貨の空売りによって惹起《じゃっき》され、韓国はマクロ経済のファンダメンタルズ（経済の基礎的条件）が充分であったが、一方、金融部門では不良債権を抱えてしまっていた。過剰な借金は経営判断の大きなミスを招き、経営交代を招いた。起亜《キア》自動車の倒産を皮切りに経済状態が悪化し、IMFの援助を要請する事態となった。

IMFとの合意内容は、「財政再建」「金融機関のリストラと構造改革」「通商障壁の自由化」「外国資本投資の自由化」「企業ガバナンスの透明化」「労働市場改革」などとなる。その流れのなかで1999年、韓国情報通信部は、「サイバーコリア21」と題するレポートを発表した。21世紀が知識経済へ移行するという認識のもと、次の4年間で注力する3つのテーマとして、知識ベース社会のための情報基盤の強化、情報基盤を活用した国の生産性の向上、情報基盤上の新規事業の育成を掲げたものだ。これがU－CITY構想の源流となる。

そしてこれは、2002年のeコリアビジョン2006、さらにIT839戦略に繋がっていく。これらは韓国社会のユビキタス化を目指すもので、別名u－Ｋｏｒｅａと称されるＩＴ基本計画である。いうまでもないが、ｕはユビキタス（ubiquitous）の頭文字だ。韓国は、世界でも有数のブロードバンドインフラや高スペックの携帯端末が広く普及しているという国際的優位性を基盤にして、さまざまなサービスを提供していくことを目標としている。それによって経済発展を促し、１人あたりの国民所得２万ドルを達成することを目指した。

このｕ－Ｋｏｒｅａ政策のうち、さまざまなサービスを具現化していくという役割は基本的に地方自治体が担務することになる。ソウルをはじめとした国内15都市を対象として進められたＵ－ＣＩＴＹプロジェクトは、各都市にユビキタス関連の情報技術を導入することで、都市機能の改善により市民の生活そのものの利便性を追求しようとしたものだ。また、この政策はソウルを中心とした京畿道《キョンギド》への人口集中の是正という意味合いを持ち、地方都市の産業育成を行い、地域経済の活性化を図るという目的も併せ持つ。もちろん国際的な競争も射程に入れている。

２００７年に華城《ファソン》－東灘《トンタン》から始まり、代表的な都市には松島《ソンド》－仁川《インチョン》、釜山《プサン》がある。前者を例に取ると、提供されているＵ－ＣＩＴＹサービスは大きく4種類程度に分類される。①Ｕ－公共防犯サービス（都市全域を対象にした監視カメラによる防犯監視、非常ベル等の設置、セキュリティ会社との連動）、②Ｕ－上水道漏水管理サービス（流量計・圧力計をＩＴと連動させた漏水感知センサーにより、上水道の漏水異常等の発生をリアルタイムに判断・復旧)、③U-リアルタイム交通サービス(監視カメラやVDS映像感知器による交差点状況、渋滞状況の分析とリアルタイム信号制御、自動車ナンバーの確認)、④U-情報提供サービス(環境汚染情報やバスの運行状況、駐車場情報等を都市全域に設置された情報ボードによりリアルタイムに提供)(大竹喜久、宋賢富「韓国の輸出戦略①韓国の都市輸出戦略における国家支援および韓国土地住宅公社の役割」土地総合研究／土地総合研究所［編］、2012年)というものになっている。

3　情報都市デジタルメディアシティ

◎情報メディア産業の集積都市を建設

漢江以北ソウル西地域である麻浦《マポ》区に位置するデジタルメディアシティ(DMC)は、市内中心部から7キロのところにあり、西の仁川国際空港、漢江以南の金浦《キムポ》空港・汝矣島《ヨイド》、東の新村および麻浦副都心と接続する地域に立地している。この地域は、仁川国際空港とは、新空港高速道路と、2010年に開通した高速鉄道を介して30分以内の位置にあり、国鉄京義線のデジタルメディアシティ駅と地下鉄6号線デジタルメディアシティ駅に接続され、国内外どこからでもアクセスが便利である。

DMCがある蘭芝島《ナンジド》は、行政区域上、ソウル特別市麻浦区城山洞《ソンサンドン》549番地一帯に位置している。南は弘済川《ホンジェチョン》、北は城山川《ソンサン》、東は蘭芝川に囲まれた中洲だった。漢江下流デルタの片麻岩《へんまがん》地帯である蘭芝島には自然な形の堤防があり、朝鮮末まで遊び船が停泊する場所としても利用されたという。

埋め立て地として利用される前の蘭芝島は花卉類、白菜、大根、落花生を栽培する畑として利用されており、ポプラが生え、葦などの湿地植物が繁茂し、渡り鳥が訪ねる平地だった。蘭芝島北側の支流の川の周りには、小規模集落が形成され、主に農業に従事する住民が居住し、河川敷を培養することにより、生産性の低い作物を栽培する雑種地としての活用が多かったと推定される。洪水になると、蘭芝島や支流の川が氾濫する地域であり、1977年と1980年に氾濫を防ぐために、漢江の堤防を積みながら蘭芝島は陸続きとなった。

もともとDMCがあるソウルの上岩洞《サンアムドン》・蘭芝島地区は、ゴミ集積場として使われていた。市民の一般廃棄物によって、高さが95メートル、長さが2キロにも及ぶ人工の山と化した。東京でいえば、かつての〝夢の島〟のようなものだろう。1996年からゴミ埋め立てによる環境汚染防止施設を設けるとともに、開発事業を留保するなど、安定化事業に着手した。その後1997年には、宅地開発事業地区に指定され、1998年に高建《コゴン》氏が市長に就任すると、「新ソウルタウン造成」の方針を発表し、基本計画に着手した。

狙いは、「情報都市・生態都市・関門都市」の実現であり、後に「ワールドカップ公園」「環境親和的住居団地」「DMC」の3つの具体的プロジェクトとして推進されるようになった。これを「ミレニアムシティ」計画と呼ぶ。ソウル市によると、DMCは、「情報メディア産業の集積」と「経済・文化・環境親和的発展」を目指す「先端ビジネス団地」を志すものとしている。つまりＤＭＣは情報産業、メディア産業、エンターテインメント産業の一大クラスターを目指したものと考えられる。とくに、後者2領域に特化しているところにＤＭＣの特徴がある。

ミレニアムシティ計画は、短期的には２００2年ワールドカップ開催、ワールドカップ競技場の建設および必要支援施設の設置や都市基盤施設の拡充と整備を目指し、中期的には２０１１年ソウル市北西部の都心化、宅地開発事業と競技場周辺の整備終了、ＤＭＣのステップ１の組成を完了、そして新空港鉄道と京義線の開通で、３つの乗り換え駅舎と鉄道の敷地の一部の開発を行う。また、長期的には高速鉄道の開通と鉄道の敷地を開発、漢江水上交通の開通と蘭芝島開発を行うことを目標にしている。

◎メディア、ＩＴ企業中心の完結型先端業務団地に特化

ＤＭＣは２０１０年を完成年次としていたが、２０１５年に完工した。すでにこの地域にはメディア、ＩＴ関係企業が集積し、売上規模は12兆ウォン（約９６００億円）に上る。２０１５年の完工時点での目標は約８８０社の企業の入居、約6万８０００人の雇用創出、年間売り上げ35兆ウォン（約2兆８０００億円）とされていた。機能としては、情報・メディア・ＩＴ関連先端ビジネスセンター、産学協力研究センター、外国人長期滞在型の賃貸アパート、スタンフォード・ホテル・コリア、米国ドワイトスクールソウル分校、アニ

メーション・ゲームセンター、映画撮影セット、国内最大規模のコンピューターグラフィックス（CG）制作施設、韓流体験館などの映像文化団地が順次、建設されてきた。

また、外国人および外国系企業のメリットとしては以下が挙げられる。土地・建物の長期賃貸（50年）支援、外国人投資区域指定により租税減免措置の実施、年間4％の低利子で土地買い入れ金の長期分割返済が可能（20年）、国税と地方税の7年間免税および以降3年間50％減免の実施、外国人専用賃貸住宅および国際学校等のインフラの整備などが制度として整備された。

DMCはいくつかのブロックに分かれている。ブロックAは、教育および研究団地の用地であり、商業的開発の可能性が低い。幹線道路沿いの緑地に繋いで近隣公園を造成することによって、土地の価値と団地環境を良好に向上させることを目標にする。ブロックBは、先端業務地域、一般商業および業務施設、住居商業複合施設などをクラスター化し、生活と業務がすべて行える完結型先端業務団地として特化する。ブロックCは、団地早期活性化地域公共部門が優先的に開発を行う。中央公園を中心として幹線道路沿いに先端業務、IT教育センターおよび創業支援センター、IDC（インターネット・データ・センター）、産学研センター、メディア・プロダクション・センターなどを配置する。

ブロックDは、国際業務および中心商業地域とする。ここに国際業務と中心商業用途の高層複合施設を設けることにより、DMCの核として造成する。ブロックの中央には、複合駅ビルから公園へと繋がる歩行者道路と広場を設置し、両側の隣接した機能と連結構造

[図10] デジタルメディアシティ（DMC）開発事業

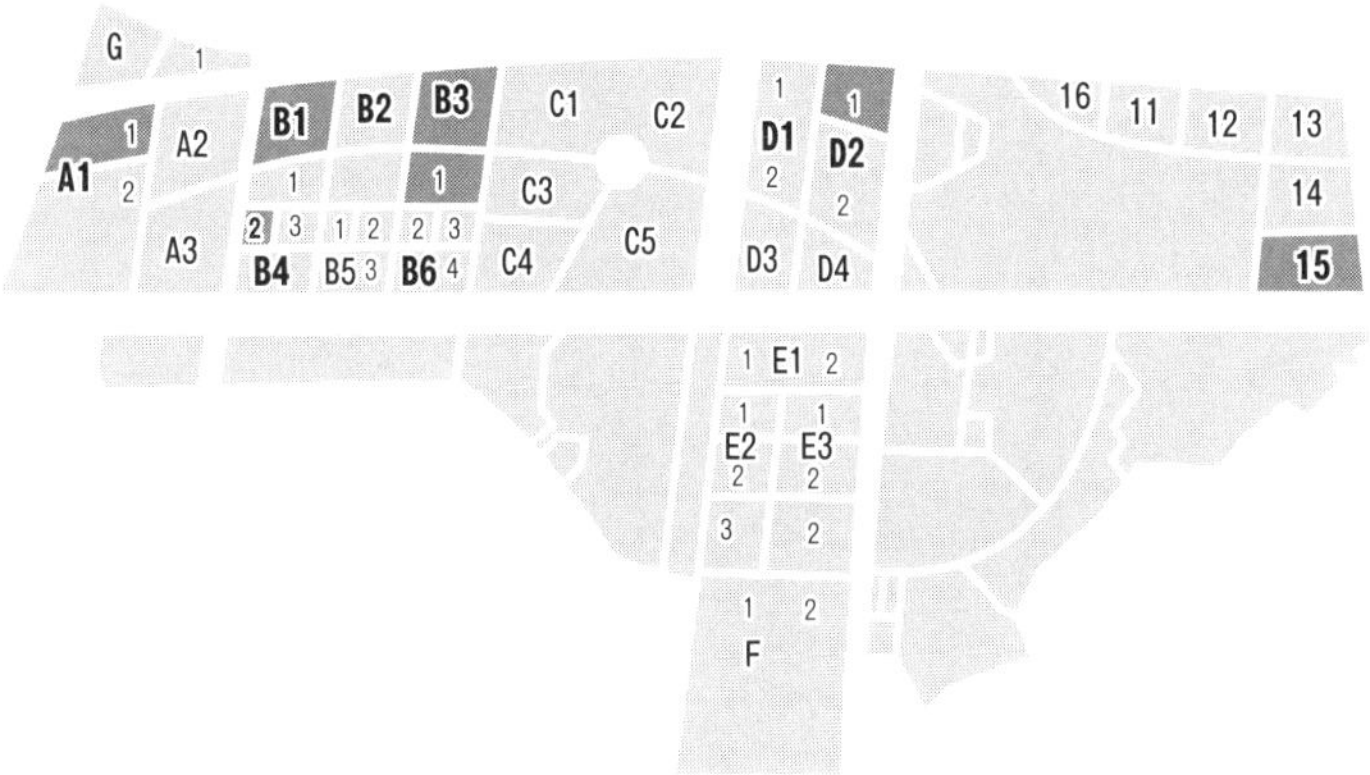

A1-1　Dwight School	D1-2　㈱YTN
A1-2　ソウルジャパンクラブ	D2-1　未供給
A2　ウリ銀行	D2-2　㈱東亜日報
A3　外国人賃貸住宅	D3　CJ
B1　サムスンSDS	D4　DMC広報館
B2-1　韓国地域情報開発院	D4-1　㈱SBS
B2-2　韓国日報	E2-1　中央日報
B3　未供給	F2-2　未供給
B4-1　スタンフォードホテルコリア	E2-3　朝鮮日報
B4-2　韓国出版協同組合	E3-1　KBSメディア
B4-3　㈱ドラゴンフライ	E3-2　DMC産学協力研究センター
B4-4　上岩ITコンソーシアム	E3-3　ソウル市ITコンプレックス
B5-1　ファンエンタテインメント	F1、F2　未供給
B5-2　ウリ技術	G　DMC先端産業センター
B5-3　LG CNS	11　中小企業中央会
B6-1　サボイシティDMC	12　パンテック
B6-2　韓国トランプ	13　ロッテショッピング
B6-3　韓国電子情報通信産業振興会	14　ロッテショッピング
B6-4　LG U＋	15　ロッテショッピング
C1、C2　MBC	16　宗教施設
C3　文化コンテンツセンター	◎2　未供給
C4、E1　韓ドイツ産学協同団地	◎4　西ソウル農協
C5　ヌリクムスクェオ	

出典）2014、Seoul Digital Media City Tour（seoulvillage.blogspot.com）を翻訳修正

［図11］デジタルメディアシティ
（筆者撮影）

をなす。ブロックEには、先端業務地域（特殊機能誘致地域）メディアとエンターテインメントの中心機能が立地する。ブロックFは、国際交流地域コンベンションセンター、DMC広報館、ホテルなどを団地型に開発する予定だが、海外の研究機関が立地する場合は、先端業務施設として代替・収容できるように土地利用計画上の便宜を図るとされる（前ページ［図10］、［図11］）。

4　コンテンツ振興院の設立

◎韓流ブームを支えた政府機関

さて、韓国コンテンツ振興院について触れよう。韓流ブームの背景にはこの政府系機関の存在がある。コンテンツ振興院は韓国のコンテンツの全分野を育成、一元化する役割を担うために2009年に設立された。基本的なスタンスとしては政府の文化体育観光部（日本では省庁にあたる）傘下の特殊法人で、委託執行型準政府機関に指定されている。

韓国では1999年に成立した「文化産業振興基本法」に基づき、先の1989年に設置された放送映像産業振興院に引き続き、文化コンテンツ産業振興院、ゲーム産業振興院、文化コンテンツセンター、韓国ソフトウェア振興院、デジタルコンテンツ事業団などの組織が作られた。そしてその後、2009年に放送と通信の融合などの環境変化などを意識して、産業別の組織の一本化が図られた。コンテンツ振興院では、海外拠点も含めて約200人の職員が働いているとされる。

上位組織の文化体育観光部はコンテンツ産業の振興を管轄しているが、そのなかでコンテンツ振興院は映画、出版などを除いて、放送、音楽、ゲーム、アニメ、マンガ、キャラクター、ファッション、コンテンツターゲット（CT）などの領域を対象としている。なお、コンテンツ振興院の設置を受けて、2010年には「コンテンツ産業振興法」が制定され、省庁横断型のスキームが構築された。

コンテンツ振興院の具体的な役割は、コンテンツの企画、制作および制作環境の整備、ディストリビューション（流通）網の開拓、人材育成などの面で、公的支援を通してコンテンツ産業の振興を図ることにある。その範囲としては、国内はもとより国外にも向けられている。海外拠点では韓国のコンテンツの広報、宣伝活動も行っている。韓国コンテンツ振興院は、①経営企画、②放送映像、③ゲーム産業、④戦略コンテンツ、⑤文化技術、⑥人材養成の各分野に分けられている。

このスキームのなかで、コンテンツ関連の民間企業などが政府の支援を希望した場合は、政府のほうで検討し、予算を作るという形をとる。つまり、政府と民間企業などとを繋ぐ媒介の役割も担っている。先述したが、韓国政府はコンテンツ産業を高付加価値産業として捉え、「ワンソース・マルチユース」的なクロスメディア、シナジーでの戦略構築を図ろうとしている。

このようなコンテンツ産業の特徴を踏まえて、一元化を行ったのが、コンテンツ振興院の設置目的といえよう。目標は2012年までに世界の5大コンテンツ強国入りを目指すといったものだが、それから10年後の2022年時点では概ね、目標を達成したのではないだろうか。

また、コンテンツ振興院の関連機関として韓国マンガ映像振興院もある。コンテンツ振興院は当初、ソウル・上岩洞にあり、2013年に羅州《ナジュ》に移転しているが、韓国マンガ映像振興院は富川《プチョン》にある。1998年に設立された富川マンガ情報センター、2001年に開館した韓国マンガ博物館などを前身とし、2009年に韓国マンガ映像振興院として再編成された。

近年ではコンテンツ振興院と韓国観光公社が連携し、コンテンツ産業と観光産業のシナジー効果を創出する動きも出てきた。K-POP、ドラマが海外でも認知度を高める現在、必然の動きだ。日本のコンテンツツーリズムの隆盛も、日本独自のコンテンツ生成の過程とともにあった。すなわち韓国でもコンテンツのクオリティが向上し、カタログ数も揃ってきた現在、観光に乗り出すのも当然のことである。日本のアニメ、マンガが海外でも広く認知されていることから、インバウンド観光客の増大に寄与できるに違いない。

◎日本も参考にすべき政府による一元管理システム

前述してきたように、日本ではあくまでコンテンツ産業の関連各社が自助努力して産業基盤を形成し、一部のコンテンツ領域では海外での競争力も獲得しているのに対し、韓国では政府の関わりが色濃い。コンテンツ産業は「表現の自由」をできるだけ活かすために政府の関与には懐疑的な考え方もあった。しかし、イギリスから始まったこのような動きにはプラス面も充分にあったという解釈ができるだろう。

また、韓国のような一元管理のシステムは日本でも検討されるべきではないだろうか。コンテンツ振興院の存在が現在の韓流ブームを下支えしているに違いない。つまり会社個々の動きに比べ、シナジー効果が図れるし、また産業としてのダイナミズムも創出できることをコンテンツ振興院の設置は証明しているともいえる。日本でも、官民挙げてのクール・ジャパン機構が同様の目的で設置されているが、韓国のようにその存在が顕在化しているようには感じない。この差がいかにして生じたのかも検討すべき段階に入っている。

なお、2022年3月24日に韓国コンテンツ振興院が公開した報告書「韓流の発展過程と今後の展望」によると、2020年の韓国のコンテンツ輸出規模は119億2000万ドルで、2005年に比べて9倍近く成長したということだ。2020年基準の韓流の直接・間接輸出効果は105億2000万ドル、生産誘発効果は21兆8466億ウォン、付加価値誘発効果は10兆185億ウォン、就業誘発効果は13万6503人と調査された。2012年に783団体だった世界韓流同好会は2020年には1835団体に増加、会員数は670万人から1億478万人に増加した。韓国を訪れた外国人観光客は、2005年の602万人から2016年には1724万人と持続的に成長した。その後、2016年に韓国が在韓米軍へのTHAAD《サード》〈終末高高度防衛ミサイル〉配備を決定したことに中国が反発、中国人の韓国旅行が制限されたため、しばらく下落傾向を見せたが、BTSのアメリカ・ビルボードでの興行などが注目を集めたことにより、パンデミック以前の2019年には1750万人と過去最高を記録した。

しかし、韓国コンテンツ振興院によると、輸出地域とジャンルの偏りに依然として限界があるという指摘もある。2020年基準の韓国コンテンツ輸出の71・5%は、アジアに偏っていた。このうち、中華圏の割合は39・9%で、高い割合を占めていた。また、ジャンル面ではゲームが68・7%で、キャラクター（6・0%）、放送（5・8%）、音楽（5・7%）などのほかのジャンルに比べて高い割合を占めた。

このような輸出偏重により、該当地域やジャンルと関連した否定的な話題が出る場合、脆弱にならざるを得ない限界がある。2017年当時、韓国が在韓米軍にTHAAD配備を決定したことへの報復として、中国は中国国内での韓国ドラマの放送や韓国人タレントの出演を禁じる「限韓令」を敷いた。その影響で、映画は約38%、音楽10・9%、アニメ32・5%と輸出額が減少した。最近は、オンラインプラットフォームを通じたコンテンツ輸出が増加しているが、特定プラットフォームへの依存度の高まりも、韓流を弱くさせる要因として浮上したという分析も出ている。

急成長には当然、リスクも伴う。表出してきた課題にいかに対応するのかを筆者としては注目していきたい。

第3章

K-POPの海外戦略

1　K－POPと韓流ドラマの密接な関係

◎世界を舞台に急成長するK－POP

ドラマとともに注目すべきなのがK－POPである。そのグローバル展開の基盤を作ったのが、音楽系の制作、マネジメント会社だ。韓国のポップミュージックをK－POPと呼ぶようになったのは、日本では1980年代後半にJ－POPという言葉が使われて以降のことである。韓国では演歌から派生したトロット、テクノミュージックの影響を受けたポンチャックなどの独自の音楽が作られてきたが、SMエンタテインメントの設立によって、潮流が変わっていく。元アーティストであった創業者のイ・スマンが日本のアイドルシステムをベースにして、独自のアイドル育成方式を考案し、ダンスミュージックを意識したアイドルを育てていった。当初は国内市場に集中していたが、2000年代には北米市場への進出を視野に入れた。

韓国コンテンツ振興院によると、2021年もK－POP市場は好況が続き、韓国の主要エンターテインメント会社が創業以来最高の実績を記録した。2022年2月24日、韓国の金融委員会の発表によると、HYBEの2021年の年間売り上げは1兆2577億ウォンで、史上最高を記録したという。また、営業利益も前年比30・8%伸びて1903億ウォンを記録した。BTSのアルバム販売の好調や米ロサンゼルスコンサートの興行などの結果と見られる。韓国のエンターテインメント企業が年間売り上げ１兆ウォンを超えたのはこれが初めてだ。

「スポーツソウル日本版」によれば、ＳＭエンタテインメントも、２０２１年、７０００億ウォンを超える売り上げを成し遂げ、自己最高の業績を記録した。２０２１年の年間売り上げは21・０%増加した。営業利益は６８５億ウォンでなんと９５４・１%増えたという。ＨＹＢＥと同様にアルバム販売枚数の増加が反映されたものだ。ＳＭエンタテインメントは２０２１年、前年比約２倍の１７６２万１０００枚余りのアルバム販売を記録した。

ＹＧエンターテインメントも２０２１年の売上高が３５５６億ウォン、営業利益が５０６億ウォンとそれぞれ39・３%、３７０・４%増加した。これも創業以来最高の業績だ。２０２１年のＫ－ＰＯＰアルバムの販売枚数は、ガオンチャート（現サークルチャート）基準で５７０９万枚に達し、前年比36・９%増加した。アルバム輸出額も２億２０８３万６０００ドルで62・１%も急増したという。

ＳＭエンタテインメントは日本市場ではエイベックスと提携し、ＢｏＡや東方神起などを売り出していったことも記憶に残っている。所属していたアーティストはほかにスーパージュニア（SUPER JUNIOR）、少女時代、ＳＨＩＮｅｅ、ＥＸＯ《エクソ》、レッド・ベルベット（Red Velvet）、ＮＣＴなどがいる。容姿端麗で実力のあるメンバーが揃っており、また世界規模のオーディションを実施していることでも知られている。主催イベントを含めて、ファミリー感が強い、制作マネジメント会社だ。

ＹＧエンターテインメントは、ダンサーとして活躍したヤン・ヒョンソクが創業、ＢＩＧＢＡＮＧ、ＢＬＡＣＫＰＩＮＫ、ＷＩＮＮＥＲ、ｉＫＯＮ《アイコン》、ＴＲＥＡＳＵＲＥなどが所属している。過去にはＳＥ７ＥＮ《セブン》や、「カンナムスタイル」で世界にＫ－ＰＯＰブームを巻き起こしたＰＳＹ《サイ》なども所属していた。また、カン・ドンウォンやチャン・ギヨン、イ・スヒョクなど、多くの有名俳優も所属しているという点でも知られている。

ＹＧエンターテインメントは楽曲のクオリティはもとより、アーティストの個性を重視するといわれている。また、多くのアーティストが楽曲やパフォーマンスをセルフプロデュースできる。なかでも注目されるのはＢＬＡＣＫＰＩＮＫだろうか。韓国のガールズグループのアイコン的な存在で、２０１９年4月に公開された「Kill This Love」のＭＶ（ミュージック・ビデオ）が24時間で５６７０万回再生を獲得し、アリアナ・グランデの「Thank U, Next」を抜いたうえ、３日間で1億回再生を突破した。アジアでの人気はもちろん、レディー・ガガやセレーナ・ゴメスなど、世界的なアーティストとのコラボレーションで北米での知名度も高い。

ＪＹＰエンターテインメントは、最近では日韓オーディション番組から誕生させたＮｉｚｉＵが話題になっているが、自らがアーティストであるパク・ジニョンが１９９７年に設立した。２ＰＭ、ＧＯＴ7、ＤＡＹ6、ＴＷＩＣＥ《トゥワイス》、ＩＴＺＹ《イッチ》、ストレイキッズ（Stray Kids）などが所属し、アーティストの育成において、人間性の教育に力を入れていることでも知られている。やはり、多くのアーティストを擁しながら海外市場を意識しての戦略構築に力点を置いている。

◎マネジメント会社主体の自由闊達な展開が奏功

世界的グループになったＢＴＳが所属し、今、世界が注目する芸能事務所といえば、ＨＹＢＥだ。先に挙げたＳＭ、ＹＧ、ＪＹＰに比べると後発ではあるが、作曲家でプロデューサーのパン・シヒョクがＪＹＰエンターテインメントから独立し、起業した。

２０１９年の営業利益は、韓国の芸能事務所大手３社のＳＭエンタテインメント（４０４億ウォン）とＪＹＰエンターテインメント（４３５億ウォン）、ＹＧエンターテインメント（20億ウォン）の合計を上回っている。オンラインに非常に強く、２０２２年上半期にはアルバム売り上げ１６６０万枚を突破している。

ＢＴＳは「LOVE YOURSELF 轉《てん》 ‘Tear’」がアメリカの週間アルバムチャート「ビルボード２００」で初登場１位に輝き、非英語圏の歌手が入りにくいチャートとして挙げられるビルボードのメインシングルチャート「ＨＯＴ１００」で、デジタルシングル「Dynamite」が初登場1位を記録するなど、Ｋ－ＰＯＰ界の歴史を数々の記録で塗り替えている。

また近年では、独自のファンコミュニティアプリ「Ｗｅｖｅｒｓｅ」や、ゲーム、スターバックスなどとのコラボなどのビジネス構築にも積極的で、さらに後輩たちの育成にも力を入れている。

以上のように、音楽産業はドラマとは別の流れで成長してきたが、韓国の音楽産業のひとつの特徴としては、日本に比べて従来、レコード会社の力が強くなく、ゆえに制作、マネジメント会社がイニシアティブを取れたという点であろう。それはまた、日本のような重厚な歴史がなかったことも影響しているのだろう。既存の枠組みにとらわれることのない自由闊達な展開が可能だったということだろう。

そして、音楽はドラマと見事な相乗効果をあげている。男性では、例えば『花郎』ではZE《ゼ》：A《ア》のパク・ヒョンシク、SHINeeのミンホ、BTSのV《ヴィ》が出演しており、グループで活躍している俳優では東方神起のパク・ユチョン、キム・ジェジュン、2PMのオク・テギョン、INFINITEのエル、EXOのド・ギョンス、ASTROのチャ・ウヌなど枚挙に暇《いとま》がなく、その他Rain（ピ）、チャン・グンソク、イ・スンギ、パク・ポゴム、チョ・ジュンソクなども音楽、ドラマでマルチに活躍している。

女性では、『マイ・ディア・ミスター～私のおじさん～』などに出演したIU（イ・ジアン役）をはじめとして、アイドルグループのmiss Aのメンバーだったペ・スジ、少女時代のユナ、BLACKPINKのジスなどがいる。IUは是枝裕和監督の新作『ベイビー・ブローカー』（2022年6月公開）に出演しており、日本でもさらに注目が集まっていくだろう。日本でもアーティスト兼俳優は少なくないが、韓国でも日本同様に、もしくはそれ以上の音楽とドラマの融合が進んでいるし、現在の音楽には不可欠になっているMVにおいても俳優が出演する事例が数多い。

◎ドラマOSTと音楽サブスクの相乗効果

またOSTにも注目すべきだ。OSTは、直訳すれば「オリジナルサウンドトラック」ということになる。日本では映画のサウンドトラック盤を想起するに違いない。しかし、韓国の音楽市場はアメリカ同様、ストリーミング配信が大半を占める。これは韓国のデジタル政策の効用だ。日本では売り上げに占めるCDの割合が約75％だが、イギリスでは約35％、アメリカに至っては約20％となっている。

世界全体でもCDの割合は19・5％である一方、ストリーミング配信の割合は62・1％である（次ページ［図12］）。ちなみに韓国は売り上げに占めるストリーミング配信の割合が約60％となっている。韓国にはCDショップは100店もないといわれている。

日本は世界の音楽市場で市場規模第2位の国だが、韓国とは売上構成が違う。ましてやアメリカでは権威あるチャート、ビルボードも楽曲の再生回数がランキングの大きな要素になっている。国際レコード産業連盟（IFPI）の2020年の音楽売り上げなどをまとめた「グローバルミュージックレポート」によれば、コロナ禍でSpotify、Amazon、Apple Musicなどのサブスクリプションサービスの利用が増加し、全世界の音楽の収益は前年度比7・4％の増加、総売り上げは316億ドル（約2兆499億円）に達し、6年連続の成長となった。最も売り上げたアーティストはBTSで、以下、テイラー・スウィフト、ドレイクが続いている。

韓国国内ではSpotifyのサービスへの参入が遅れていたが、2021年に開始さ

[図12] 世界の音楽市場のソース別売上構成

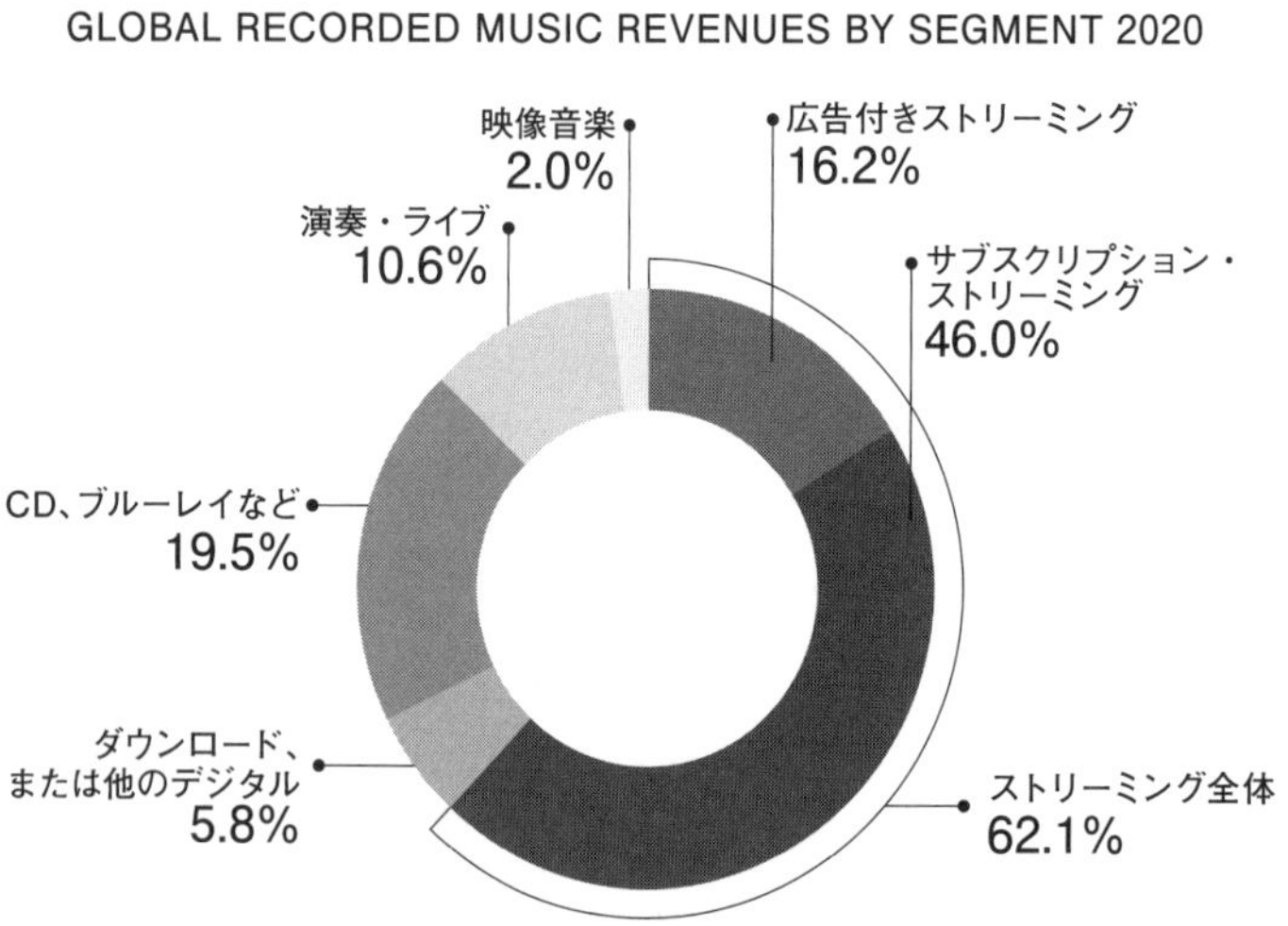

出典）RAINNEWS（rainnews.com）

れた。以前はMelonが市場を寡占していたが、国内サービスではCJデジタルのプラットフォームを買収したジニーミュージック（GENIE MUSIC）やSKテレコムが設立したFLOなど他社の追い上げもあり、シェアを落としている。

OSTの話に戻そう。韓国ではOSTが制作されないドラマはないといっていい。ドラマが開始されるとOSTのアルバムが発売される。日本とは違い、1話のなかでも数曲のOSTが制作され、ドラマを観終わった後もOSTを聴くことによって感動が再び、呼び起こされる。韓国ドラマの魅力のひとつに、このOSTとドラマの展開がマッチして効果をあげている点が指摘される。

例えば、大ヒットドラマ『愛の不時着』にも何曲ものＯＳＴが登場するが、とくにペク・イリョンの歌う「Here I Am Again」は印象的で、ヒョンビンとソン・イェジンのツーショットを想起するファンも多いことだろう。『梨泰院《イテウォン》クラス』では、Ｇａｈｏの「はじまり」がＯＳＴの代表的な曲で、パク・ソジュン演じるパク・セロイの純粋に生きるさまをイメージすることができ、その力強さから、前にひたむきに進むというメッセージソングにもなった。

また、人生の不条理を抱える中年の三兄弟と、若くして借財を背負い、身体の不自由な祖母の面倒を見るＩＵ演じるイ・ジアンがお互いを癒やしていく物語の『マイ・ディア・ミスター～私のおじさん～』だが、この作品ではエンディングに流れるｓｏｎｄｉａのバラード「大人」がドラマをさらに印象的なものにしている。ＩＵもライブなどでこの曲を歌っている。

２０２１年の話題作のひとつでもあった『その年、私たちは』は、『梨泰院クラス』のキム・ダミ、『パラサイト』のチェ・ウシクの共演でも注目されたが、この作品のＯＳＴであるＢＴＳのＶが歌う「Christmas Tree」は、ＭＶの再生回数がわずか2週間で１８００万回を超え、Ｍｅｌｏｎでは、発売後72日間連続でＴＯＰ１００にチャートインした。また、この曲は韓国のＯＳＴとしては初めてアメリカ・ビルボードのメインシングルチャート「ＨＯＴ１００」にランクインした。初登場は79位であった。ちなみにＢＴＳのメンバーのうち、ソロで同チャートにランクインしたのはＪ－ＨＯＰＥ、ＳＵＧＡに続きＶが

３人目となり、ソロでもＢＴＳメンバーの活躍はワールドワイドなものになっている。

韓国では、日本に比べて音楽ビジネスのあり方に独自性が見られる。ＣＤが主体ではなく、あくまでサブスクリプションに軸足が置かれ、ドラマなどの映像メディアとの距離も近い。

今後はこの枠組みにほかのコンテンツも混合していくのだろうか。

2　ドラマに先行したＫ－ＰＯＰの海外展開

◎アジア市場を牽引するＫ－ＰＯＰ

もう少しＫ－ＰＯＰの海外展開を詳しく見ていこう。日本では内需で音楽産業が賄えるので、無理に海外市場を意識しなかったというのが定説になっているが、実際にそうだったのだろうか。海外、とくに欧米で認められるというのは一種のステイタスという側面を持つ。セールスも大事だが、それ以上に欧米での認知はアーティストにとっては潜在的な欲求なのではないだろうか。

実際、坂本九の「上を向いて歩こう」（英タイトル「SUKIYAKI」）が、１９６３年６月15日付でビルボードチャートの「ＨＯＴ１００」週間１位を獲得して以降、何人もの日本人アーティストが全米デビューを果たしているが、ほとんど結果に結び付かなかった。英語が下手だとか、理由はいくつも挙げられていたが、現在でもＢＡＢＹＭＥＴＡＬやＯ

NE OK ROCKの活躍が目立つくらいで、韓国のような着実な実績をあげていない。

K－POPはアジア市場を牽引しているといっても過言ではない。国際レコード産業連盟（IFPI）によれば、2020年ではアジア市場の伸びは前年比9・5％であるが、日本はマイナス2・1％の減少傾向だった。一方、韓国の売上成長率は前年比44・8％の増加だったことからもそれは証明されるだろう。ちなみに、日本を除くとアジア市場は前年比29・9％増の急激な成長を見せている。アジア市場ではデジタルによる収益も収益総額の50％を超えるとされ、この点においても日本がビジネスモデルの転換ができていないことが浮き彫りになっている。

早稲田大学MBAエンタメ学講師・中山淳雄「米国トップチャートを制したK－POP、日本音楽産業に勝機はあるのか?」（TORJA「世界でエンタメ三昧」【第68回】）によれば、10年前、日本はそのままアジア市場といってもいいほどの音楽大国で、50億ドルを超える市場規模を誇っていた。当時の韓国は、30分の1にも満たない1600万ドルだった。そこから10年で日本は半分の26億ドルにまで落ち、韓国は5倍の5・8億ドルになった。

◎「カンナムスタイル」から始まった北米市場での快進撃

いまだに規模でこそ日本が韓国の4倍だが、注目すべきは「輸出」だと記事では指摘している。K－POPとして売り出された韓国音楽の海外市場は、ほぼ韓国国内市場と同規模の5・6億ドル、10年で34倍になっている。海外で稼ぐボリュームで考えれば、日本の音楽市場の海外展開こそK－POPの30分の1にも満たない状況だと中山は述べている（次ページ［図13］）。

またK－POPライターのDJ泡沫《うたかた》による記事「BTS、aespa…コロナ禍でも強いK－POPアイドルの『2次元化』戦略」（「現代ビジネス」2021年9月16日付）によれば、2018年度の韓国の音楽関連産業の輸出額の割合は日本が65・1％、中国が19・8％、東南アジアが12・3％、北米1・3％、欧州1・2％（韓国の文化体育観光部と国際文化交流振興院が出版した「2020韓流白書」による数字）。翌2019年度の音楽産業の輸出額合計は7億5619万8000ドルで、日本は55・1％、東南アジア17・1％、中国15・5％、北米10・6％、欧州3％だったとしている（韓国統計情報院の「音楽産業の主要国・大陸別輸出額の現況」による数字）。

別々の統計なので単純比較はできないが、記事では2019年について、韓国のアーティストの海外公演が多かったことも一因としており、北米市場の伸長は理解できるかもしれない。

現在、K－POPを代表するアーティストといえばBTSやBLACKPINKになるだろうが、海外展開の潮目が変わったのはPSYの「カンナムスタイル」のヒットからだ。「カンナムスタイル」は2012年7月15日にYouTubeでMVが公開されると、その2カ月後には再生回数1億回を突破した。また、ビルボード「TOP100」でも最高

[図13] 日本・韓国の音楽市場＆音楽輸出市場

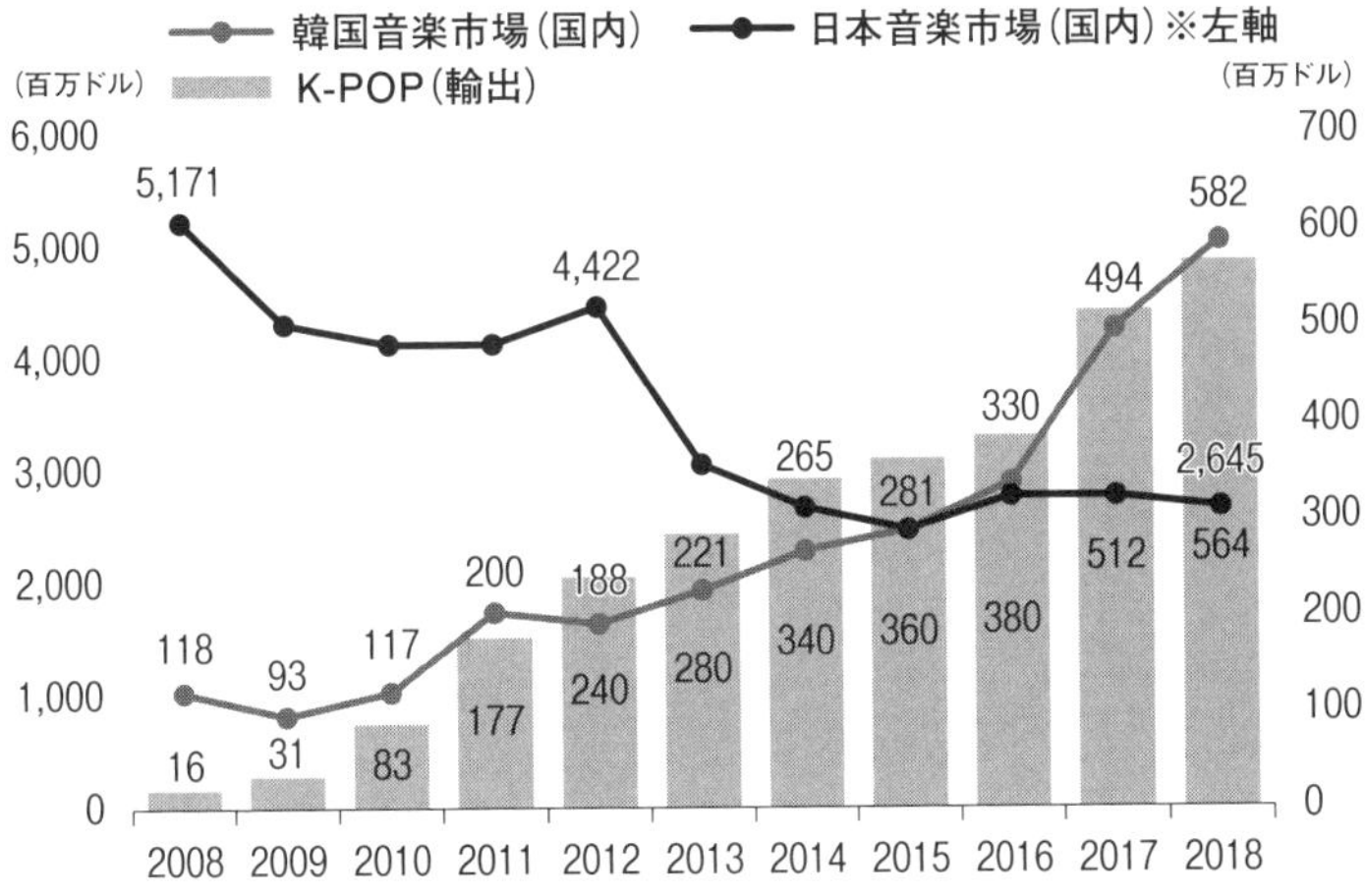

出典）「TORJA」（米国トップチャートを制したK-POP、日本音楽産業に勝機はあるのか？世界でエンタメ三昧【第68回】：中山淳雄）
https://torja.ca/entame-zanmai-68/

位２位を記録、韓国人アーティストとしては過去最高を記録した。「カンナムスタイル」は韓国人が作詞・作曲し、歌詞の大半は韓国語であるにもかかわらず、北米で初めて大ヒットした楽曲になった点で歴史的なできごとであり、その後にＢＴＳやＢＬＡＣＫＰＩＮＫのヒットがあったと考えられる。

Ｋ－ＰＯＰはＰＳＹ以前にも、ＢｏＡやＳＥ７ＥＮ、Ｗｏｎｄｅｒ Ｇｉｒｌｓなどが北米進出を図ってきたが、期待ほどのセールスはあげられなかった。ＰＳＹと「カンナムスタイル」は、試行錯誤の末にようやく北米でＫ－ＰＯＰを認知させた初めてのアーティストであり、楽曲だといえる。

また見逃せないのはサムスン、LG、ヒュンダイなどの韓国の主力企業が、国内外でK－POPアーティストを広告に起用したことだ。有名アーティストは複数社の公式パートナーを獲得している。また、K－POPアーティストの海外ライブもこれらの企業が協賛することが少なくない。加えて、韓国以外の企業が協賛する事例もある。これも一種の相乗効果だろう。K－POPと韓流ドラマの相乗効果とは違うステージでの相乗効果といえようか。

3　J－POPをベンチマークにして独自性を高める手法

◎日本を手本として発展

筆者は2013年に二度ソウルに行き、コンテンツ振興院や音楽企業にヒアリングを行ったことがある。印象深かったのは、DMCのCJ ENMを訪れたときのことであった。おそらく30代前半と思われるチーム長は、われわれに対して、ホワイトボードに日本のポップミュージックの歴史の概略を描いて説明し始めたのだ。彼は1970年代にシンガーソングライターが登場したことやバンドブームについても記載した。これにはたいへん驚かされた。

SMエンタテインメントの創業者イ・スマンが1990年代後半、組織的かつ戦略的なアイドル歌手の発掘・育成・宣伝体制を確立するために模索し、未成熟であった韓国のアイドル音楽市場の開拓を目指した。まず日本、その後はアメリカの成功事例をベンチマークにしたことはよく知られているし、エイベックスを参考に株式の上場を行った。現在は日韓の立場が逆転しているが、当初は日本をひとつのベンチマークにしていたことは明らかだ。

ただ韓国の音楽産業は、デジタル化に呼応した独自のスキームを構築したといえる。これはドラマにも通底する部分であろう。やはり重要な点のひとつは、日本と違って既得権益にそこまで拘泥する必要がなかったことだ。

日本の音楽産業は戦前からの長い歴史を有し、それによって知的財産に関する権利保有という産業の利益創出を念頭に置くようになった。もちろん状況に応じてはリスク分散の意味で、共同原盤という形で権利の分割保有もあったが、主導権を握るためには独占したほうがいいという考えが根底にあったように思う。

長い歴史は産業内での柵も生じさせるし、かつ合従連衡《がっしょうれんこう》も繰り返してきた。それが競合を生み、産業を発展させてはきたが、反面、業界内での信頼を醸成できたかというと疑問も残る。韓国にはこの歴史的前提条件が薄いので、デジタル化にアジャストした形で独自の青写真が描けたのではないだろうか。

ふたつ目は、音楽産業のみならずコンテンツ企業全般とのシナジー効果を創出できたことだ。先にも触れてきたが、いわゆる垂直、水平の従来の企業統合ではなく、縦横無尽に協力関係が構築されていくさまは見事だ。まるでアメーバのように状況に応じてスキームが組み立てられる。そして、それはプラットフォームを軸にする形が取られる。基本的にコンテンツ産業は、アナログの時代にも流通を押さえたものにアドバンテージがあるといわれてきた。デジタルの時代にはプラットフォームを押さえるのが定石だということを理解して戦略構築がなされているということでもある。

3つ目は、韓国政府の支援体制が確立している点だ。コンテンツ振興院設立に関しては紆余曲折もあり、また現在でもコンテンツ関連のいくつかの外郭団体が存在しているものの、日本に比べて情報開示もなされており、広報活動も積極的に行われている。日本は少なくとも一般市民には政府の対応が見えてこない。つまり、韓国のほうが透明性が高いという見方もできる。それは別の見方からすれば、政府とコンテンツ産業の関係性が産業界以外にも伝達されているということでもあろう。政府がコンテンツ産業の高付加価値に目をつけ、ＩＭＦ危機の際に財閥の淘汰、統合がなされたなかで、選択と集中が同時に行われたのかもしれない。

◎独自のビジネススキーム構築で飛躍

ある時点まで、韓国のコンテンツ産業のベンチマークは日本だった。これは否定できない事実だ。しかしそれから独自のビジネススキームを構築し、結果に結び付けていることもまた否定できない事実である。

日本はもはやこの領域でもアジアのトップではなく、上から目線で眺めている立場にはない。これからは学ぶ立場になっているのかもしれないという自覚を音楽産業界、ひいてはコンテンツ産業界は自覚することが必要だし、日本政府も同様の自覚を持つべきだろう。

　コロナ禍において、日本の報道で韓国の対応をＫ防疫と呼んでいたが、これは検疫システム、アウトリーチキャンペーン、テスト、および接触追跡を含むウイルスの拡散を制限するために使用する戦略を指す、韓国保健福祉部が発案した用語である。一時期は機能不全に陥り揶揄《やゆ》されることもあったが、韓国政府が自ら「Ｋ」と頭につけている点に注目したい。Ｋ－ＰＯＰと同様、韓国の独自のスキームや事象に「Ｋ」と語頭につけて呼ぶことは、明確な自信の発露として捉えていい。

　確かに、韓国の名目ＧＤＰ（国内総生産）は２０２０年のＩＭＦ統計によれば、世界で10位の規模になっており、ロシア、ブラジル、オーストラリアの上位にある。Ｇ７が拡大されれば参加も当然の位置にいる。それでもまだ日本の３分の１程度の規模ではあるが、例えば、日本経済研究センターは２０２１年12月15日、個人の豊かさを示す日本の１人あたり名目ＧＤＰが２０２７年に韓国、28年に台湾を下回るとの試算を発表した。日本は行政などのデジタル化が遅れているために、労働生産性が伸び悩んでいることが主な原因とされている。

　これが現実だ。現在も韓国の経済状況についてはさまざまな意見があり、前記の統計を額面どおりに受け取れないという向きもあるが、特定の企業、産業の勢いを無視はできない。

半導体、スマホ、一部の家電製品では、韓国のアドバンテージは海外市場でも顕著なものがある。すべてがうまくいっているとは限らないが、20年前と比べれば「天と地」だ。「Ｋ」がこれからの世界のトレンドを牽引する存在になる可能性は充分にあるだろう。

4　Ｋ－ＰＯＰを成功に導いた展開プロセス

◎ＶＬＩＶＥ、ＡＲＭＹに見る独自プロモーション

韓国のコンテンツ産業は国内市場の規模が小さいために、海外進出を目論んだとよくいわれる。確かにそれは否定できない。ただ注目すべきは、韓国が独自のプロモーションのスタイルを確立している点であり、これはドラマにも通底するものだろう。音楽でいえば外せないのがＶＬＩＶＥ《ブイライブ》の存在だろう。

ＶＬＩＶＥは韓国のライブ動画配信サービスで、ＮＡＶＥＲが開発した。韓国のアーティストなどの有名人がファンとの交流を図るためにライブチャットセッション、パフォーマンス、リアリティショー、アワードなどのライブ映像を、インターネットを通じて放送している。

ストリーミング配信に関しては、オンラインはＡｎｄｒｏｉｄ、ｉＯＳの端末で、リプレイはＰＣを利用する。

運営形態はＢｉｇ Ｈｉｔエンターテインメント（現ＨＹＢＥ）51％、ＮＡＶＥＲが49

%を出資しているWEVERSE《ウィバース》カンパニーに譲渡された。K－POPアーティストや俳優が数多く参加している。VLIVEは、韓国の有名人が世界中の視聴者にリーチできるメディアであり、世界中のファンが好きな韓国のアーティストや俳優と親密に交流することができる。また、外国語の字幕を作成するファン・トランスレーターのオンライン・コミュニティがある。ファンの翻訳者によって、17種類もの字幕が用意されている動画もあるという。

また、VLIVEに見られるように韓国ではあくまでファンベースという点に大きな特徴があり、最も注目されるのがファンを「ファンダム」と呼ぶことだろう。コンテンツ領域を中心に、特定の対象をこよなく愛する集団、コミュニティ、そしてそれらの状態や特徴などを有している。そして、そのファンダムの最大のものが「ARMY」だ。「ARMY」は基本的にはBTSのファンクラブを指す。BTSのファンクラブに入会するためには、まず「Fancafe」というサイトに登録し、準会員、正会員と昇格し、そこから会費が発生する「ARMY」へと至るシステムになっている。もちろん、BTSサイドも公式ホームページ、ツイッター、YouTubeなどを駆使してメンバーの情報発信を積極的に行っているが、VLIVEには2017年から「VFansubs」という機能が付加され、誰でも動画に字幕が付けられるようになった（ただし2023年1月、VLIVEはWeverseに統合された）。

つまりファンの協力で翻訳作業を行い、新人アーティストの海外でのプロモーションを実質、行っているということである。また、人気のあるアーティストでは数十カ国語に翻訳され、世界中に拡散されていく。K－POPアーティストの海外展開においては、ファンダムは見逃せない要素だ。また「V　Fansubs」では翻訳者に対しての報酬システムも導入しており、プロの翻訳者に依頼するよりもコストが抑えられているともいえる。

以下は日本のYouTubeを利用した場合だが、このような報酬システムは当然のことらしい。

日本の「クラウドワークス」という求人サイトには、「YouTube投稿用に編集してもらった動画の内容が合っているかのチェック&指定のYouTubeアカウントへ投稿をお願いします。（中略）動画のチェック作業はこちらで用意しているチェックポイントに動画が沿っているかの確認をしてください。（中略）アップロード後は動画を非公開設定にしていただくため、作業はご都合のいい時間でご対応いただけます」という記事が掲載されている。

また「HPマスター」の存在も見逃せない。これは日本でも見られる私設ファンサイトの運営に当たる人々を称する。アーティストに関する情報、写真、映像などを盛り込むのだが、韓国でも公認されておらず、暗黙の了解のもとで運営されている事例が多い。アーティストの所属マネジメント会社からすれば、発信力の大きさを否定できないということだろう。大規模なHPになると、情報、写真、映像のアップ以外に、DVDを含めたグッズの販売も行っている。このような販売利益やコアファンのクラウドファンディングなどを利用して公共系応援広告を出稿している。誕生日やデビューしての周年記念が定番だ。韓国ではこの手の広告を「センイル」広告と呼んでいる。

◎日本と異なりフリーミアムな韓国の音楽業界

日本では著作権および著作隣接権でこのような活動は難しいが、とくにラッピング含めて地下鉄やバスの広告出稿、カフェなどとのコラボなどが目につく展開だ。韓国ではこのような応援広告を扱う広告代理店もあるという。つまり、K－POPの宣伝はファンが担うものになっている。フリーミアム（基本サービスは無料で提供し、高度サービスを有料化する）な発想が韓国では重要視される。音楽産業界主導の日本の宣伝手法とは大きく異なる。利益を音楽産業界が独占するビジネスモデルではない。また韓国の音楽産業は、ライブ会場での応援グッズの手配、配布などまで活動の範囲を広げている。

まさにインターネットによる情報社会のなせる業《わざ》だ。日本は韓国と逆に、著作権および著作隣接権などの権利ビジネスに、音楽産業界が向かってしまったといえよう。もう少しフリーミアムの発想があってもよかったのかもしれないし、インターネットでの情報共有などの効用についての議論を深めるべきかもしれない。ファンが自由にアーティストを応援できる環境づくりに韓国は成功したのである。

また「ＥＴＮｅｗｓ」の記事によれば、K－POPは消費主体であるファンダムとのコミュニケーションチャンネルを作りながら成長を続けてきた。各種ファンダムアプリはソーシャルプラットフォームと共に、「K－POP韓流の新成長コア」とまでいわれている。ファンダムアプリは、長い間存在してきた自生的なオンラインファンコミュニティ機能をオフィシャル段階に引き上げ、連動サービスを加えたプラットフォームである。ファンダムの範囲が国内はもちろん、海外まで拡大した時点で公式に作動できるチャンネルの必要性が生じたことから設けられたものだ。韓国でファンダムアプリは、この3年で急激に増加しており、そのなかで最も大きく活性化されたのは、「Ｗｅｖｅｒｓｅ」「ｂｕｂｂｌｅ」「ＵＮＩＶＥＲＳＥ」だ。

「Ｗｅｖｅｒｓｅ」とは、ＨＹＢＥの子会社であるＷＥＶＥＲＳＥカンパニーが開発・運営するファンダムアプリで、２０１９年6月の正式オープンから約2年9カ月で２３８の国・地域で３８００万人以上の加入者を記録し、爆発的な成長をみせている。

「ｂｕｂｂｌｅ」は、ＳＭエンタテインメントのＩＴ系列会社ディアユーがサービスを行っているアプリで、ほかのファンダムアプリとは異なり、ファンとアーティスト間のプライベートメッセージサービスに集中している。

「ＵＮＩＶＥＲＳＥ」はレイトカマーだが、30チーム以上のアーティストと契約を結んでおり、Ｍｎｅｔ、ＭＢＣなどの放送局との協業はもちろん、計５１２２本に達するオリジナルコンテンツを独占公開している。

従来のファンダムアプリはコミュニティのスマート化やプロモーションの性格が強かったのに対し、現時点のファンダムアプリは、ファンダストリー（FAN+INDUSTRY）本来の姿によりアプローチしたものだ。第４次産業革命のキーワードであるＩＣＴ基盤の異種産業移植というテーマを表現した部分ともいえる。ファンダムアプリは、コンテンツ・ＩＴ業界、消費財産業全般のロールモデルとしてだけでなく、さまざまな連携による統合産業構造の変化をもたらす第４次産業革命の原動力として位置付けられている。

Ｋ－ＰＯＰはファンダムにより成長してきた。しかし、それはさらに発展をみせている。この点は日本でも冷静に分析、考察を加えていくべきだと考える。長い歴史を持つ日本の音楽業界が急速に転換するとは思えないが、韓国の成功モデルの基盤は認識すべきだろう。絶えず学ぶ姿勢、それが日本のコンテンツ業界に求められている。

第4章

活発化する韓国ドラマの「聖地巡礼」

1　コンテンツツーリズムの萌芽

◎コンテンツツーリズムとは

映画やテレビドラマ、アニメなどの作品の舞台を訪れる観光行動のことを、コンテンツツーリズムと呼ぶ。

コンテンツツーリズムは日本発の観光行動といってもいい。コンテンツツーリズムが国によって言及されたのは、2005年に国土交通省総合政策局、経済産業省商務情報政策局、文化庁文化部から出された「映像等コンテンツの制作・活用による地域振興のあり方に関する調査」からだろう。そこでは、「コンテンツツーリズムの根幹は、地域に『コンテンツを通して醸成された地域固有の雰囲気・イメージ』としての『物語性』『テーマ性』を付加し、その物語性を観光資源として活用することである」としている。

コンテンツツーリズムという観光行動は古くからあったとされる。日本では和歌に詠み込まれた名所への観光にまで遡《さかのぼ》るという説もある。

欧米でも宗教的な意味での聖地巡礼はもとより、17世紀ヨーロッパのグランドツアーなども注目される観光行動だ。ヨーロッパにおいて、旅行は聖地巡礼も含めて、信仰や商用などを目的としたものがほとんどだったが、17世紀に入るとそれまで続いていた戦乱が一時的に収まったこともあり、私的な興味による嗜好的な旅行も萌芽を見せる。この代表的な例が、主にイギリスの裕福な貴族階級で行われたグランドツアーであろう。家庭教師が上流階級の子弟を引率し、当時の文化的先進国であったフランス、イタリアなどを歴訪するというものだった。いわゆる文化観光と位置付けていいだろう。

コンテンツツーリズムがこうした文化観光の一部分とすれば、グランドツアーの役割は大きなものだった。これは、日本でも江戸時代に庶民のなかで観光行動が生まれた時期と重なる。近代に至って欧米では文学、映画、音楽などのコンテンツ作品に由来する観光行動が生まれる。例えば、１７６１年に刊行されたルソーのベストセラー『新エロイーズ』は、舞台となったスイスに大勢の観光客を集めたことで知られている。同書が刊行されて以降、革命が勃発する１７８９年までの間にスイスに関する書籍が大量に刊行されたという。主人公ジュリーの故郷であるレマン湖まで旅した人々も数知れない。

また、近代になってからは交通の発達と相まって、映画の登場によっても新たな潮流が生まれた。欧米ではコンテンツツーリズムという概念ではなく、もっと細分化されている。『新エロイーズ』などの文学観光はリテラリーツーリズム（Literary tourism）であり、『ローマの休日』や『ティファニーで朝食を』などの映画のロケ地巡りはフィルムツーリズム（Film tourism）であり、コンテンツのジャンルごとに議論されてきた。

もちろん日本のようにアニメ、マンガ由来の観光行動は活発化していない。これはおそらく日本特有の観光行動であるに違いない。欧米では、ライブのみならずミュージシャンの聖地を巡る観光行動も目立っている。逆に、これは日本では活発化していない。それぞれにさまざまな理由があるのだが、同時に国民性や独自文化の影響も少なからず見てとれる。

◎音楽、ドラマのコンテンツツーリズムが盛んな韓国

韓国ではBTSゆかりの地を巡る観光行動が盛んで、例えば彼らが所属するソウルのHYBE本社には、数多くのファンが集まっているとされる。ソウルでの行きつけの飲食店とされる「バンタン食堂」、カフェ「THE MIN'S」、メンバーのジンの兄が経営するソウルの「押忍!!セイロ蒸し」、ジミンの父親が経営する釜山の「MAGNATE」、またセンイル広告巡りまであり、ウェブ上にも巡礼コースがたくさん挙げられている。日本語のウェブを見ているだけでもBTSの人気がうかがえ、また、日本人のファンも数多く訪れていることがわかる。

日本では音楽での聖地巡礼型の事例は少ない。ライブやコンサートに足を向ける体験型が大半で、聖地巡礼型のミュージックツーリズムは一般化していない。その背景として、日本のポップミュージックの特徴が浮き上がってくる。

仮説として考えられるのは、ひとつには日本のポップミュージックが海外に訴求していない点が挙げられよう。しかし、国内での聖地巡礼行動も一般化していないとすれば、さらに別の問題も潜んでいるように思われる。それでもサザンオールスターズ、松任谷由実、さだまさし、松山千春、尾崎豊、GLAY、hide、稲葉浩志などのミュージシャン本

人や楽曲ゆかりの地を巡る観光行動は熱心なファンを中心に存在するが、しかしメジャー感はない。あくまで熱心なファンを中心とした観光行動の域を出ていない。

ファンの観光行動に関してはあくまでライブやコンサートが中心であり、吉田拓郎や井上陽水といった日本のポップミュージックに不可欠のミュージシャンですら、コアファンは別にして、聖地巡礼行動を伴うという話は聞いたことがない。

つまり、K－POPのアーティストは、海外市場での存在感や、HPや応援広告に見られるファンダム同様に、観光行動においても独自性が強い。

映画『パラサイト』のアカデミー賞受賞を受けて、半地下の家や高級住宅地などのロケ地巡りの現象が生じている。もちろん『冬のソナタ』の際も数多くの日本人が韓国を訪れたが、韓国人のコンテンツツーリズムに関しては、ドラマの場合では2014年の『ミセン－未生－』がターニングポイントになったと指摘されている。「『未生』の場合は、（原作）マンガでは特定出来なかった舞台が、ドラマに制作されることによって場所を具体化することができ、マンガだけでは存在しえなかった聖地を創り出し、実際に『行ける』聖地を提供したのである」（陸善「韓国産コンテンツによる新たなツーリズムの可能性」2018年、64ページ）。

実際にドラマに出てくるオフィスビルはひとつの聖地になって、ドラマのファンが集まったという。

一方、韓国ではアニメ作品などでも聖地巡礼行動が生じてはいたが、まだ日本のようなダイナミズムを伴ってはいなかった。
韓国でもコンテンツツーリズム研究が始まっているのは、観光行動としてのアーティストの聖地巡りやドラマのロケ地巡りが始まっていることの証明であろうか。新型コロナウイルスのパンデミックの影響で世界的に観光行動の動きは鈍くならざるを得なかったが、収束の方向に向かえば一気に盛り上がることも考えられるだろう。

2　パンデミック明けの動向

◎新型コロナ収束後から加速が予想される海外旅行

パンデミックが外国人旅行者の海外旅行や訪日旅行の意向に与えた影響を調査するため、日本政策投資銀行（ＤＢＪ）と日本交通公社（ＪＴＢＦ）は、２０２０年６月２日～12日にかけてアジア・欧米豪の海外旅行経験者６２６６人を対象とした緊急アンケート調査を実施した。その結果を見てみよう。

２０２０年６月の時点で、今後６カ月以内に飛行機で５時間未満の距離の海外旅行に行くと答えたアジア居住者は28％、欧米豪居住者33％だったのに対し、５時間以上～９時間未満の距離の海外旅行へ行くと答えたのはアジア居住者23％、欧米豪居住者28％、９時間以上の移動距離では、アジア居住者20％、欧米豪居住者28％となり、長距離移動であるほどハードルが高いことがわかる。

この調査では全体的に欧米豪居住者のほうが、海外旅行に行きたいという回答が多かった。

海外観光旅行の検討を再開するタイミングとしては「抗ウイルス薬の開発など、新型コロナの脅威が消滅してから」「ＷＨＯのパンデミック収束宣言後」「渡航希望先の安全宣言後」「自国の出国制限措置の解除後」という回答が多く、訪日外国人旅行者数が従前どおりに戻るには、相応の時間を要する可能性がある。

新型コロナの流行収束後における海外旅行の意向は、アジアで86％、欧米豪で74％と強い。

また、新型コロナ収束後に海外観光旅行をしたい理由としては「海外旅行が好きだから」という回答のほか、アジアを中心に「リラックスや癒やしを得たいから」「海外で体験したいことがあるから」という回答が多いうえ、新型コロナ収束後の海外観光旅行において、予算が増加し、滞在日数が長期化するという回答が相対的に多い。

◎パンデミック後に行きたい国として存在感を増す韓国

なお、この調査は数回行われており、２０２１年10月5日～10月19日に行われた第3回調査では、訪れたい海外旅行先について、以下のような結果が出ている。複数回答可ではあるが、アジア居住者による回答の上位5カ国は、1位：日本（67％）、2位：韓国（43％）3位：台湾（28％）、4位：オーストラリア（27％）5位：タイ（26％）。欧米豪居住

[図14] 新型コロナの流行収束後に観光旅行したい国・地域(アジア居住者)

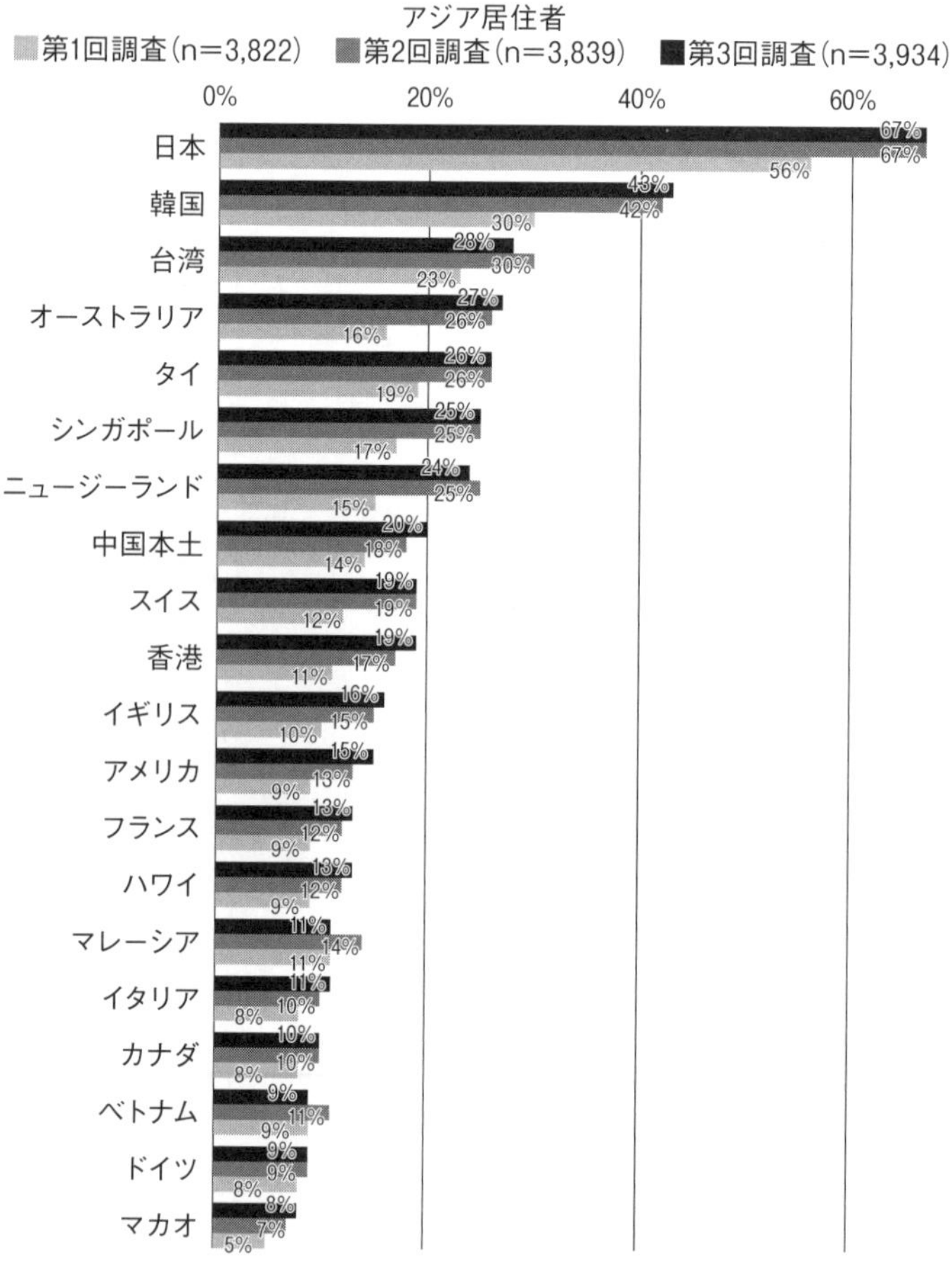

[図15] 新型コロナの流行収束後に観光旅行したい国・地域（欧米豪居住者）

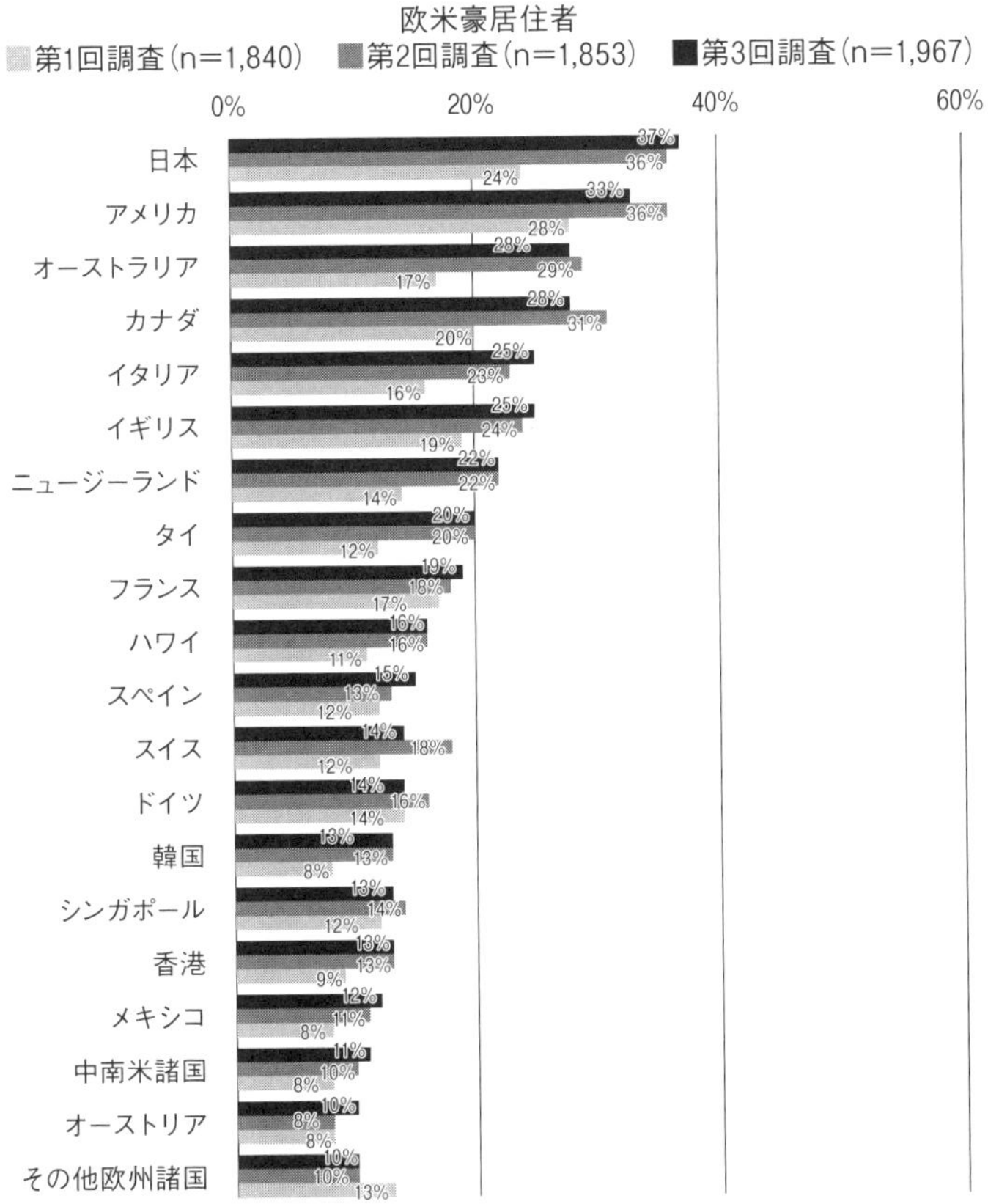

※1　新型コロナウイルス収束後の海外旅行について「（したいと）思わない」を選択した対象者及び次に海外旅行の検討を再開するタイミングについて「現在の状況からは海外旅行の検討再開は考えられない」と回答した対象者を除く全員から回答を得た。

※2　「次に観光旅行したい国・地域」の選択肢からは、回答者の国・地域及び近隣の国・地域（中国―香港―マカオ、マレーシア―シンガポール、タイ―マレーシア、アメリカ―カナダ・メキシコ・ハワイ・グアム、オーストラリア―ニュージーランド、イギリス・フランス―欧州各国）を除いている。

出典）左右ページとも日本政策投資銀行（DBJ）、日本交通公社（JTBF）

者による回答上位5カ国は、1位：日本（37％）、2位：アメリカ（33％）、3位：オーストラリア（28％）、4位：カナダ（28％）、5位：イタリア（25％）、5位：イギリス（25％）となっている（前ページ［図14］、［図15］）。

しかし注目すべきは、アジア居住者においては、すでに韓国が日本に続いて2位になっていることだ。欧米豪居住者においては14位だが、第1回調査の際には圏外だったことを考えると次第に順位を上げてきており、将来的なポテンシャルは高いと考えてもいい。つまり、アジア居住者の行きたい国としての位置を確保したうえで、K－POPや韓流ドラマが欧米豪に浸透してくれば、そこでも上位に台頭してくる可能性があるに違いない。

確かに、この調査では観光文脈での日本の優位性はうかがえるだろう。ビジット・ジャパン事業の成功が反映されているのかとも思う。ただ競合する国は多いし、本書で見てきたとおりに韓国の存在感は侮れなくなってきている。この部分でも、日本はさらに韓国を強く意識する必要があるだろう。

3　代表的な作品のロケ地を巡る

では、代表的な韓国ドラマのロケ地を巡ってみよう。第4次韓流ブームの作品を中心に、ロケ地からソウルをはじめとした韓国の都市巡りだ。

定番作品としては『太陽の末裔』『愛の不時着』『梨泰院《イテウォン》クラス』は外せないものとして、

そのほか、個人的にハマった作品を紹介していこう。『トッケビ～君がくれた愛しい日々～』『マイ・ディア・ミスター～私のおじさん～』『椿の花咲く頃』『ある春の夜に』『青春の記録』『賢い医師生活』『ヴィンチェンツォ』『イカゲーム』『その年、私たちは』『二十五、二十一』『ウ・ヨンウ弁護士は天才肌』あたりだろうか。

２０２２年6月に入って、ビザを求める日本人が韓国大使館に長蛇の列を作ったように、韓国への渡航熱は過熱している。もちろん、この現象の背景に韓流のコンテンツが少なからず存在していることは否定できない。ようやく渡航制限が解かれたので、相当な数の観光客が韓国を訪れることは予想に難くない。

つまりここで言及しておきたいのは、クオリティの高いドラマ作品は観光客を内外から呼び寄せることが可能だという点だ。これがコンテンツの持つ付加価値ということになる。単なるドラマによる収益のみにとどまらず、事業拡張が観光領域でも生じていく。コンテンツ作品巡りは日本が先行しているように見えるが、実は韓国でも着実に浸透し始めている。

韓国在住の日本ライターによる聖地巡りのウェブコラムも氾濫しているが、韓国人の聖地案内も精緻なものが多い。筆者はそれらを手掛かりに、実際に韓国を訪れて多くの聖地を巡った。できるだけ多くを紹介していきたい。

☆『太陽の末裔』

2016年の大ヒット作品で、全16回、KBS2で放送された。主演はソン・ジュンギ、ソン・ヘギョ、二人はこの作品の共演をきっかけに結婚(その後、離婚)したことでも話題になった。韓国で権威のある第52回百想《ペクサン》芸術大賞で作品賞、ソン・ジュンギが最優秀俳優賞、ソン・ヘギョが最優秀女優賞を受賞した。2016KBS演技大賞でも二人が大賞を受賞している。

ソン・ジュンギ扮する軍人ユ・シジンと、ソン・ヘギョ扮する女医カン・モヨンの恋物語で、途中での別れを経て再会するというラブロマンスの基本型だが、主人公の同僚と軍医官の恋も並行して展開するというストーリーになっている。

ロケ地は海外にも展開しており、架空の国「ウルク」はギリシャでロケを行っている。ギリシャ内のロケ地は3カ所で、ひとつ目はイオニア海に面するザキントス島だ。難破船が横たわるビーチが印象的なナヴァイオ海岸が第3話、第16話で登場する。また、この島のバナギア・スコピオテッサ修道院が「ウルク」駐屯地の背景として使われている。

ふたつ目はリムノス島、ここではミリナという港町がウルクのタペストリーが掲げられたまち並みとして使われ、またミリナから20キロくらいの距離にあるゴマティ砂丘が主人公二人の再会に繋がるシーンで使われた。3つ目はリントス湾に面したアラホヴァが、主人公の二人がデートをするシーンで使われている。18世紀に建てられた時計塔が印象的なまちだ。

そして、医療チームが滞在したメディキューブや中隊基地はウルクにあるという設定で、かつての炭鉱町だった江原道《カンウォンド》の太白《テベク》で撮影された。ポスターなどでキーショットになっている、ユ・シジンがカン・モヨンの靴ひもを結ぶシーンがここで撮られた。セットは一時期、撤去の方向にあったが、観光地化する方向になり復元されているものもある。太白はソウルから東に鉄道で４時間弱、バスで３時間余りの距離にある。

さて京畿道《キョンギド》の坡州《パジュ》にあるキャンプ・グリーブスは、朝鮮戦争以後50年余り米軍が駐留したところだ。坡州には非武装地帯もあり、北朝鮮に最も近い町として知られる。米軍が撤収した後、撤去される運命だったが、京畿道と京畿観光公社が平和安保体験施設・安保思想観光地としてオープンした。この建物がウルクの基地として使われている。また、キャンプ・グリーブスから遠くないところにある碧草池《ピョクチョジ》樹木園もロケ地のひとつだという。キャンプ・グリーブスの跡地ではアート施設も作られ、観光地化が図られている。

『太陽の末裔』のポスター
（写真：Collection Christophel／アフロ）

坡州はソウルからバスで１時間程度の距離にあり、アウトレットモール、芸術家が集住する「ヘイリ芸術村」、出版産業を誘致したブック・

シティなど見どころも多い。ロケ地ツーリズムの魅力のひとつだ。ドラマが契機になって、当該地の新たな知見を得ることができる。

二人が出会う病院は全州《チョンジュ》の忠北大学校病院であるが、この病院内部は国際聖母病院マリステラとカトリック大学校ソウル聖母病院が使われている。また、ヘリコプターがシジンを迎えに来るのが病院の屋上だが、これはソウルの汝矣島《ヨイド》にあるKBS本社だ。ソウルではロケ地も多い。二人が映画を観たのはCGV弘大《ホンデ》、ここはCJグループが経営するシネコンだ。

カフェはダルコムコーヒー各店が登場する。第2話でモヨンが最初の別れを切り出す仁川《インチョン》の松島《ソンド》セントラルパーク店、この店は第16話にも出てくるが、2018年に閉店した。第1話、第13話では城南《ソンナム》の盆唐亭子《ブンダンチョンジャ》店が出てくる。

休暇中のシジンと部下のデヨンが0泊3日で焼酎を飲んでいたのは、居酒屋、ソレカルメギ・回基《フェギ》店だ。ここは慶熙《キョンヒ》大学校の近くにあったが、やはりすでに閉店しているようだ。また、デヨンが軍医ミョンジュと行く弘大の居酒屋・山荘《サンジャン》は上水《サンス》駅2番出口から徒歩ですぐのところにある。第6話でシジンとデヨンが訓練でしごいた兵士たちに遭遇し、逃げた店がチキン店の「タッナルダ」で、望遠洞《マンウォンドン》駅のそばにある。店を出て二人は鍾路《チョンノ》3街《サムガ》をさらに逃げるが、隠れて兵士たちをやり過ごすのは仁川の坂だという。

後述するが、『マイ・ディア・ミスター〜私のおじさん〜』でIU演じるジアンの家も仁川で撮影されたという。

『太陽の末裔』の主なソウルのロケ地

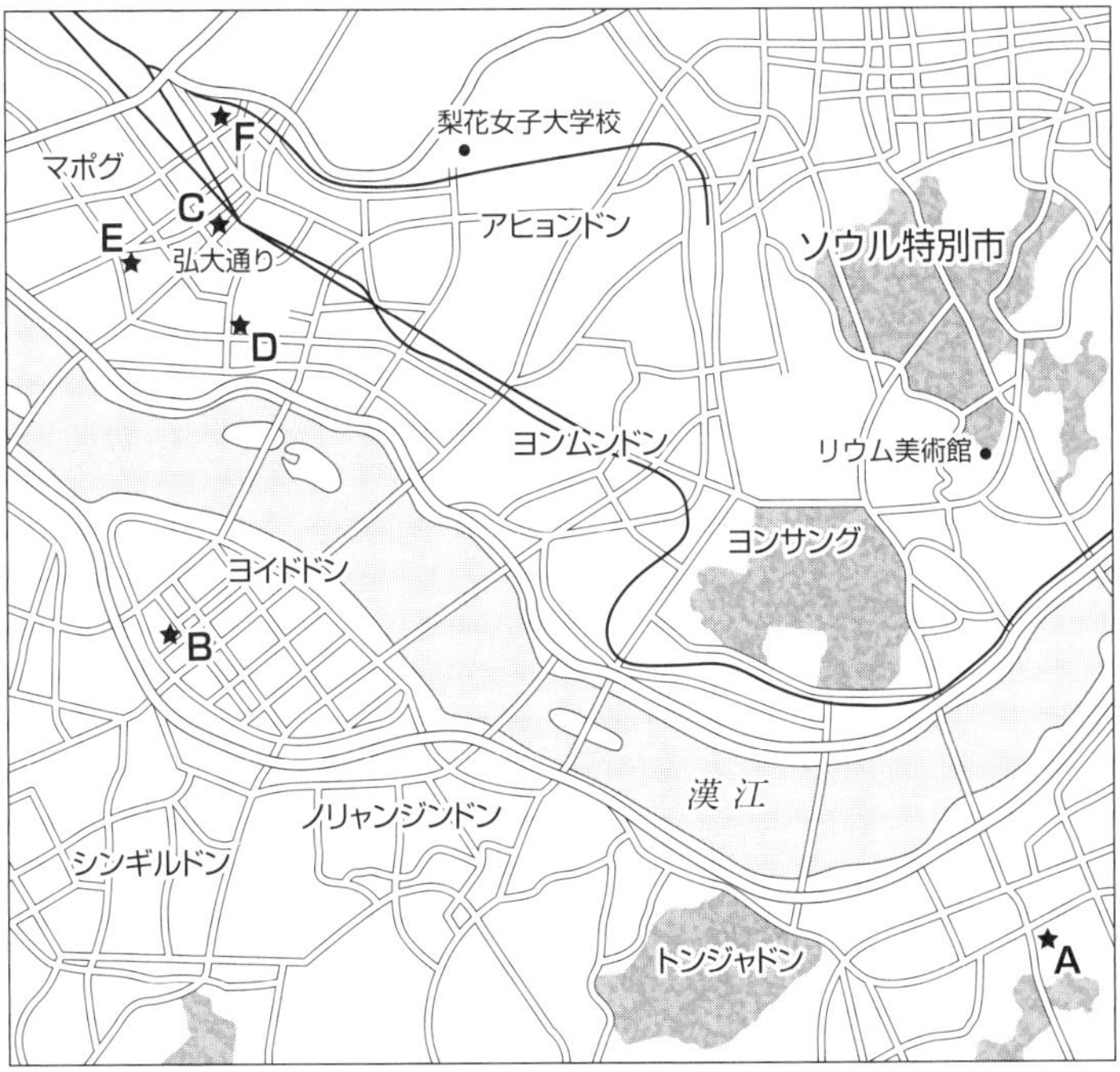

A　シジンがモヨンを初めてのデートのために探しに来た病院（カトリック大学校ソウル聖母病院）
B　シジンを迎えに屋上にヘリコプターが来た病院（KBS 本社）
C　シジンとモヨンが映画を観た場所（CGV 弘大）
D　デヨンがミョンジュと行った居酒屋（山荘）
E　シジンとデヨンが後輩の兵士たちから逃げた店（タッナルダ）
F　モヨンの家（foefork）

映画『パラサイト』でも半地下の家に住む家族が描かれていたが、シジンは親も軍人の家庭に育ち、ミョンジュも軍の司令官の娘であり、デヨンの家はこの近くということで、「月の町（タルトンネ）」を想起させる。これは朝鮮戦争中、北から避難してきた住民たちが、高台の荒れ地にバラックを建てて住み始めたところから始まった貧民街だ。空に近いが、明るい太陽は届かないという意味なのだという。ソウルでは再開発で高層マンションなどに変貌しており、ほとんど残っていない。

モヨンの家はもともとＢｐｌｕｓｍという家具のショールームが使われたらしい。しかし、現在はｆｏｅｆｏｒｋというカフェに変貌している。ソウルの西にある麻浦《マポ》区にあり、韓国鉄道公社の加佐《カジャ》駅から徒歩圏内だ。

驚かざるを得ないのは、ソウル首都圏の変化は著しく、もちろん競合も激しいのだろうが、２０１６年のこのドラマに登場した飲食店のうち、すでに姿を消したものも多いということだ。そして、施設の数々が観光施設としての転換が進んでいることにも注目だろう。韓流ドラマはまちのそれぞれに何らかの影響を与え始めていると見ることもできる。

なお、『太陽の末裔』のロケ地はそのほかにもあるが、本稿では主だったロケ地を紹介するにとどめた。

☆『愛の不時着』

２０１９年にｔｖＮで放送された。全16回、Ｎｅｔｆｌｉｘにおいて世界１９０カ国で

tvN『愛の不時着』公式ホームページ
(http://program.tving.com//tvn/cloy/)

配信され、日本でも２０２０年2月23日から配信を開始、世界的にヒットしたドラマとして知られる。

パラグライダーで北朝鮮に着陸してしまった財閥令嬢ユン・セリと、北朝鮮軍の兵士リ・ジョンヒョクのラブロマンスで、主演はソン・イェジンとヒョンビン。このドラマの出演を経て、二人は実生活でも結婚し、話題を呼んだ。

韓国での最高視聴率は21・7％、日本においてもＮｅｔｆｌｉｘの影響で多くの視聴者を獲得し、第4次韓流ブームの代表的な作品となった。

この作品も韓国だけでなく、海外でもロケが行われている。印象的なのはスイスだが、まずオープニング映像でセリとジョンヒョクがすれ違うシーンは、チューリッヒのリンデンホフの丘だ。吊り橋で自殺を図ろうとしていたセリが、ジョンヒョクからの依頼で婚約者ソ・ダンとのツーショット撮影に応じるシーンは、ユングフラウにあるフィルストの吊り橋だ。兄が亡くなり、帰国することになるジョンヒョクが水辺にあるピアノを弾くシーンはイゼルトヴァルトにあるブリエンツ湖で、作品中、最も美しく印象に残るシーンである。

また、彼が留学中に通った音楽学校はギースバッハにあるグランドホテル・ギースバッハで、最終話のピアノ演奏会の会場はインターラーケンにあるヴィクトリア・ユングフラウ グランドホテル&スパだ。制作予算が潤沢なのか、作中に登場する北朝鮮の平壌《ピョンヤン》駅、開城《ケソン》駅はモンゴルのウランバートル駅が使われており、キーショットのひとつである、セリとジョンヒョクが乗った列車が止まってしまい、野宿をすることになる草原もウランバートルで撮影されている。

そして韓国国内のロケ地も多い。ジョンヒョクたちが暮らす北朝鮮の村は安眠島《アンミョンド》に大規模なオープンセットを作製して撮影し、第1話でセリがパラグライダーで不時着して、ジョンヒョクが出会うシーンは済州《チェジュ》島にある「西帰浦《ソギポ》治癒の森」だ。ここは西帰浦市外バスターミナルからタクシーで30分程度で着く。2016年に開設された国立の山林福祉振興施設だ。規模は174ヘクタールで、約11キロの散策コースのほか、年齢などに合わせたさまざまなコースもある。ヒノキや杉の木に囲まれた散策路を歩くだけでも心と身体が癒やされることから、森林セラピーのできる森だ。

セリがパラグライダーで飛び立つのは、江原道寧越《ヨンウォル》のビョルマロ天文台だ。ソウルから寧越まではバスで約2時間、寧越駅から天文台へはタクシーで20~30分の距離だ。『太陽の末裔』のロケ地である太白《テベク》からも近い。この一帯はかつての産炭地で、鉄道も石炭の積み出しのため支線が作られた。

　セリの実家が登場するのは、第１話、第３話で、いかにも大富豪の豪邸という佇《たたず》まいだった。実は、この建物の入り口の門はドラマ『ＳＫＹキャッスル～上流階級の妻たち～』にも使われており、これは全羅《チョルラ》南《ナム》道《ド》潭陽《タミャン》郡潭陽にあるゴルフ場だ。潭陽レイナＣＣというこのゴルフ場はクラブハウスが豪華絢爛なこともあり、『愛の不時着』でも使われたという。潭陽共用バスターミナルからタクシーで約９分の距離にあるが、ソウルからはバスで約３時間と遠い。しかし、潭陽周辺には見どころが多く、竹林、メタセコイアの並木道、フォトジェニックな町として近年話題のメタプロバンスがある。

　第４話でジョンヒョクがセリを自転車の後ろに乗せて走るシーンは、忠清《チュンチョン》南《ナム》道《ド》泰安《テアン》のチョンサン樹木園に杉の並木道があり、ロケはここで行われた。しかし、ソウルからのアクセスはＫＴＸ（韓国高速鉄道）、在来線を乗り継ぎ、さらにタクシーになる。ソウルから車で約２時間半の場所にあるので、よく調べてからの訪問になるだろう。

　チョンサン樹木園は６００種の樹木園と２００種の水生植物園で構成されている。またここはジョンヒョクたちが暮らす北朝鮮の村の安眠島に近い。

　第５話でセリの元婚約者、ク・スンジュンが北朝鮮にいるはずのないセリに偶然会うシーンにはレトロなロビーの釜山のコモドホテルが使われ、忠清《チュンチョン》北《プク》道《ト》の忠州《チュンジュ》では第６話でセリが韓国に戻る前に北朝鮮で第５中隊員たちとピクニックするシーンが撮られている。

ここはピネソムという南漢江沿いのエリアで、ススキ、アシの群生地としても有名だ。また夕日も絶景で、渡り鳥の飛来地としても知られている。釣りやアウトドアライフでも活用されている。ソウルからはＫＴＸで五松《オソン》駅、そこから韓国鉄道公社忠北線で忠州駅、そこからタクシーで約30分だが、ソウルから忠州までは直行バス利用だと1時間40分だ。

忠州ではほかにいくつかのロケ地がある。第12話でセリと部隊員たちが感動的に再会するシーンで使われたのが、中央塔史跡公園だ。背景に映り込んでいた石塔は新羅時代のもので、国宝に指定されている。中央塔史跡公園は忠州駅からタクシー利用の距離にある。

第13話、第14話でジョンヒョクの婚約者でチェリストのソ・ダンとク・スンジュンが訪れた場所が、中央塔史跡公園にある湖にかかるロマンティックな橋「虹の橋」だ。夜になるとライトアップされ、傍らにある月のオブジェも印象的で、ドラマでは悲恋に終わるカップルの最愛のひとときを彩っていた。

次にソウルを見ていこう。セリの経営するセリズ・チョイスのショップは狎鷗亭《アックジョン》ロデオ駅近くのａｃｒｅｄｏ清潭《チョンダム》店の外観が使われている。これはドイツの有名なジュエリーショップだ。また同駅から徒歩圏内に第1話でセリが芸能人の彼と密会する場所で使われたウルフギャング・ステーキハウス清潭がある。

第11話でセリとジョンヒョクが再会する場所は、亭子《チョンジャ》駅から徒歩で数分ほどのエムコヘリッツ4団地の中にある。亭子駅は地下鉄江南《カンナム》駅から新盆唐線で、15分程度で着く距離にある。

同様に印象的なのが、北朝鮮から来た第5中隊のメンバーが覗き込むチキン店だ。これは梨大《イデ》駅から徒歩3分くらいのところにある「BBQチキン」梨大店が使われている。所持金も持たずに韓国へ来た彼らが羨ましそうに店内を覗き込むさまはペーソスに溢れていた。BBQチキンの露出は韓流ドラマが使うプロダクトプレイスメントで、CMは入らず、その代わりスポンサーの店、商品がドラマの中に登場する広告手法の典型だ。

また韓流ドラマの定番、サブウェイも第5中隊のメンバーが戸惑いながらオーダーする店として、あるいはセリが社員と食事をする店として登場する。ここで使われているのは独立門《トンニムムンジョム》店だ。ここは地下鉄3号線独立門店から徒歩5、6分の距離にある。

飲食店だと第11話でセリがジョンソクと訪れるのが、「エンジェル・イン・アス・コーヒー（Angel in us Coffee）桂山《ケサン》サムゴリ店」だ。この店はロッテグループ傘下のコーヒーチェーン店だ。場所は仁川、地下鉄仁川1号線桂山駅から徒歩で5、6分の距離にある。このコーヒーチェーンもスポンサーであり、ドラマで映し出された天使のイラストのマグカップも購入できる。

第11話で第5中隊のメンバーがソウルの夜景に見とれるのは、「詩人尹東柱《ユンドンジュ》の丘」に隣接する清雲《チョンウン》公園で、園内には李氏朝鮮時代の城壁が残り、視界の先にはソウルの景色が広がって、ソウルタワーも見える場所だ。ハイキングやデートコースとしても有名で、地下鉄3号線景福宮《キョンボックン》駅からタクシー利用で5分程度の距離にある。

セリズ・チョイスの本社ビルは、デジタルメディアシティ（DMC）にある東亜《トンア》デジタルメディアセンタービルだ。第11話で第5中隊のメンバーが訪れる。このビルは、ソン・イェジンとチョン・ヘインが共演した『よくおごってくれる綺麗なお姉さん』では、二人の職場が入っているビルという設定だった。地下鉄6号線などを利用してデジタルメディアシティ駅から徒歩8分程度の位置にある。

第8話でダンとスンジュンが訪れる平壌のカフェは、ソウルの漢江に面する「スターシティソウルレストラン」だ。ドラマでは窓の向こうに平壌の町が広がるといった設定だった。ここは地下鉄5号線千戸《チョンホ》駅から徒歩8分の距離にある。また、スンジュンが平壌で住んでいた家は「付岩洞《プアムドン》7番地」という結婚式、展示会など多様なイベントが行われる文化施設だが、一見、高級住宅にも見える。アート志向の強いこの建物は『SKYキャッスル〜上流階級の妻たち〜』など、いくつかのドラマでも使われている。地下鉄3号線景福宮駅からタクシー利用で15〜20分程度の距離にある。

キム・スヒョンがカメオ出演したのが、第10話、第5中隊のメンバーが同胞を探してというくだりだった。中華料理店・公園荘《コンウォンジャン》の前で撮影されていた。ここは仁川のタルトンネ界隈、首都圏電鉄1号線済物浦《チェムルポ》駅からタクシー利用で3分程度だ。済物浦は19世紀後半に港が開かれた場所で、海外の窓口となっていた。当時に時代を設定したイ・ビョンホン、キム・テリ主演のドラマ『ミスター・サンシャイン』(2018年)にも、この港が登場する。

仁川では第4話で登場する、平壌にあるという設定のダンの母親のデパートとして、モ

『愛の不時着』の主なソウルのロケ地

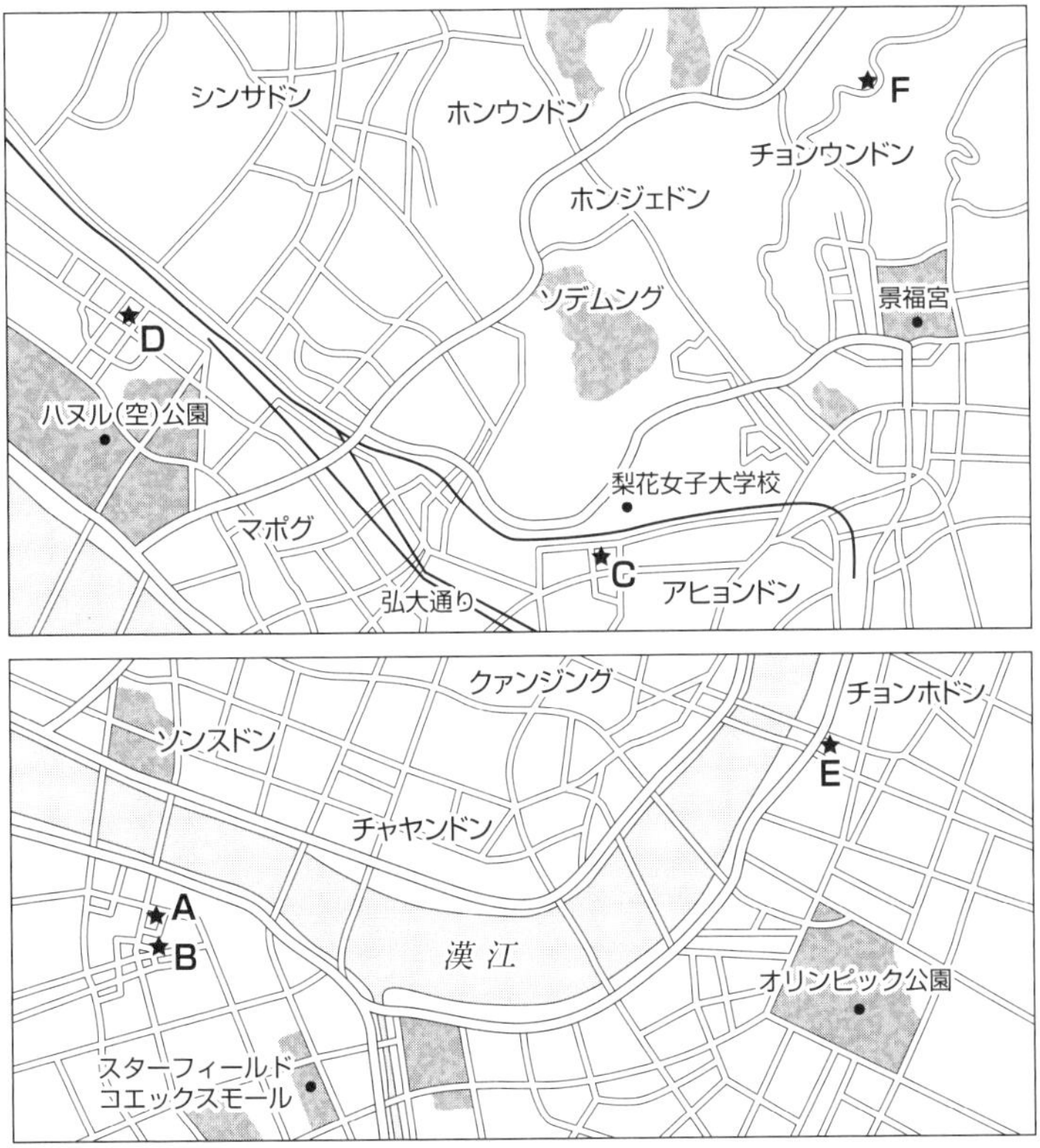

A　セリズ・チョイス（acredo 清潭〈チョンダム〉店）
B　セリが芸能人の彼氏とパパラッチされた店（ウルフギャング・ステーキハウス清潭〈チョンダム〉）
C　第5中隊が外から眺めたチキン店（BBQ チキン梨大〈イデ〉）
D　セリズ・チョイス本社（東亜〈トンア〉デジタルメディアセンタービル）
E　ダンがスンジュンに会った平壌〈ピョンヤン〉のカフェ（ソウルスターシティレストラン）
F　スンジュンの北朝鮮での居住地（付岩洞〈プアムドン〉7番地）

ダ百貨店仁川富平《プピョン》店を撮影に使っている。ここは地下鉄ソウル1号線富平駅から徒歩約10分の距離にある。

また、第11話でセリが百貨店でジョンヒョクにスーツを買ってあげるシーンは、やはり仁川のロッテ百貨店仁川ターミナル店だ。この店は4階にある「スーツサプライ(SUITSUPPLY)」だということだ。

第12話でセリズ・チョイスのインテリア展示会場に第5中隊員たちが訪問するのは、仁川のヨンリムホーム&リビング仁川ギャラリーだ。ここは地下鉄仁川1号線東幕《トンマク》駅からタクシーで約10分のところにある。

第13話でジョンヒョクが、セリと北朝鮮で会う前にスイスのジーグリスヴィルの橋で会ったことを打ち明けるのは、京畿道抱川《ポチョン》にあるハヌルタリ(空の橋)という吊り橋だ。ここは『キム秘書はいったい、なぜ?』にも登場している。2018年に作られた橋で、橋一面がガラス張りになっている。ソウルから車で2時間程度かかる。公共交通機関を使う場合はソウルからバスで抱川に行き、そこからバスを乗り継ぐ手段もあるが、トータルで3時間はかかるかもしれない。仁川1号線東幕駅からバス、タクシーで10分程度の距離にある。

以上、主だったロケ地を見ていると、このドラマはソウルをはじめとして韓国国内でも多くの場所で撮影されており、またスイス、モンゴルなどの海外ロケも行われていて、制作予算の規模が大きかったことがうかがわれる。

☆『梨泰院クラス』

ＪＴＢＣにて２０２０年に放送され、最終回の視聴率は16・5％を記録した。Ｎｅｔｆｌｉｘを通じて世界に配信され、日本でもブームになった。原作は同名のウェブトゥーンであり、これも日本で翻訳ローカライズ版が刊行されている。ソウルの梨泰院《イテウォン》で、飲食業界での成功を目指して仲間と共に奮闘する若者たちを描いた作品だ。主演は今や韓国を代表する俳優パク・ソジュン、そしてこの作品で注目を集めたキム・ダミがヒロインになる。

２０２２年に日本でもリメイク版である『六本木クラス』が作られた。日本のドラマを韓国がリメイクすることはしばしばあったが、今や韓国のドラマが日本でリメイクされるというのが当たり前になってきた。それだけ『梨泰院クラス』はドラマとしての魅力に富んでいる。

このドラマによって、ソウルの梨泰院は日本でも多くの人々に知られることになった。コンテンツによって地名が知られる効果を改めて感じさせられた。

梨泰院はソウルの龍山《ヨンサン》にあり、米軍基地が近くにあるのでアメリカ人の姿も多く、ソウル中央モスクもあることから外国人の多いエリアになっている。

タイトルどおり、このドラマも梨泰院を中心にロケが行われている。まず、パク・ソジュン演じるパク・セロイが梨泰院を眺める歩道橋を訪ねてみよう。この歩道橋は地下鉄６号線緑莎坪《ノッサピョン》駅から徒歩１分の距離にある。緑莎坪駅は地下鉄６号線梨泰院駅の隣だ。この歩道橋は緑莎坪歩道橋といい、セロイがいつも眺めていたのはソウルタワーの見える南山《ナムサン》

JTBC『梨泰院クラス』の公式ホームページ
(https://tv.jtbc.co.kr/event/pr10011148/pm10057045)

の方面だ。

第4話でキム・ダミ演じるチョ・イソがクラブで出会った男性に叩かれた場所は、歩道橋から梨泰院方面に向かって5、6分のところにある「ノリテーブル」という寿司屋の前の辺りだ。ここから坂道が現れ、ソウルの魅力のひとつを感じることができる。

第5話でクォン・ナラ演じる、セロイの幼馴染のオ・スアがセロイとキスをするのを、イソが手で止めるシーンが出てくる。イソのキャラクターを見事に表現したこのシーンはとても印象的だ。ここは「ノリテーブル」の先にある「COREANOS」というメキシコレストランの向かいの辺りだ。

さて、ここからさらに梨泰院方面に向かうとセロイが開店した「タンバム」1号店がある。現在は「ソウルの夜」という店になっているが、観察してみると「タンバム」の文字が残っているのがわかる。またここを通り過ぎて下に降り、右に少し曲がるとイソが男性に絡まれたトイレもある。

さて、また歩道橋に戻って、道なりに直進し、コンビニの角を右に曲がるとカフェストリートに入る。その先を左に入ると、第9話でセロイが売り上げを伸ばすために新しいメニューを考えてあげた店がある。もう閉店してしまったが、撮影時は「マルク食堂」という店名だった。

またそこから道なりに行くと、やはり第9話で他店の看板を修理してあげた店が登場する。「ジョイの空間」という店だ。そしてその先に公園がある。この公園は、第8話で長《チャン》家《ガ》グループ会長の息子で、「タンバム」で働くグンスをセロイが呼び出して励ました場所であり、また、第9話で元刑事の娘とカン理事が初めて出会い、父親を待っていた場所でもあり、さらには、カン理事が怪しい何者かに写真を撮られるシーンでも使われた。

この公園は梨泰院こども公園という名称で、パンダの滑り台が印象的だ。この公園の東側を抜けて道なりに行くと、やがて大きな通りと合流する。そこにセロイとイソが何度か飲んだバーがある。店の名前は「The Finest」、ビルの4階にあり、ソウルタワーがよく見える。

さて、「タンバム」1号店を買収されたセロイが、次に開店させた「タンバム」2号店は南山の麓にある解放村《ヘバンチョン》という場所にある。南山図書館のそばだ。「Ｏｒｉｏｌｅ」というレストランバーで、ルーフトップのシーンが印象的だった。南山の斜面にあるため、徒歩では相当、厳しいのでタクシーでの移動が便利だろう。スアの家もこの近くにある。

さて梨泰院では、ランドマークのハミルトンホテルの裏手にあたる「世界グルメ文化通り」が何度も登場する。セロイが初めて梨泰院を訪れ、歩いていた場所もここだ。ちょうどその日はハロウィンで、ここで偶然スアと再会するというくだりである。そして二人が飲んだ店「クラブ・パンプキン（Club Pumpkin）」も梨泰院駅のすぐ近くにあり、イソが同級生の親と口論しているときに、たまたまセロイが通りかかった場所は「Gゲストハウス（G Guesthouse）」の前の階段だ。このゲストハウスは梨泰院駅から徒歩圏内にあり、ドラマの中では実家を出たグンスの滞在先になっている。

梨泰院界隈で最も印象的な場所は天使の羽の壁画だろう。ここは最終話でセロイとイソがデートの際に記念写真を撮る場所だ。梨泰院駅から徒歩3分くらいの場所にある、木でできた階段の途中にある。

梨泰院界隈以外のロケ地はソウル市内にいくつもある。明洞《ミョンドン》ではスアの働く長家《チャンガ》本社ビルがある。ここは「ステートタワー南山」というビルで明洞駅からも近い。明洞駅の隣の会賢《フェヒョン》駅から10分程度、南東に向かうとペクボム広場公園がある。ここは最終話でセロイとイソが初めてキスをした場所だ。城壁のある公園である。ここもセロイがもの思いにふける場所、セロイと理事が密会する場所としても作品中に登場する。

弘大《ホンデ》界隈では、上水《サンス》駅の近くに長家屋台・梨泰院店の内部を使った「コダ茶屋弘大店」があり、ここは弘大入口《ホンディック》駅から7、8分の距離にある、特徴的なデザインの「マンマンココロ」という居酒屋を使っている。少し歩くが、「コダ茶屋弘大店」からも徒歩圏内だ。また、弘大入口駅から「マンマンココロ」の逆方面に10分くらい歩くと、第1話でセロイ

『梨泰院《イテウォン》クラス』の主なソウルのロケ地

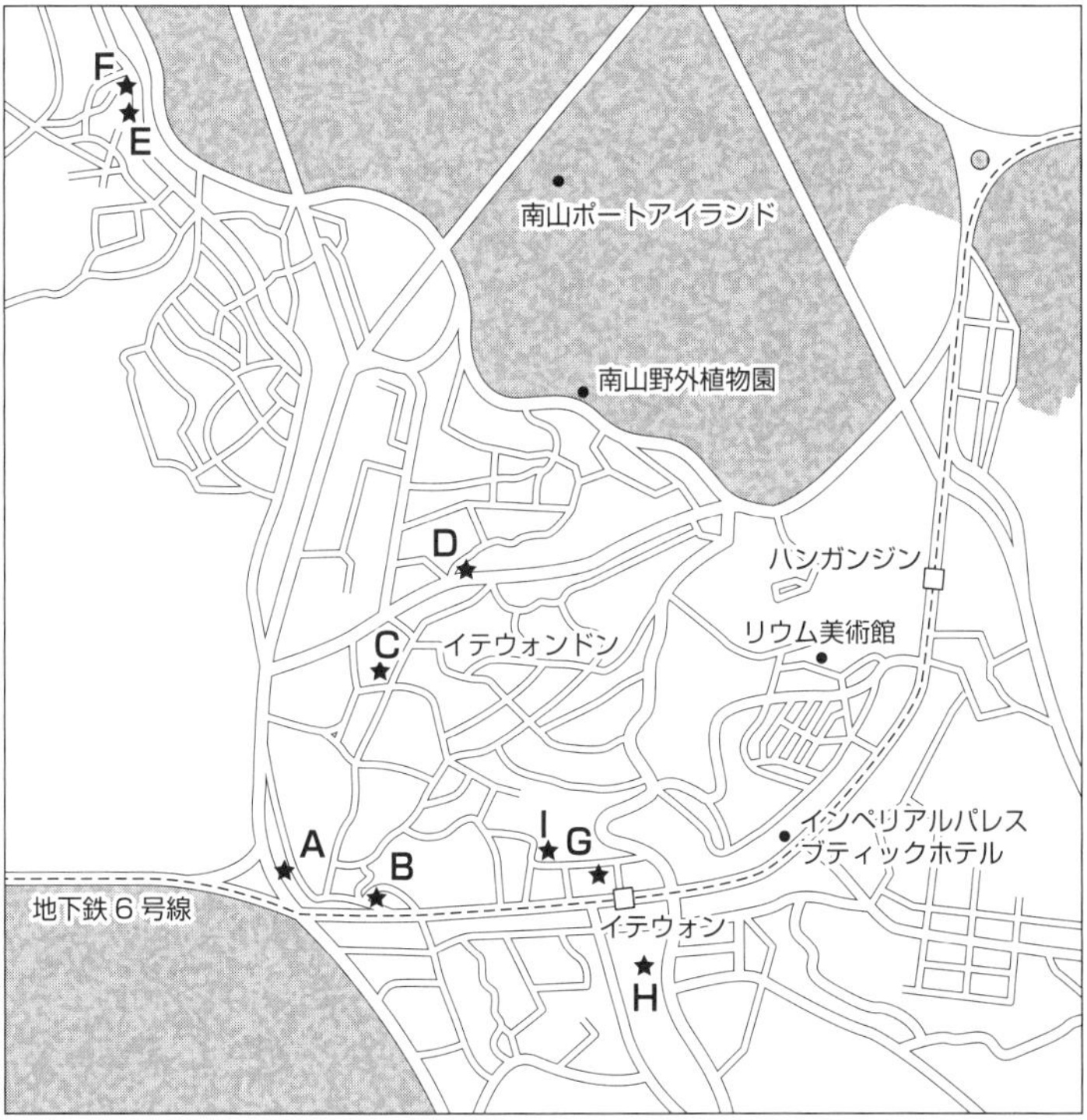

A　緑莎坪〈ノッサピョン〉歩道橋
B　タンバム1号店（ソウルの夜）
C　カン理事が写真を撮られた公園（梨泰院こども公園）
D　セロイとイソが訪れた屋上バー（The Finest）
E　タンバム2号店（Oriole）
F　スアの家
G　世界グルメ文化通り
H　グンスがひとりで住むコシウォン（Gゲストハウス）
I　天使の羽の壁画

の父が退職金で開く店がある。ここは「マポソグンクイ」という。店名の意味は「マポ塩焼き」といったところだろうか。

弘大入口駅から空港線で隣の駅になるデジタルメディアシティ駅周辺にもロケ地がいくつかある。まず、第3話で着ぐるみを着たセロイとイソが再会するシーン、オートバイの急ブレーキで宙に飛び出したイソをセロイが受け止めて転倒する場面だ。「クルムサンチュオタン」というドジョウ汁で有名な店のそばだ。駅から至近距離にある。

デジタルメディアシティ駅から地下鉄3号線で40分の注葉《チュヨプ》駅に、第13話に登場する「タンバム」から発展した会社、ＩＣ（梨泰院クラス）の本社ビルがある。これはドラマを制作したＪＴＢＣの一山《イルサン》スタジオが使われている。駅からは遠いのでタクシー利用が便利だ。

また、第1話で受験当日に忘れ物をして遅れそうになったスアをセロイが会場まで送り届けた場面は、地下鉄1号線回基《フェギ》駅の近くにあるソウル市立大学校がロケ地に使われている。ここは駅から徒歩だと20分程度かかるので、タクシー利用のほうが無難だろう。

最終話で長家を辞めたスアがマネージャーを務めるレストランは狎鷗亭《アックジョン》ロデオ駅の周辺、お洒落な繁華街として知られている界隈だが、「クイーンズ・パーク（Queens Park）」清潭《チョンダム》店が使われている。パク・ボゴムがカメオ出演したレストランだ。駅からは徒歩3分と近い。

郊外では、第11話でイソがセロイに告白するシーンが仁川1号線という地下鉄のテクノパーク駅から徒歩で10分くらいの距離にあるモール「トリプルストリート（TRIPLE

移転後の「タンバム」のルーフトップ（筆者撮影）

世界グルメ文化通りの壁面（筆者撮影）

STREET)」で撮られた。ここのイルミネーションは白く輝く並木が特徴的で、当該シーンはこの場所で撮影が行われた。その時点ではイソの思いはセロイに届かなかったが、回を追うごとに二人の距離は近づいていくことになる。

さて、ここまで『梨泰院クラス』の主なロケ地を紹介した。梨泰院界隈がメインになるが、ソウル郊外にもロケ地は分散している。比較的、コンパクトな範囲で回れるので、ソウルのまちの魅力を充分に堪能できるに違いない。東京とは違ったまちの息遣いに触れることができる。梨泰院はドラマによって知名度を上げたが、その周辺の地形や米軍基地への隣接などの要素が絡まって、梨泰院の界隈性が生まれていることにも気がつくだろう。

☆『トッケビ〜君がくれた愛しい日々〜』

ｔｖＮの開局10周年特別企画として、２０１６年から２０１７年にかけて放送され、全16回にスペシャルとして3回が追加された。最高視聴率は19・６％、第53回百想芸術大賞でＴＶ部門作品賞、主演のコン・ユがＴＶ部門最優秀男優演技賞、キム・ゴウンがＴＶ部門最優秀女優演技賞に輝いた。

物語は、逆賊の汚名を浴びて命を落としたキム・シンが神の力によって不滅の命を生きる「トッケビ」となり、９００年以上の間、刀を胴体に刺したまま現世に留まっていたが、ある日、幽霊が見える女子高生と出会い、自分こそがトッケビの花嫁だと主張する彼女に対して恋心を募らせていくというファンタジーロマンスである。制作は、今や韓国を代表

tvN『トッケビ』の公式ホームページ
(http://program.tving.com/tvn/dokebi)

する制作会社であるスタジオドラゴンが担っている。

キム・ゴウン演じるチ・ウンタクが通っている高校はソウル中央高校が使われている。この高校は『冬のソナタ』でもロケ地になっていた。その際は春川《チュンチョン》にあるという設定で使われていたが、石造りの重厚な佇まいだ。地下鉄3号線安国《アングク》駅が最寄り駅になる。そして、傘を差さずにフードを被ったウンタクが、傘を差すトッケビとすれ違う第1話のシーンは降りしきる雨が印象的だが、ここは徳成《トッソン》女子高校と豊文《プンムン》女子高校の間の石塀の小道だ。感古堂路《カムゴダンキル》という。この小道は第6話でウンタクが宝くじの当せん番号をおばあさんの幽霊に教えるシーンでも使われている。ここも安国駅から北側の位置にある。

安国駅周辺では、やはり第1話のトッケ

ビと死神が出会うシーンも撮影されている。ここも石塀の道だ。この石塀の向こうが「死神のティールーム」（セットで撮影）という設定になっている。場所は徳寿宮《トクスグン》に向かう石《トル》垣道《ダムキル》だ。さまざまなドラマのロケ地でも使われているが、トッケビが死神を見つめる場所は救世軍のある辺りだ。

第12話での、死神と前世で繋がりのあったサニーのキスシーンは三清洞《サムチョンドン》にある路地だ。韓屋《ハノク》カフェとして知られる「コーヒーパンアッカン」のそばだ。北村《プクチョン》や三清洞は李朝時代には政府の高官や王族、貴族が居住し高級住宅地として当時の政治、行政、文化の中心だったところで、韓屋も多く、また最近ではカフェも多いエリアになる。先述したソウル中央高校に向かう桂洞路《ケドンキル》も韓屋を利用したゲストハウスなどが多く、タイムスリップ感覚のある通りだ。

第9話で死神がサニーと歩くのは、イルミネーションが綺麗な明洞《ミョンドン》の新世界百貨店《シンセゲペッカジョム》だ。ここは二人が第10話でも会話をしている。この建物はかつての三越京城《けいじょう》店だ。さて、そのサニーの家は地下鉄6号線昌信《チャンシン》駅から徒歩圏内だが、坂道が多いエリアだ。ソウル昌信初等学校のそばにある一軒家だ。この建物はハ・ジウォンが出演したドラマ『シークレット・ガーデン』でも使われており、ウンタクの住んでいた屋上の部屋は撤去されている。

トッケビの家は雲峴宮《ウニョングン》にある洋館が使われている。この建物は、1910年代初期に日本人の片山東熊《かたやまとうくま》が設計したものだ。ただ雲峴宮は正式な王宮ではなく、第2話で、トッケビが学校に遅刻したウンタクを連れてカナダから戻ってきた光化門《クァンファムン》のある景福宮《キョンボックン》とは違う。この洋館は徳成大学校の敷地内にあるので、立ち入り禁止になっている。ここも安国駅からすぐの場所にある。

さて、次はソウルの東部方面に足を延ばしてみよう。サニーと死神の出会いと別れの場になった歩道橋は、地下鉄2号線龍踏《ヨンダプ》駅のすぐ近くだ。この歩道橋はドラマの中でほかに数回登場する。第3話でスルメを焼いていたウンタクがトッケビを呼び出してしまうシーンで、トッケビが本を読みながらもたれかかっている壁画は、聖水洞《ソンスドン》のカフェストリートにあるモカ柵房というところだ。色鮮やかな現代風の壁画から、韓国らしい水墨画風の壁画まで並び、地下鉄2号線聖水《ソンス》駅から徒歩5分の距離にある。

第1話で、ウンタクがようやくアルバイトの面接で合格して働き始めるサニーの経営するチキン店は「ＢＢＱチキン」鍾路《チョンノ》本店だ。明洞《ミョンドン》の最寄り駅である乙支路《ウルチロ》入口《イック》駅近くにある。ロケではこの店の1階、4階が使われたらしい。

第10話に登場したトッケビと死神が颯爽と歩くシーンのロケ地は、通称「新村壁画トンネル」と呼ばれている。壁画に彩られたこのトンネルは、地下鉄2号線梨大《イデ》駅からなら徒歩10分程度の距離だ。

また、第4話で死神が目に映る女性がみんなサニーに見えてしまうといったシーンで登場したのが、「マダンフラワーカフェ」だ。フラワーショップとカフェの融合という不思議な空間だ。撮影時は安国駅から徒歩10分くらいのところにあったが、現在は化粧品店になっている。移転後の「マダンフラワーカフェ」は鍾路《チョンノ》区益善洞《イクソンドン》のお洒落な店が集まる雑貨通りにある。ここは地下鉄1、3、5号線の鍾路駅から徒歩5分だ。

ソウルと並んでロケ地の多いのが仁川《インチョン》だ。まず仁川といえば空港であるが、第15話でウンタクをトッケビが出迎えるのが、仁川国際空港の到着フロアのFゲート、二人が出ていくのが到着フロア12番出口だ。

第4話で酔っ払ったトッケビとウンタクが歩くのが、青蘿《チョンナ》中央湖水公園、ここは韓国最大の湖水公園で、人工的に作られた都市公園だ。音楽噴水や夜景が綺麗なことで知られる。仁川国際空港から空港線で青蘿国際都市まで行き、そこからバスでの移動になる。

また第2話、第3話で誘拐されたウンタクをトッケビと死神が救出するシーンは、仁川ドリームパークのメタセコイアの並木道になる。この場面は夜の撮影だが、二人が並んで歩くシーンはOSTのCDパッケージにもなっている。ここは青蘿中央湖公園からタクシーで20分くらいの距離にある。

市内で第1・3・15・16話に登場するのは仁川自由公園だ。とくに第15話、第16話では、記憶を取り戻したウンタクにトッケビがプロポーズする場所でもある。ここはソウル地下鉄1号線仁川駅から歩いて10分程度のところにある、130年以上の歴史を誇る韓国初の西洋式庭園だ。また、自由公園内には第13話で出てくるユ会長の家もある。この家は1891年にロシアの建築家サバチンが設計した、西洋式木造建築の済物浦《チェムルポ》倶楽部だ。当時、近隣に居住していたイギリス、フランス、アメリカ、ロシアなど各国の外国人の社交の場としての役割を果たしていた。

さて、第6話でウンタクがトッケビに頭を撫でる方法を教えた場所は、京仁線1号線東仁川駅から歩いて10分の距離にあるハンミ書店だ。この書店はこのドラマには数多く登場するので、とても印象的な書店だといえる。イエローの外壁が特徴的で、周辺は「ペダリ古本屋通り」として書店がいくつもある。最終話でウンタクが身を挺して無人トラックから幼稚園バスを庇い、幼稚園児たちを守って亡くなるシーンの撮影場所はこの書店から20分くらいのところにある。

また、この書店から10分くらいのところに松現《ソンヒョン》近隣《クルリン》公園があり、この近くでもロケが行われている。第2話で、死神がウンタクを連れ去ろうとするのをトッケビが阻止するシーンなど数シーンが撮影されている。

ユ会長の家の前の階段にある案内
(筆者撮影)

トッケビとウンタクが二人で過ごしたのは、松島《ソンド》国際都市のセントラルパークに位置する慶源齋《キョンウォンジェ》アンバサダー仁川だ。韓国を代表する高級ホテルだが、仁川地下鉄1号線セントラルパーク駅から徒歩3分の距離にある。

第14話で記憶のないウンタクをトッケビが無理やりお茶に誘うくだりがあるが、このカフェはインチョンラマダホテルの1

『トッケビ』の主なソウル中心部のロケ地

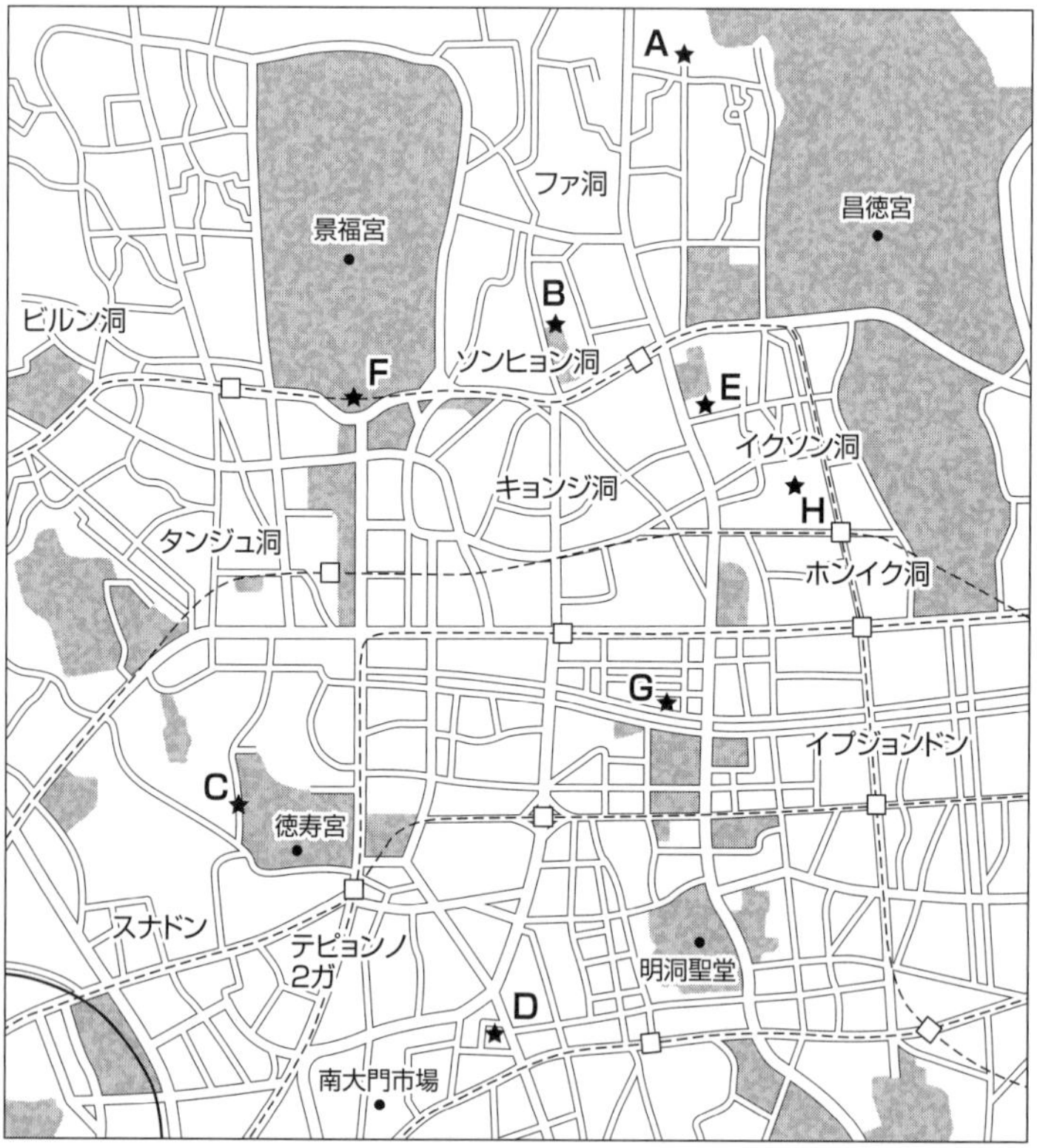

A　ウンタクの通う高校（ソウル中央高校）
B　初めてトッケビとウンタクがすれ違って出会う感古堂路〈カムゴダンキル〉
C　トッケビと死神が出会う石垣道〈トルダムキル〉（貞洞路〈チョンドンキル〉）
D　新世界百貨店本店
E　トッケビの家、雲峴宮〈ウニョングン〉
F　トッケビとウンタクがカナダから瞬間移動して戻る場所
G　ウンタクがアルバイトするサニーの経営するチキン店（BBQ チキン鍾路〈チョンノ〉本店（すでに閉店）
H　マダンフラワーカフェ

『トッケビ』の主な仁川のロケ地

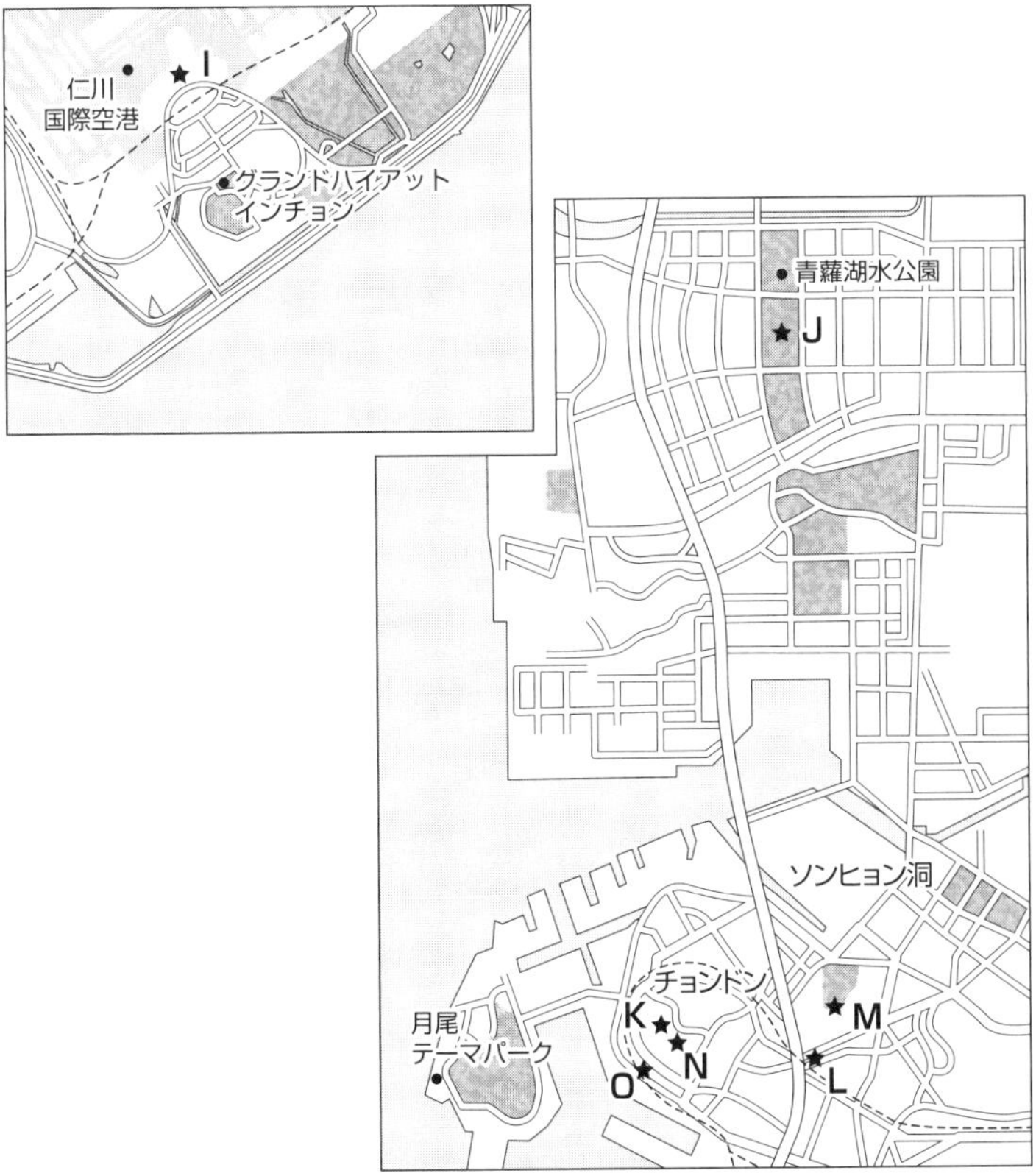

I　ウンタクをトッケビが迎えた仁川国際空港第1ターミナル
J　酔っ払ったウンタクとトッケビが歩いた青蘿〈チョンナ〉中央湖水公園
K　トッケビがウンタクにプロポーズした仁川自由公園
L　ウンタクがトッケビに頭を撫でる方法を教えたハンミ書店
M　死神に見つかったウンタクをトッケビが守った場所（松現近隣〈ソンヒョンクルリン〉公園）
N　ユ会長の家（済物浦〈チェムルポ〉倶楽部）
O　家具メーカー「iloom」の看板のあるビル（ハーバーパークホテル）

階にある「ダルコムコーヒー」蘇萊浦口《ソレボク》駅前店だ。水仁線の蘇萊浦口駅から徒歩で4分くらいのところにある。ただ、このドラマでもプロダクトプレイスメントの手法が使われており、「ダルコムコーヒー」はしばしば登場する。第2・3・5・6・11・14話である。とくに盆唐亭子《ブンダンチョンジャ》店は『太陽の末裔』でも使われていた。

ついでにカフェについて触れておくと、第5話、第15話で登場したカナダのカフェは京畿道《キョンギド》の坡州《パジュ》にある「カフェジーノ（Cafe ZINO）」だ。異国情緒溢れるこのカフェは少々、交通が不便なところにあり、地下鉄2、6号線の合井《ハプチョン》駅からバスでヘイ芸術マウル駅まで行き、そこからタクシー移動になる。ソウルからは1時間程度の距離だ。

さて、もうひとつ大事なロケ地は江陵《カンヌン》にある。江陵まではソウルからKTXに乗って約2時間だ。2018年平昌《ピョンチャン》冬季オリンピックでは、フィギュアスケート、スピードスケート、カーリングなど室内競技が開催された場所だ。ここには第1話で高校生のウンタクが、自分の誕生日に自身の運命を嘆きながらケーキのロウソクの火を吹き消し、初めて「トッケビ」を招集した防波堤がある。注文津《チュムンジン》防波堤という。江陵からバスで北に1時間弱、注文津バスターミナルから徒歩でという形になるが、界隈は港町ということもあって海鮮料理が美味しい。

この作品も第1・2・4・10・14・16話などが、カナダのケベックで海外ロケが行われた。第1話では、二人はワープしてプチ・シャンプラン通りという旧市街のロウアータウンの石畳の通りに出る。1608年にケベックが建設されたときから毛皮の流通で栄えた

ソウル中央高校（筆者撮影）

ハンミ書店（筆者撮影）

この通りは、現在ではブティック、飲食店が軒を連ねる観光スポットになっている。ここでは、アッパータウンとロウアータウンを繋ぐ急勾配の通称「首折り階段」も登場している。

第2話ではロワイヤル広場が出てくる。ここには北米最古の石造りの教会といわれる「勝利のノートルダム教会」がある。その後、ウンタクが店内を覗き込む「ブティック・ノエル」が出てくるが、ここは第14話でも登場している。

やはり第2話で、トッケビとウンタクが舞い落ちる紅葉をつかもうとしていたのが、パーク・サミュエル・ホーランドという公園だ。ここは市街地から離れた住宅街にある。のちに読書好きのトッケビにウンタクがしおりとして贈るのが、この紅葉だ。その後、市街地にある「フェアモント・ル・シャトー・フロントナック」という高級ホテルに足を向ける。1893年に建てられたこのホテルはフランスの古城をイメージさせ、著名人も数多く宿泊したことで知られている。

その後、トッケビは約束があるといってホテルを出るが、彼の向かった先は現在も軍が駐屯するケベック要塞のあるクィーンズ公園だ。ここに墓があるという設定で、トッケビは墓参りをする。セントローレンス川を眼下に収める美しい公園で、第2話ではウンタクがトッケビを見つけるシーンで使われ、第16話にも登場する。いずれもタンポポの綿毛が風に舞い、印象的なシーンになっている。

また、第15話でトッケビが噴水の中から剣を取り出すのがケベック州議会図書館そばのトゥルーニーの噴水だ。ほかにも細かなロケ地があるのだが、主だったロケ地は以上である。

☆『マイ・ディア・ミスター～私のおじさん～』

tvNにて2018年に放送、全16話。最高視聴率7・4%だったが、イ・ジアンを演じるIU（イ・ジウン）の魅力が際立っている作品だ。『コーヒープリンス1号店』『パスタ～恋が出来るまで～』などでも好演していた、パク・ドンフンを演じるイ・ソンギュンとIUを軸にして展開するドラマだ。人生の不条理に直面する中年のサラリーマンと、若くして人生の悲しみを一身に背負った女性が、お互いを癒やしていく過程を描いた作品だが、とくにIUのトラックも含めてOSTが印象的だった。映像美も素晴らしく、第55回百想芸術大賞のTVドラマ部門の作品賞、脚本賞を受賞している。

2022年6月に公開された是枝裕和監督の『ベイビー・ブローカー』にIUが出演しているが、是枝監督が『マイ・ディア・ミスター～私のおじさん～』を観てオファーしたというように、彼女の存在感、魅力が際立つ作品になっている。

このドラマも印象的なシーンが多い。代表的なのは、しばしば出てくる踏切だろう。ここはソウルの龍山《ヨンサン》にあるペクビン踏切といい、鉄道が京義線と中央線と2路線あるので踏切もふたつあるという特異な場所だ。ジアンが遮断機の前でドンフンを待ち、ときには二人で歩きながら距離を縮めていくのだが、ナイトシーンが多く、二人の境遇を表現してい

tvN『マイ・ディア・ミスター〜私のおじさん〜』の公式ホームページ
(http://program.tving.com/tvn/mymister/)

たように思う。昼にはこの踏切の向こうに高層ビル群が見える。場所は地下鉄1号線龍山駅1番出口から徒歩10分程度の距離にある。

このドラマに出てくる駅名はほとんどが架空のもので、例えば、ドンフンとジアンがよく利用する駅は後渓《フゲ》駅になっているが、実際は地下鉄2号線新亭《シンジョン》ネゴリ駅だ。この近くに前掲の踏切があるという設定だ。そして、二人が勤める建設会社は地下鉄7号線論峴《ノンヒョン》駅と地下鉄3号線新沙《シンサ》駅の中間にある韓国ヤクルトビルだ。ただし最初は別のビルが使われており、途中からこのビルに変更になっている。

だからなのか、最初のビルは都染洞《トリョムドン》にあるので、初期の頃は最寄りの地下鉄5号線光化門《クァンファムン》駅から徒歩圏内でのロケ地が多い。例えば、第2話でドンフンがベンチでビールを飲むシーンで、ジアンが立ち寄るコンビニ「ミニストップ」もこの駅の界隈にある。

さて、第1話から出てくるドンフンの母と兄弟が住む家だが、ここは麻浦《マポ》区の孔徳《コンドク》駅から孔徳市場を通過してしばらく行ったところにある。名称は新徳マンションだ。何軒かあるなかの奥に位置している。

第5話では、月を見たがる祖母のために、ジアンが盗んだショッピングカートに祖母を乗せて公園へ向かい、二人で大きな月を見るシーンがとても印象的だが、ここは駱山《ナッサン》公園だ。『梨泰院クラス』にも出てくるが、大学路にある公園で、夜景の名所として有名である。かつてはこの公園の麓にタルトンネが広がっていた時代がある。ここは地下鉄4号線恵化《ヘファ》駅から徒歩で行ける。

なお、第1話でもジアンが祖母をベッドに乗せて月を見に行くのだが、その場所は水《ス》原《ウォン》にある水原華城《ファソン》だ。ここは李氏朝鮮時代後期の城塞遺跡で、ユネスコの世界文化遺産にも登録されており、入場料がかかる。ソウルから水原までは地下鉄1号線で約1時間、そこから駅前のバス停で八達門《パルタルムン》行きのバスに乗り約10分の距離だ。

ドラマでは、ジアンが祖母とタルトンネで暮らしているという設定だ。借金取りに追われ、そのために潜り込んだ建設会社でドンフンを金のために陥れようともする。

ジアンの家は仁川《インチョン》で撮影された。このドラマは仁川でのロケも多い。ショッピングカートに祖母を乗せて、坂道を下るのは東区松林洞《ソンリムドン》界隈だ。ドンフンがジアンを探すシーン

『マイ・ディア・ミスター〜私のおじさん〜』の主なソウルのロケ地

A　ドラマによく出てくる踏切（ぺクビン踏切）
B　ドラマ上の架空の駅、後渓〈フゲ〉駅（新亭〈シンジョン〉ネゴリ駅）
C　ドンフンの勤める建設会社のビル（韓国ヤクルトビル）
D　ドンフンがビールを飲んだベンチ
E　ドンフンの実家
F　ジアンが祖母をショッピングカートに乗せて月を見た公園（駱山〈ナッサン〉公園）
G　ユニとジュニョンが密会するホテル（バビエンスイーツ）
H　ドンフンが行った漢江〈ハンガン〉大橋
I　第2話でジアンが立ち寄る「ミニストップ」

『マイ・ディア・ミスター〜私のおじさん〜』の主な仁川《インチョン》のロケ地

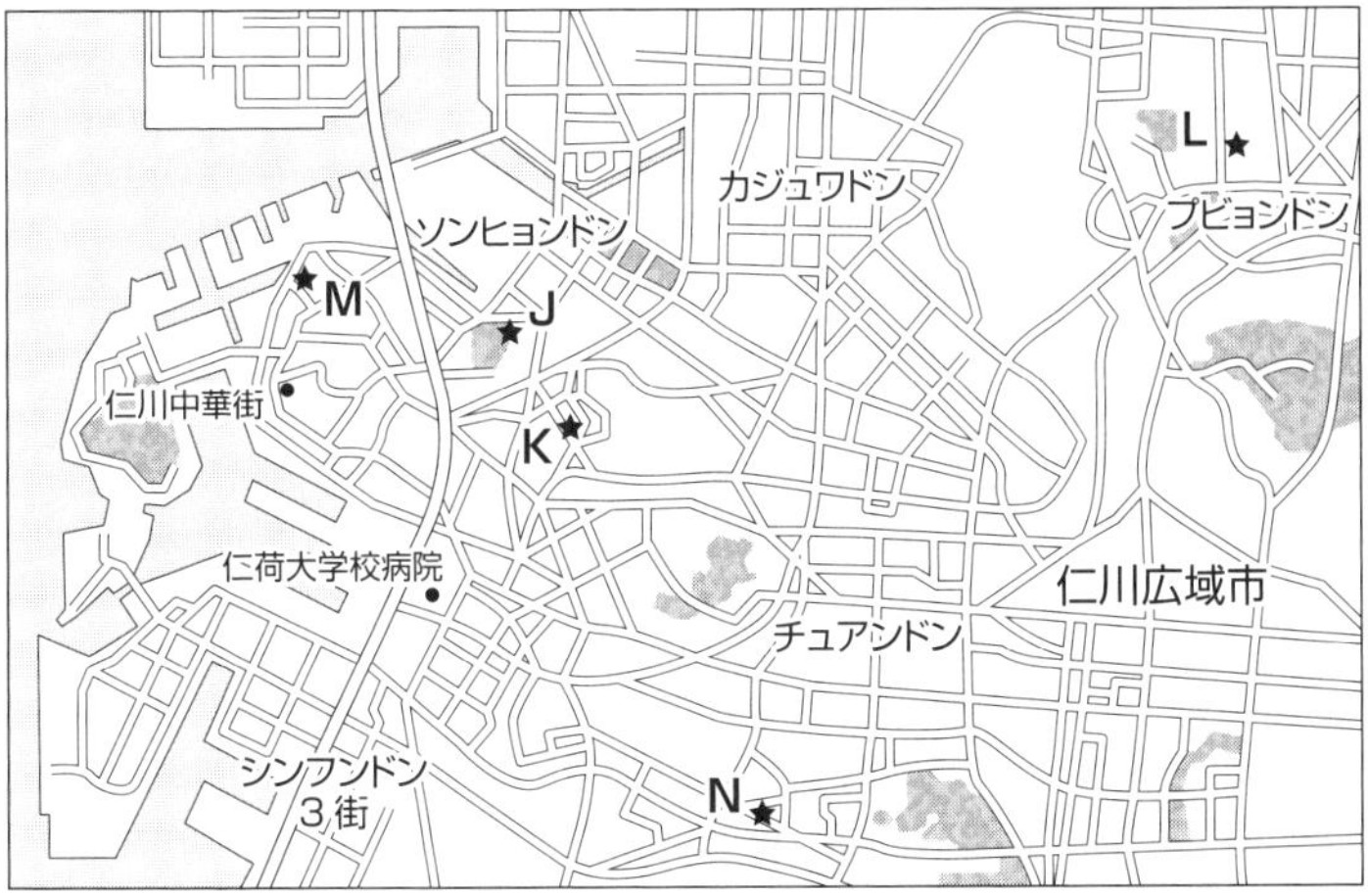

J　第8話でドンフンがジアンを家に送る道界隈
K　ジアンの家がある辺り（タルトンネエリア）
L　ドンフンの家
M　ジョンヒの店
N　ユニの勤める法律事務所

もこの辺りが使われているが、ただ、同じ仁川の京仁線済物浦《チェムルポ》駅近くの弥鄒忽区《ミチュホル》崇義洞《スンイドン》の通りも使われており、複雑な編集が行われているのがわかる。

第8話でドンフンとジアンが話しながら歩くところでも、ここが使われている。そして二人は松現近隣公園《ソンヒョンクルリン》近くの高台に出る。この公園は『トッケビ』にも出てきたが、水道局山《スドクッサン》タルトンネ博物館がある。

さてジアンの家だが、家に至る道はどうも松峴洞《ソンヒョンドン》ではなく、エルサレム教会が映っていることから、桃源洞《トウォンドン》だろう。ジアンの家は松現近隣公園の東にあたる、まさにタルトンネエリア

ペクビン踏切（筆者撮影）

の一角にある。ドンフンの家も仁川にある。京仁線富平《プピョン》駅から徒歩で10分くらいのところにある、富平東亜1団地アパート6棟だ。

　また兄弟がよく行くジョンヒの店は、仁川の萬石洞《マンソクドン》にある。犠牲路《ホイセンギル》の辺りにあり、仁川駅から徒歩ですぐに行ける距離にある。ドンフンの妻、ユニの勤める法律事務所は仁川地方検察庁の向かいのビルだ。ユニがドンフンの会社の社長、不倫相手のト・ジュニョンへの連絡で使う水色の公衆電話ボックスは撮影用にそのときだけ設置されたもので、実際にはない。ただ、第6話で二人が密会をするホテルは、ソウルの地下鉄5号線西大門《ソデムン》駅の近くにある「バビエンスイーツ」だ。第6話ではこの後、

仁川・タルトンネ（筆者撮影）

ドンフンは漢江大橋を渡っている。

第3話でドンフンとジアンは食事に行くが、この店は高陽《コヤン》の一山《イルサン》西《ソ》区大化洞《テファドン》の「盃」だ。ここはソウル地下鉄3号線大化《テファ》駅から徒歩で行ける。

高陽はソウルの郊外都市で、近年、再開発が進んでいるエリアだ。第6・7・16話でドンフンとジアンが行く店も、高陽の一山東《イルサンドン》区鼎鉢山《チョンバルサン》洞《ドン》にあるらしい。「コリアン居酒屋ハナキッチン」だ。ソウル地下鉄3号線注葉《チュヨプ》駅から10分ほど歩く。

ドンフン以外の兄弟は掃除屋を営んでいるが、この店は利川《イチョン》の蒸信路にある。

ラストシーンで二人が再会するカフェは、乙支路《ウルチロ》3街《サムガ》駅から徒歩圏内のシグニチャーモール1階にあった「クウォート・ブラック（QUOTE BLACK）」だが、すでにない。これは至極残念だ。

☆『椿の花咲く頃』

地上波ドラマとして、2019年史上最高の大ヒットドラマになった作品だ。住民がみな顔見知りという田舎町に、幼い息子を連れたシングルマザーのオ・トンベクが引っ越してきてスナックを開く。そして、地元に戻ってきた朴訥な警察官ファン・ヨンシクが彼女に惹かれていくという物語だ。トンベクを演じたのは、韓国で「視聴率の女王」と呼ばれるコン・ヒョジン、ヨンシクは『ミセン－未生－』でも好演したカン・ハヌル。

本作は、2019年度KBS演技大賞、第56回百想芸術大賞、第47回韓国放送大賞、第15回ソウルドラマアワード、第32回韓国PD大賞と作品賞関連を総なめし、KBS演技大賞はコン・ヒョジンが大賞、カン・ハヌルが最優秀賞を受賞している。

日本ではそれほど注目されなかった作品だが、ラストでは、野球の道に進んだトンベクの連れ子のMLB入団会見を、ようやく添い遂げた二人がテレビで見つめるというシーンがとても感動的で、韓国人に聞くとかなり評価が高い。

ドラマはオンサンという架空のまちが舞台で、ロケは慶尚北道《キョンサンプット》にある九龍浦《クリョンポ》という小さなまちで行われた。ソウルから高速鉄道とバスで約4時間の距離にあり、浦項《ポハン》の南区に属している。

九龍浦は20世紀初頭に、日本の香川県や岡山県など瀬戸内海の漁師たちが移住してきて開かれたという。彼らは神社、小学校や旅館、商店、食堂までも建て、日本人街が生まれた。現在、日本人は住んでいないが、浦項市が2009年に旧日本人街を修復し、「九龍

KBS『椿の花咲く頃』公式ホームページ
(https://program.kbs.co.kr/2tv/drama/camellia2019/pc/index.html)

浦近代文化歴史通り」として観光地化した。

キーショットになっている、二人が海の見える石段に並んで腰かけている場所は、「九龍浦近代文化歴史通り」の入り口から入って石段を上がったところで、ロケ地巡りの多くの観光客が写真を撮るところでもある。ドラマでは第4話に出てくる。

この階段を上がって左に曲がると、トンベクの家への道が続いている。道沿いには壁画やオブジェなどのアートが散見できる。この道は第8話でトンベクとトンベクの母、息子のピルグが家から学校まで歩いていくシーンに出てくる。

トンベクの店「カメリア」は、外観は「文化マシル」という文化芸術の展示場を使用し、店内はセットで撮影されたとのことだ。トンベクのことが気になるヨンシクが店の前でうろうろするシーンが印象的だ。

ドラマでは「九龍浦近代文化歴史通り」は、オンサンのワタリガニ料理が立ち並ぶ「ケジャン通り」として出てくるが、これはドラマの中の話で、実際にはさまざまな飲食店が並んでいる。

ヨンシクの母のお店は「ペクトゥケジャン」だが、これも実際は「ホホミョンオク」という冷麺やユッケジャンが中心の食堂だ。

第2話で、オンサンの地元のおばさんたちに問い詰められている「カメリア」のアルバイト従業員ヒャンミをかばったトンベクが泣きだしてしまうシーンは、レトロで紫色が目立つ外観の「セリ美容室」の前だ。

また第3話で、ヨンシクがトンベクに不器用な告白をしてあっさり断られるシーンは、1920年に移り住んできた日本人が建てた木造の建物を改装した「近代歴史館」の傍らだ。もちろん街中だけではなく、九龍浦の港もドラマの中に時折、出てくる。『海街チャチャチャ』のロケ地も、九龍浦ではないが、やはり浦項だということなので、浦項ではふたつの作品のロケ地巡りができる。

このドラマも、ソウルでのロケはある。第1話でヨンシクがトンベクに初めて出会う書店は、景福宮《キョンボックン》近くの「歴史書房」だ。地下鉄3号線景福宮駅から徒歩で7、8分の距離にある。円形の本棚が印象的なこの書店のらせん階段の横の本棚から、ヨンシクがトンベクを見つめていた。

また第2話で、ヨンシクとピルグがゲームセンター(「解放村《ヘバンチョン》コムコム娯楽室」)で遊んでいたところに、塾に行かなかったピルグに対してトンベクが怒り気味で迎えに来る場面は、ソウルの新興市場で撮影されている。この市場は朝鮮戦争の前からある古い市場だ

九龍浦の階段（筆者撮影）

「カメリア」（筆者撮影）

『椿の花咲く頃』主な九龍浦《クリョンポ》（浦項《ポハン》）のロケ地

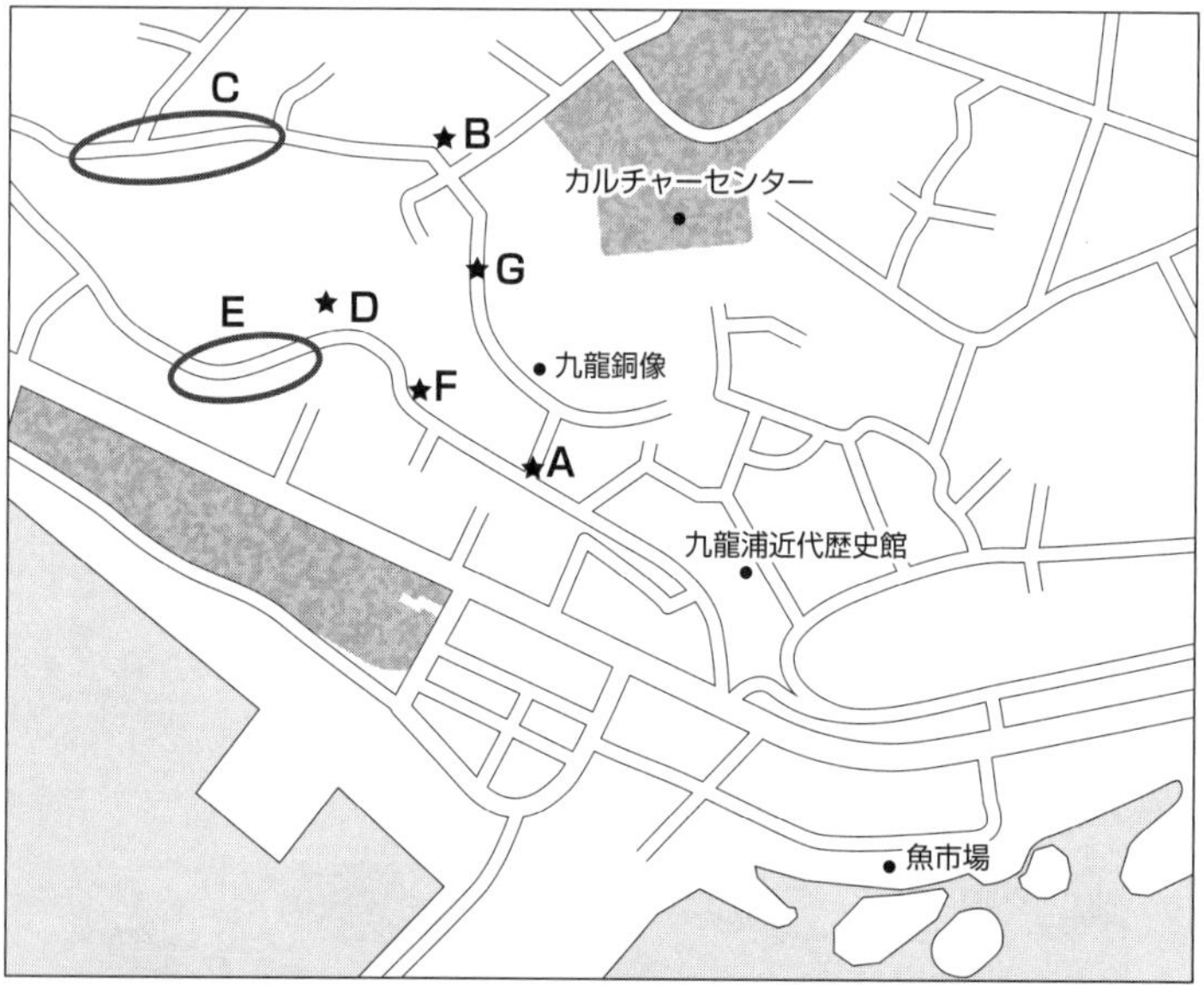

A　ヨンシクとトンベクが並んで座った石段
B　トンベクの家
C　いくつかのロケが行われた界隈、壁画が多い
D　トンベクの店「カメリア」（文化マシル）
E　いくつかのロケが行われた界隈
F　ヨンシクの実家「ペクトゥケジャン」（ホホミョンオク）
G　トンベクの家に向かう道

が、そのレトロ感は九龍浦とさして変わらない。ここは地下鉄6号線緑莎坪《ノッサピョン》駅から徒歩では距離があるので、タクシーを使ったほうがいいかもしれない。

このドラマはほかにソウルでもいくつかロケが実施されている。ソウル、九龍浦以外のロケ地としては、オンサン駅の前でトンベクとヨンシクが会話をするシーンは、京釜線深川《シムチョン》駅で撮影された。駅舎は登録文化財になっているそうで、1905年の京釜線開通と同時に簡易駅として開業した深川駅は、1934年に新築移転したものが現存している。大田《テジョン》から釜山《プサン》方面に少し行ったところにあるノスタルジックな駅だ。

しかし、このドラマのロケ地といえばやはり九龍浦が一番だ。格差社会が強調される韓国で、このドラマは無理に背伸びをしないローカルに住む、一般的な人々の生活と愛が描かれており、途中でホラーめいた事件も盛り込まれているが、多くの人々の共感を呼ぶヒューマンドラマに仕上がっている。

☆『ある春の夜に』

MBCのテレビドラマで、2019年の作品になる。MBCでは32話、Netflixでは16話として放送された。最高視聴率は9・5%だった。

ハン・ジミン演じるイ・ジョンインは、4年も交際している相手がいながら結婚に踏み切れない図書館司書の女性。彼女は偶然出会った、チョン・ヘイン演じるシングルファーザーの薬剤師ユ・ジホと接近していく。ヒューマンな視点で二人を描いていくしっとりとした作品になっており、韓国の30代の男女を等身大で描いている点が多くの人々の共感を得たのだろう。

ハン・ジミンはNHKで放送された『イ・サン』でヒロインを演じて、日本でも知名度の高い女優だ。チョン・ヘインも最近の話題作『スノードロップ』やソン・イェジンと共演した『よくおごってくれる綺麗なお姉さん』などで主演を務めている俳優だ。この作品で印象的なのは、とくにレイチェル・ヤマガタのトラックが素晴らしいOSTだろう。主演の二人は2019年度のMBC演技大賞で最優秀女優賞、最優秀俳優賞を受賞している。

ドラマの中でよくジョンインとジホが会うカフェが登場するが、ここは「サンムンドンコーヒー」。店の外が鉢植えなどの観葉植物で彩られているユニークな佇まいのカフェだ。地下鉄4号線双門《サンムン》駅から徒歩2分くらいのところにある。

この界隈は双門洞《サンムンドン》と呼ばれ、ソウル北部の道峰《トボン》区にあり、少々、懐かしさを感じることのできるエリアだ。『イカゲーム』の主人公、イ・ジョンジェ演じるギフンの出身地でもあり、道峰区は『恋のスケッチ ～応答せよ1988～』の舞台でもある。ソウルの周縁エリアと捉えてもいいだろう。

さて、ジホが勤務する薬局はというと、これが明洞から地下鉄4号線で誠信女大入口《ソンシンヨディック》まで行き、牛耳新設《ウィシンソル》線松畑《ソルパッ》公園駅で降りる。この路線はソウルで初めての軽電鉄で2両編成の電車が走る。駅からしばし歩くと「ヒムチャン薬局」があり、これがドラマに登場する

MBC『ある春の夜に』公式ホームページ
(https://program.imbc.com/onespringnight)

「ウリ薬局」だ。ソウル市内から少々遠いが、ドラマの中では大事なロケ地だ。

また、第1話から登場するジホのアパートもこの路線沿いにある。松畑公園駅の隣の4《サ》・19《イルグ》民主墓地《ミンジュミョジ》駅で降り、「民主聖域」と書かれた大きな石碑を過ぎ、「イディヤコーヒー（EDIYA COFFEE）」を左折してしばらく歩くと、茶色の壁が特徴的な3階建ての建物が現れる。この3階にジホが住み、2階にジョンインの友人が住んでいるという設定だ。近隣の道路でもロケが行われている。

なお4・19民主墓地は、１９６０年３・15不正選挙（当時の李承晩《イスンマン》政権が１９６０年３月15日の大統領選挙で行った不正選挙）に対し、憤然と立ち上がった学生や市民が、同年4月19日に大規模な抗議デモを敢行した際に、当局との衝突で命を失った１８５人の民主英雄を祀る墓地である。なかなか日本では考えられないが、韓国では民主化に至るまでに、さまざまな市民の抵抗運動があったということだ。

第3話で、ジホがこの駅の近くの店の前からジョンインに電話をかけるシーンがある。まだお互いの距離がつかめずギクシャクしている頃だ。店は「散歩《サンチェク》」という名前の和食居酒屋だ。なお、この居酒屋から徒歩1分くらいのところに二人がよく行った食堂「集まるひとびと（モイヌンサラムドル）」がある。居酒屋前の道路を先に進み、徳成《トッソン》女子大学校の手前の川を渡らずに左折したところにある。第1話でジョンインがジホと同じマンションに住む友達の家で飲み、帰り際に走った道がこの川沿いの道路だ。

ジョンインの住むマンションは一見、オフィスビルのように見えるが、ここは地下鉄3号線景福宮《キョンボックン》駅からすぐ近くにある。第14話でジホとジョンインが横断歩道で抱き合うのはこのマンションの前だ。

ドラマの中で重要な位置を占めている場所のひとつに、ジョンインが勤めている図書館がある。ここは盆唐・京義線の往十里《ワンシムニ》駅から徒歩5分のところにある城東《ソンドン》区立図書館だ。第3話、第4話に使われた書架は4階らしい。ジホがジョンインのことが気になって図書館に来るが、ジョンインの彼であるクォン・ギソクと遭遇するという展開だ。

二人が初めてキスをするのは地下鉄3号線独立門《トンニムムン》駅の近くの西大門《ソデムン》刑務所《ヒョンムソ》歴史館《ヨクサグァン》のそばのベンチだ。このベンチは幾度か登場するが、二人が散歩するシーンもこの近くのレンガ塀沿いの道が使われている。

『ある春の夜に』の主なソウルのロケ地

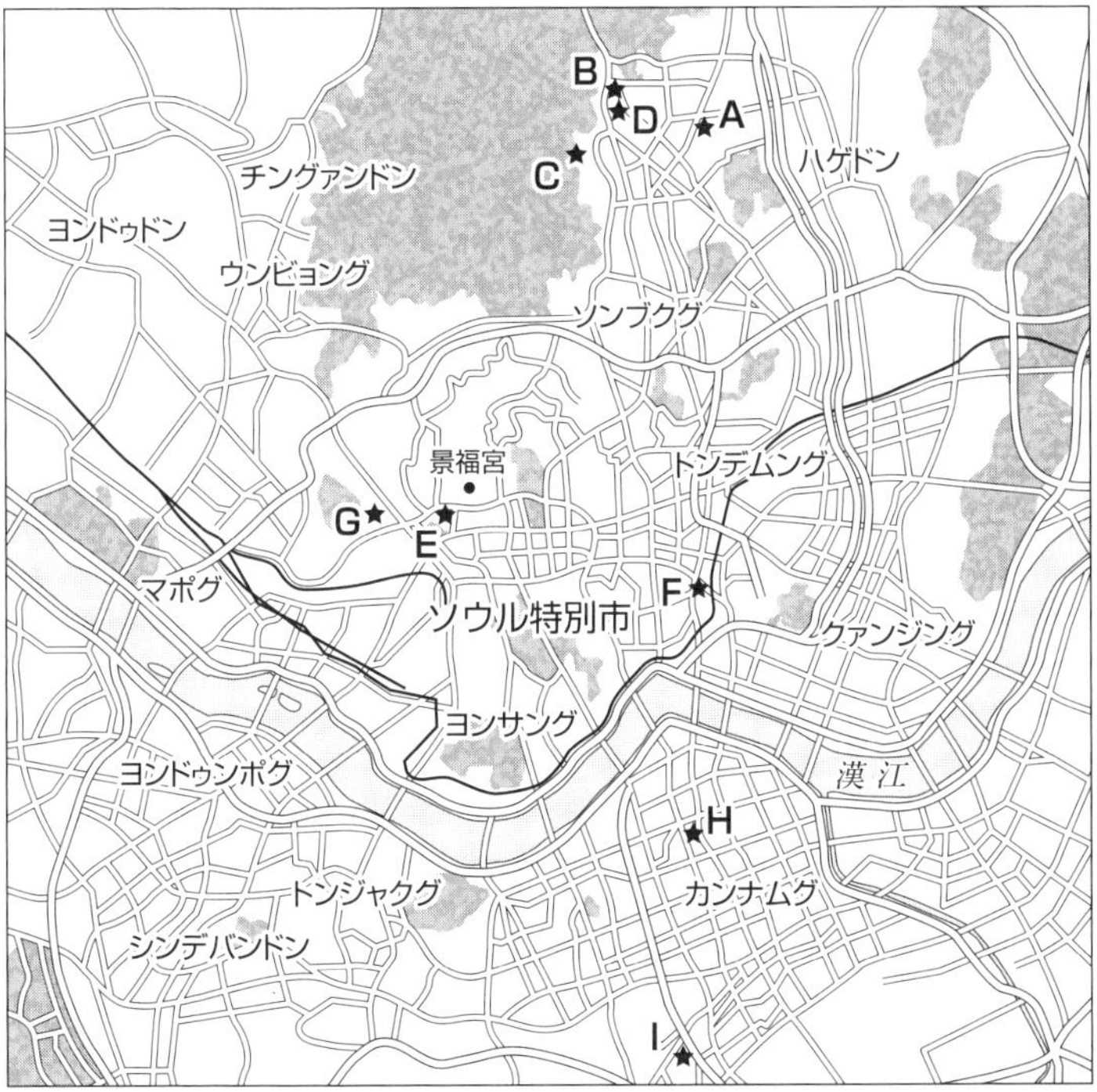

A　ジョンインとジホがよく行っていたカフェ（双門洞〈サンムンドンコーヒー〉）
B　ジホの勤める薬局（HuBase）
C　ジホのアパート
D　ジョンインとジホがよく行っていた食堂（集まるひとびと〈モイヌンサラムドル〉）
E　ジョンインのマンション
F　ジョンインの勤める図書館（城東区立図書館）
G　ジョンインとジホがキスをしたベンチ（西大門独立公園）
H　ジョンインとジホがギソクと鉢合わせした場所（イディヤコーヒーラボ）
I　ジョンインとジホがサンドウィッチを食べたベンチ（良才〈ヤンジェ〉市民の森・文化芸術公園）

第9話で初キス、そして第10話で二人はジョンインの彼氏であるギソクとカフェの前でばったり出会うという展開になる。ここは地下鉄9号線彦州《オンジュ》駅のそばの「イディヤコーヒーラボ（EDIYA COFFEE LAB）」だ。「イディヤコーヒー」は韓国でも有名なカフェチェーンで、このドラマにはたびたび登場する。これもプロダクトプレイスメントの一環になるのだろう。駅から3分程度の距離にあり、二人はジャズの流れるこのカフェで時間を過ごし、出たところでギソクに遭遇する。

第11話で二人がサンドウィッチを食べたのは、「良才《ヤンジェ》市民の森・文化芸術公園」だ。地下鉄3号線、新盆唐線良才駅からバスで移動という形になるが、もちろん駅からタクシー利用も可能だ。このシーンはそれほど長くはなかったが、ドラマの中では前掲したギソクとばったり出会うカフェとともに江南方面にある界隈だ。

さて、主だったロケ地を紹介してみたが、このドラマはほとんどがソウル市内で撮影され、それほど大掛かりなロケが行われているわけではない。ソウルのまちのさまざまな断片を切り取った形になっている。

☆『青春の記録』

韓流スターの若手代表格のひとりであるパク・ボゴムの主演作だ。彼の入隊前の作品としても話題になった。２０２０年、ｔｖＮで放送された。

俳優を夢見る二人の青年と、メイクアップアーティストの卵という3人の若者が、現実の壁に絶望せず、自身の夢と愛を叶えるために努力する、青春の成長記録を描いたドラマだ。共演はパク・ソダム、映画『パラサイト』で注目された女優だ。

音楽の効果的な使い方、映像美、微に入り細にわたって凝らされた演出が見どころのひとつだろう。

パク・ソダムは2021年に甲状腺乳頭がんになったことで心配されたが、インスタなどで元気な近況を伝えている。2022年1月公開の主演映画『特送』も公開初日に観客動員数1位になるなど、韓国を代表する女優の一人になった。

一方のパク・ボゴムもソン・ヘギョとの共演作『ボーイフレンド』がいい作品なので、チェックしてほしい。

さて、このドラマの舞台は漢南洞《ハンナムドン》が中心になっている。地下鉄6号線なら漢江鎮《ハンガンジン》駅、京義中央線なら漢南《ハンナム》駅から歩くことになる。

漢江のリバーサイドに位置する漢南洞は高級住宅地として知られているが、エリアによっては貧困層の居住地区もあり、そのコントラストが特徴でもある。パク・ボゴム演じるサ・ヘジュンの母親が、友人のウォン・ヘヒョの家の家政婦をしているというシチュエーションがそれを象徴している。

第1話で、漢南洞界隈でヘジュンとヘヒョ、二人の親友であるキム・ジヌが通りを走るシーンが出てくるが、ここは国連ビレッジと呼ばれており、漢南洞の富裕層が住むエリアだ。また、国連ビレッジからさらに上に上がると、ドラマでヘジュンとヘヒョ、ジヌがよ

tvN『青春の記録』公式ホームページ
(http://program.tving.com/tvn/recordofyouth)

く集まって話をした公園が出てくる。ここは京義中央線漢南駅から徒歩で20分くらいのところにある。ブランコしかない小さな公園だが、ソウルの夜景がとても綺麗に見える高台にある。

また、この界隈には第6話でヘジュンや祖父がランニングをする場所が出てくるが、こちらは地下鉄3号線玉水《オクス》駅から徒歩8分の距離にある、漢江に面するタルマジ近隣公園だ。

パク・ソダム演じるアン・ジョンハの家は新《シン》村《チョン》にある。地下鉄2号線新村駅から延世《ヨンセ》大学校の方向に歩くこと15分、城山路《ソンサンロ》22ギルに面している。

また、第4話でヘジュンとジョンハが雨宿りをするコンビニはジョンハの家のそばにあり、トンネルの手前にあるセブン-イレブンだ。店名は新村ウォロム店という。この界隈はトンネルといい、階段といい、とても魅力的な風情になっている。

さて、第1話でヘジュンとジョンハがファッシヨンショーで会うところから物語が始まるが、ここは東大門《トンデムン》デザインプラザ（DDP）で、地下鉄2号線東大門駅を出たところにある。

第2話では、映画のオーディションで友人のヘヒョが合格し、ヘジュンが不合格という展開になるが、ここでもこの場所が使われている。この建物は一見、宇宙船のような特徴的なフォルムをしているが、女性建築家として初めてプリツカー賞を受賞したザハ・ハディドの設計になるもので、世界最大の非三次元建築物とされる。

第2話でジョンハが路上でメイクのネット配信を行っているのは、地下鉄2号線弘大入《ホンデイッ》口《ク》駅近くの「歩きたい通り」だ。弘大《ホンデ》は、近隣の弘益《ホンイク》大学校の美術大学とデザイン大学に韓国全土から美術家・デザイナー・建築家・ミュージシャン志望の学生が集まることから、若者のまちともいわれる。

この界隈には第4話で登場するデートの階段もある。ここは「KB青春マル」という場所で、もともとはKB銀行西橋洞《ソギョドン》支店をリノベーションして、新たな文化空間として蘇らせたものだ。弘益大学校の建築大学の教授陣が設計した。ここは弘大入口駅から徒歩7分の距離にある。

また第5話で、ヘジュンがジョンハに告白する場所は、やはり弘大入口駅近くの延南洞《ヨンナムドン》にある腕輪を作る工房の前だ。店の名前は「ホンデティンクルユー」という。

第3話でヘジュンとジョンハが待ち合わせをする場所は、地下鉄2号線三成《サムソン》駅6番出口から徒歩5分の場所にあるピョルマダン図書館だ。ピョルマダンというのは「星の庭」という意味で、COEXモールというショッピングセンターの中にある。第3話で二人が立ち寄るカフェも、この図書館のそばにある「ビリーエンジェル」というカフェが使われている。

また、ジョンハがヘジュンの祖父にシニアモデルのアルバイトを紹介する場所は、ジョンハが勤める美容院の5階、外に庭も見える場所だ。ここは清潭洞《チョンダムドン》の美容室「アベニュージュノ（Avenue JUNO）」だ。このフロアは通常、バーとして使われているとのことだ。地下鉄7号線清潭洞駅9番出口から徒歩3分の距離にある。

第6話で、ジョンハがヘジュンを誘って訪れた公園で二人はキスをする。ヘジュンがピアノの弾き語りをしてムードが盛り上がり、その流れになる。ここはソウル市内ではなく京畿《キョンギ》道《ド》の始興《シフン》市のベゴダヌル公園だ。地下鉄2号線舎堂《サダン》駅からバス、あるいはソウル市内からもバス移動が可能だ。

第8話、雨の中、ヘジュンとジョンハがはしゃいでダンスをするシーンは、やはり京畿道の華城《ファソン》市の南陽聖母聖地という場所だ。カトリックの関係者のみならず誰でも入れるが、ソウルからはバスで2時間ほどの距離だ。同話で一緒のイヤフォンで音楽を聞くヘジュンとジョンハが座っている場所は延南洞《ヨンナムドン》の京義線《キョンイソン》森の道という公園だ。ここは地下鉄2号線弘大入口駅から徒歩2分ほどのところにある。

また同話には、ジョンハの家の周りを一周してからドーナツショップに行くというくだりがある。ジョンハの家は新村にある設定だが、訪れたドーナツショップは実際にはそこ

『青春の記録』の主なソウルのロケ地

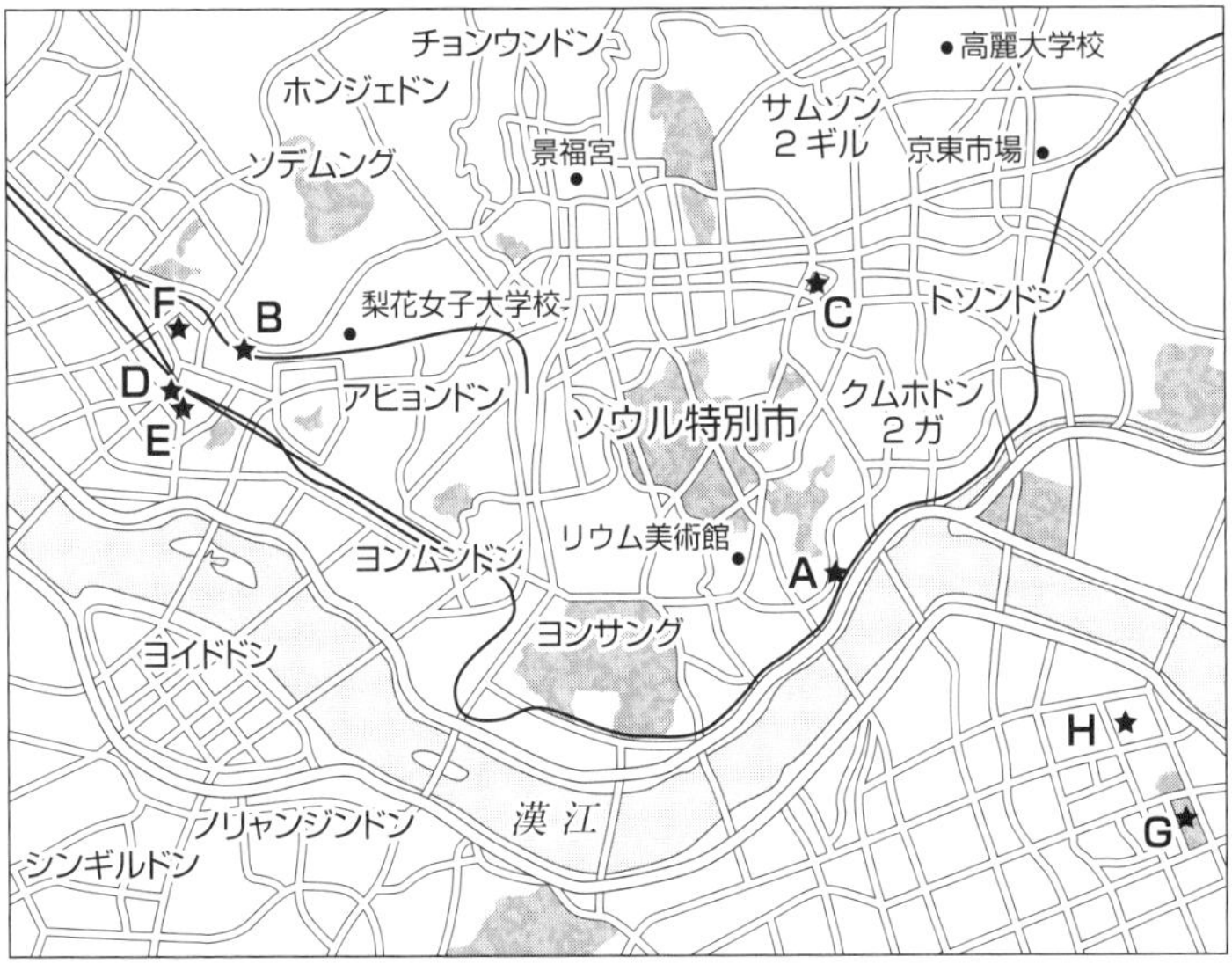

A　ヘジュンが友人とよく訪れる公園（トッソダンオリニ公園）
B　ジョンハの家
C　ヘジュンとジョンハが出会うファッションショーの会場（東大門〈トンデムン〉デザインプラザ）
D　ジョンハが路上でメイクを行う場所（歩きたい通り）
E　ヘジュンとジョンハがデートをする階段のある建物（KB 青春マル）
F　ヘジュンがジョンハに告白する場所（ホンデティンクルユー前）
G　ヘジュンとジョンハが待ち合わせする場所（ピョルマダン図書館）
H　ジョンハが勤める美容院（Avenue JUNO）

ジョンハの家（筆者撮影）

ヘジュンとジョンハが雨宿りしたコンビニ（筆者撮影）

からは遠い。店は「クリスピー・クリーム・ドーナツ」禾谷《ファゴク》店だ。新村からはバスだと40分くらいかかる。この店は地下鉄5号線禾谷駅のすぐ近くにある。

まだまだロケ地は多いが、ドラマのロケ地の大半は、漢南洞、弘大、新村を中心に、いくつかソウル郊外、そしてローカルを組み合わせている形だ。

最後に、ヘジュンが時代劇に出演した場所を紹介しよう。ここは全羅《チョルラ》南《ナム》道《ド》の南原《ナムウォン》市にある、広寒楼苑《クァンハルルウォン》という時代劇のロケが数多く撮影されている場所だ。ソウルからＫＴＸで約2時間40分、南原駅からタクシーでの移動になる。

☆『賢い医師生活』

この作品は２０２０年にシーズン1、２０２１年にシーズン2がｔｖＮで放送された。『刑務所のルールブック』に続く『賢い生活』シリーズの2作目となる。ソウル大学校医学部を卒業したイ・イクジュン、アン・ジョンウォン、キム・ジュンワン、ヤン・ソッキョン、チェ・ソンファの同期5人がユルジェ病院に招集される。この5人を中心に物語が展開していく医療群像劇ともいえよう。5人は趣味でバンド、99《クク》ズを続けており、ドラマの中にライブシーンが盛り込まれているのも見どころのひとつだ。

シーズン1、2を通して、医療ドラマに不可欠なヒューマンな視点で描かれおり、主人公たちの恋愛も盛り込まれている。日本でもＮｅｔｆｌｉｘでファンになった向きが多いかと思う。スター級の俳優は登場しないが、観る人々が癒やされる佳作になっている。日

tvN『賢い医師生活』公式ホームページ
(http://program.tving.com/tvn/doctorlife/)

本でも韓流ドラマファンには根強い人気がある作品だ。

まず、ドラマのメイン舞台である「ユルジェ病院」だが、ここは5人の医師の職場だ。ロケ地は梨花女子大付属ソウル病院で、地下鉄5号線鉢山《パルサン》駅に直結している。外観、ロビー、病院の廊下、エレベーターなどはこの病院を使っている。また、医師たちが出勤時にコーヒーを買う店で、同僚たちとの休憩の場所として登場するのが、病院内1階にあるカフェ「パリクロワッサン(PARIS CROISSANT)」だ。

バンドの練習をするソッキョンの家は、「ドヴィル」というルームギャラリーが使われている。韓国鉄道公社の加佐《カジャ》駅から徒歩でも行けるが、距離はある。ただしバンド演奏のシーンはセットで撮影したという。

シーズン1の第3話では、学生時代の回想シーンでカラオケが登場する。ここは弘大《ホンデ》にある

ユルジェ病院（筆者撮影）

ユルジェ病院のカフェ（筆者撮影）

「ラグジュアリー秀《ス》ノレバン」だ。通称「駐車場通り」に面している。「ノレ（歌）バン（部屋）」が韓国語で「カラオケ」の意味だ。テレビドラマではよく使われている店だ。地下鉄2号線弘大入口《ホンデイック》駅からは徒歩で15分と、少々かかる。

シーズン1の第4話で最初に登場した「エッグ・ドロップ」江南《カンナム》店は、イクジュンのひとり息子ウジュのお気入りのサンドウィッチ店で、人気はタマゴサンドウィッチだ。ここは地下鉄3号線江南駅6番出口より徒歩7分のところにある。ドラマの中で、店内やテイクアウトでたびたび出てきたのは、この店もプロダクトプレイスメントの協賛企業だからだ。

シーズン1の第9話とシーズン2の第8話で出てくる、地下鉄9号線三成中央《サムソンチュンアン》駅から徒歩5分にあるサムギョプサルの店「河南《ハナム》デジチッ」も、病院でのデリバリーランチに登場するが、ここの店もプロダクトプレイスメントの協賛企業だ。

この作品はセットでの撮影が多いのだが、飲食店は数多くロケに使われている。例えば、シーズン1の第7話で5人が訪れるサムパッ（包みご飯）の店は坡州《パジュ》にある。ドラマでは、ジュンワンにイクジュンの妹で、自分の彼女でもあるイクスンから電話がかかってきて、ひとりだけ遅れてこの店に入るシーンがある。店名はドラマでは「ヒャント」となっているが、実際には「トヒャン」だ。ソウルからのアクセスは公共交通機関だとバス移動になるだろうか。「ヘイリ芸術村」やアウトレットモールが周辺にある。

この作品はシーズン2まで続いたので、飲食店のロケ地は枚挙にいとまがない。とくに

『賢い医師生活』の主なソウルのロケ地

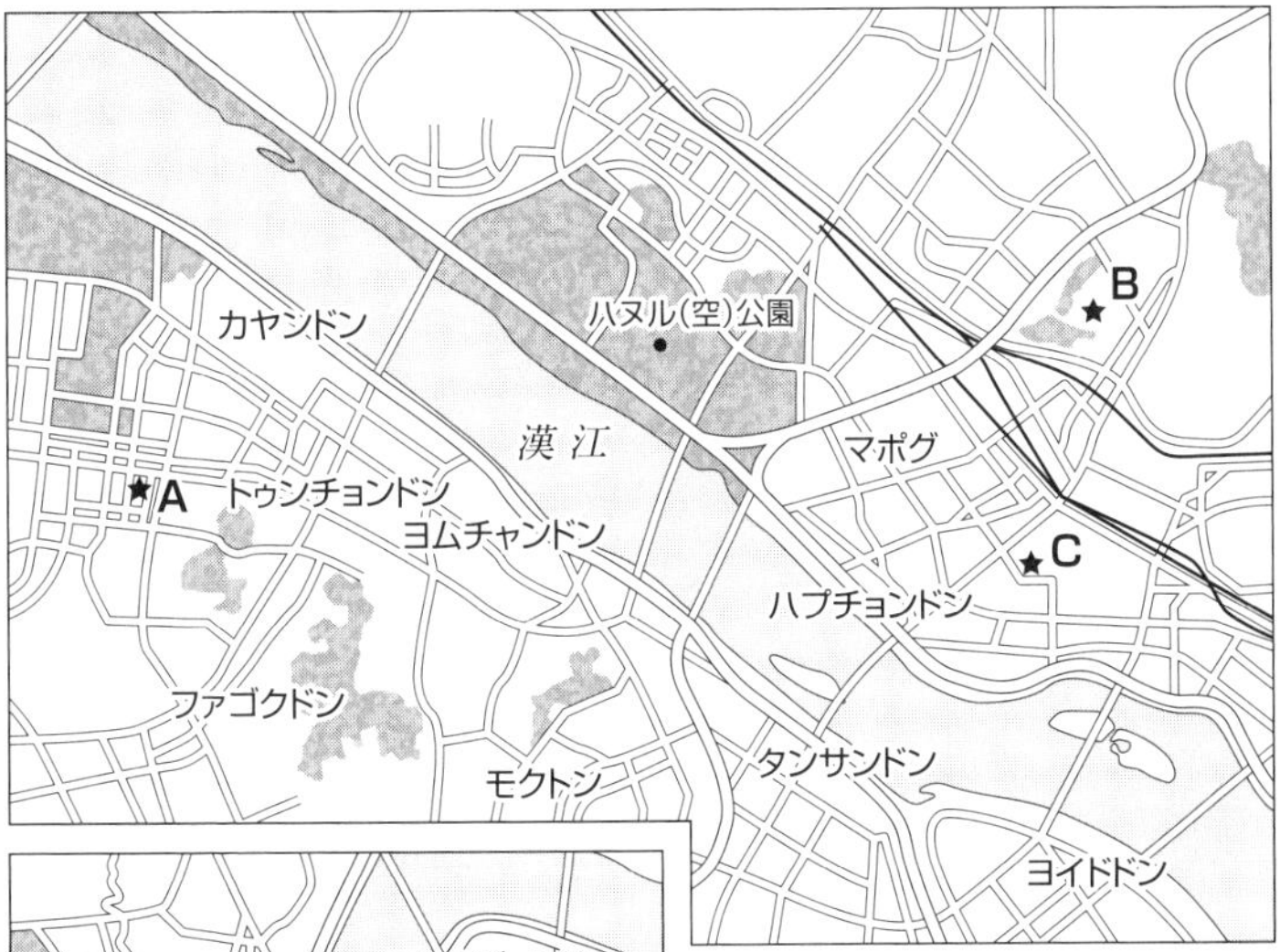

A　メイン舞台であるユルジェ病院（梨花女子大付属ソウル病院）
B　ソッキョンの家のバンド練習場（ドヴィル）
C　５人が学生時代に行ったカラオケ店（ラグジュアリー秀〈ス〉ノレバン）
D　イクジュン・ウジュ父子が行くサンドウィッチ店（エッグ・ドロップ江南〈カンナム〉店）

個人的に印象に残っているのは、「病院前のステーキ店」だ。ソッキョンに片思いする研修医ミナがひとりで食事をし、第10話でジュンワンとイクスンが会った店だ。しかしこの店の名前は「Ｌｅｏｎｅ」で、高陽《コヤン》市一山東《イルサントン》区にある。一山《イルサン》エリアはドラマの撮影スタジオもあり、ロケ地に使われていることも多い。この店は正式にはイタリアンレストランで京義線楓山《プンサン》駅のすぐそばにある。ソウル市内から40分程度の距離だ。

郊外ではシーズン2の第7話で、アウトドア好きのソンファとイクジュン、ウジュが一緒にキャンプを楽しんだ場所は「サンノミ牧場」だ。ここは江原道平昌《カンウォンドピョンチャン》郡にある。ドラマの中では「恋人山《ヨンインサン》」牧場という看板が出てくるが、これは架空のものだ。ロケ地は頂上の辺りで、ここはキャンプ地ではない。平昌まではＫＴＸ、もしくはバスでソウルからの移動になるが、平昌からはバス、タクシーなどを利用する。この辺りはウインターリゾートも多く、２０１８年にオリンピックが開かれたことでも知られている。

あとはミナの実家のペンションに99ズのメンバーで行くくだりがあるが、ここは実際に営業している「ソヘソンペンション」だ。ドラマの中では「チョルネペンション」という名前になっている。ここは抱川《ポチョン》市の山井湖《サンジョンホ》の近くだ。抱川は鉄道でも行けるが、東ソウル総合バスターミナルからバスが便利で約1時間40分だ。

基本的に、このドラマはソウルとその郊外が中心になっている。ただ99ズのメンバーには地方出身者もおり、優秀な学生はやはりソウルに集まることが明示されている。ソウル大学校の医科大学は韓国でも最もレベルが高いので、韓国の受験状況も垣間見られる。

☆『ヴィンチェンツォ』

２０２１年にｔｖＮで放送された。ソン・ジュンギが、イタリアマフィアの顧問弁護士を務める韓国系イタリア人ヴィンチェンツォ・カサノを演じている。仲間に裏切られたカサノは、身を潜めるために故郷の韓国に向かうが、渡韓の目的はソウル市内の雑居ビル「クムガプラザ」に隠匿されている大量の金塊を入手するためでもあったという設定である。そして、犯罪に手を染めている巨大企業バベルグループとのあいだで、「クムガプラザ」を巡る戦いが繰り広げられていく。共演はチョン・ヨビンで、二転三転するストーリーが視聴者を飽きさせない作品になっている。

さて、最も有名なロケ地はそのクムガプラザだろう。実際の名前は世運《セウン》清渓《チョンゲ》商店街といい、１９６８年に建てられた韓国最初の総合電子商店街で、長さは１・１キロに及ぶ。地下鉄２号線もしくは５号線の乙支路《ウルチロ》３街《サムガ》駅から徒歩で５分くらいの距離にある。

バベルグループの顧問である法務法人ウサンの建物は、明洞《ミョンドン》の新世界《シンセゲ》百貨店《ペッカジョム》の目の前にある韓国銀行貨幣博物館だ。１９１２年に建てられたルネッサンス様式の歴史的建造物で、かつての朝鮮銀行本店である。東京駅を設計したことで知られる辰野金吾が手掛けたものだ。韓国では触れられることが少ないが、実際には日本統治時代の建造物が意外と残っている。ソウル市内では旧ソウル駅、旧ソウル市役所、ソウル大学校医科大学本館、かつて三越京城《けいじょう》店だった新世界百貨店などだ。

第３話で、チョン・ヨビン演じるウサンの弁護士ホン・チャヨンと助手のジュヌがアイ

tvN『ヴィンチェンツォ』公式ホームページ
（http://program.tving.com/tvn/tvnvincenzo/）

スクリームを食べていた場所は、ソウルの森（ソウルスプ）の隣にある、緑色やベージュのコンテナが印象的な「アンダースタンドアベニュー（UNDER STAND AVENUE）」だ。ここは市民のための文化創造空間と銘打って設立された。

道路沿いに置かれている１１６個のコンテナにはファッション、グッズ、グルメ、カフェなどの売店が入居している。地下鉄水仁・盆唐線ソウルの森駅周辺のこのエリアには、ソウルの森カフェストリートもあり、ソウルの新しい顔が垣間見られる。

第4話でカサノがチャヨンを連れてきたカフェも印象的だった。彼らはパティオでそれぞれカプチーノとアメリカンを飲む。この「ＣＡＦＥハラボジ工場」は、３００坪規模のギャラリー形式のカフェだ。ここは聖《ソン》水洞《スドン》にあり、地下鉄2号線聖水《ソンス》駅から徒歩圏にある。聖水洞は、もともと小さな町工場が立ち並ぶエリアだった。しかし近年、若手アーティストやデザイナーが古い建物をリノベーションした独特なカフェやレスト

『ヴィンチェンツォ』の主なソウルのロケ地

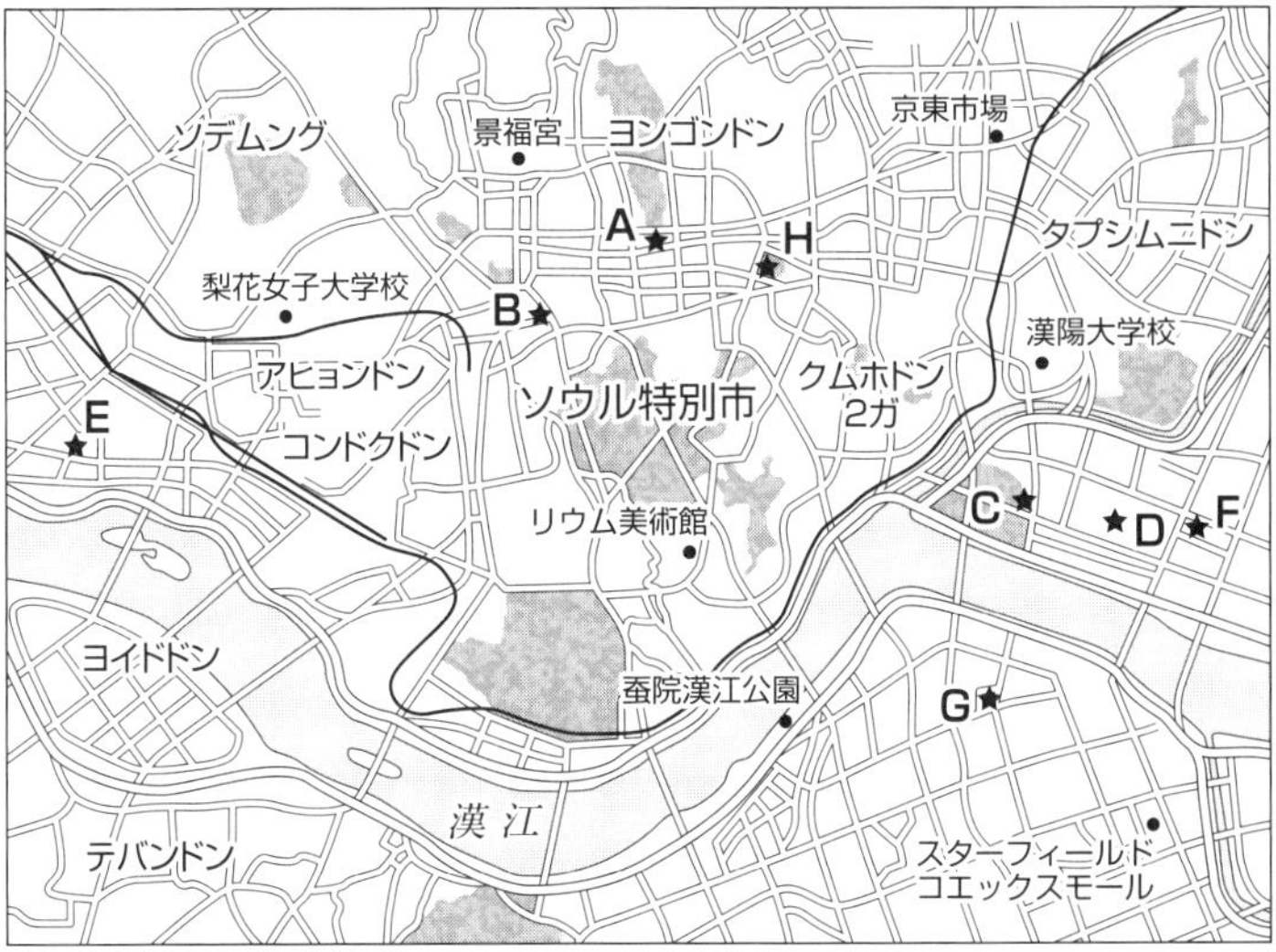

A　金塊が隠されている雑居ビル・クムガプラザ（世運清渓〈セウンチョンゲ〉商店街内）
B　法務法人ウサンの建物（韓国銀行貨幣博物館）
C　弁護士チャヨンと助手のジュヌがアイスクリームを食べる場所（アンダー・スタンド・アベニュー）
D　ヴィンチェンツォ・カサノがチャヨンを連れてきたカフェ（CAFE ハラボジ工場）
E　チャヨンがカサノに協力を求めたカフェ（オルニ大公園）
F　カサノとチャヨンがサンドウィッチとコーヒーを食した場所（コモングラウンド）
G　ジュヌがハンバーガーを食べていた場所（シェイクシャック清潭〈チョンダム〉店）
H　カサノとチャヨンが再会する場所（東大門〈トンデムン〉デザインプラザ）

ランが登場し、ここにもカフェストリートが形成されている。

また同話では、チャヨンが、バベルグループやウサンと戦うためヴィンチェンツォに協力を求めるシーンで登場した「オルニ大公園」というカフェも登場する。ここは１９７０～80年代をモチーフにしたレトロカフェだ。場所は地下鉄6号線上水《サンス》駅から徒歩２、３分で、弘大《ホンデ》エリアにある。

ただし、名前の由来となった公園はこの近くにはなく、市内東部の7号線オリニ大公園駅で下車する。ちなみにオリニは子供、オルニは大人を意味する。カフェ「オルニ大公園」は、「オリニ大公園」をもじって名付けられたそうだ。

第5話で、カサノと相方になる弁護士チャヨンがサンドウィッチを食べ、コーヒーを飲むのが、「コモングラウンド（COMMON GROUND）」だ。ここはブルーのコンテナを活用した韓国初のコンテナショッピングモールで、建国《コングク》大学校の近くにある。地下鉄2号線、7号線の建大入口《コンディック》駅からすぐの距離だ。この界隈は学生街で、飲食店が界隈に広がっている。

また同話で、カサノ、チャヨン、ジュヌが三人で訪れるのがフュージョン中華の「ロロ堂」だ。辛いチャンポンを食べる展開になるのだが、このチャンポンは現在、メニューにはない。ここは地下鉄9号線、新盆唐線の新論峴《シンノニョン》駅の近くにある。

第7話でカサノがヘムン病院の院長の妻と会う美術館は、パジュブックシティにある「ミメシス・アート・ミュージアム」だ。デザインが特徴的なこの美術館は、２００９年

クムガプラザ（筆者撮影）

東大門デザインプラザ（DDP）（筆者撮影）

に建てられ、ドラマの中では1階にあるブックカフェも使われている。

第9話でカサノのライバルとなるジュヌがハンバーガーを食べていたのは、アメリカのハンバーガーチェーン「シェイクシャック（SHAKE SHACK）」だ。ロケで使われていたのは第2号店で、江南の清潭《チョンダム》店だ。地下鉄水仁・盆唐線の狎鷗亭《アックジョン》ロデオ駅から徒歩5分程度で着く。近隣にはソウルを代表するファッションストリート、狎鷗亭ロデオ通りがある。またこの界隈は高級アパートが林立するセレブタウンでもあり、芸能プロダクションの集積エリアでもある。

最終話、カサノとチャヨンが再会するのは、東大門デザインプラザ（ＤＤＰ）だ。神秘的なキスシーンは、ここの階段で撮影されている。この建物は「曲線の女王」とも呼ばれるザハ・ハディド設計で、かつて球場やサッカー競技場などスタジアムがあった東大門運動場の跡地に２０１４年に建てられた。ドラマのロケではよく使われている。

☆『イカゲーム』

世界中で大ヒットとなった、２０２１年のＮｅｔｆｌｉｘ作品。さまざまな事情を抱えた男女が大金をかけたゲームに参加し、負ければ死が待っているという、一種のサバイバルドラマといえる。

主演はイ・ジョンジェ。無職で借金まみれのギャンブル狂だが人情味のある主人公ソン・ギフンを演じ、世界的知名度を得た。

Netflix『イカゲーム』（写真：Collection Christophel／アフロ）

脱北者の女性カン・セビョクを演じたチョン・ホヨンなども国際的な注目を集め、とくに、イカゲームに参加する謎の老人オ・イルナムを演じたオ・ヨンスは、この作品でアメリカの第79回ゴールデングローブ賞テレビドラマ部門助演男優賞を受賞しており、韓流ドラマが確実にアメリカで認知されていることを示している。

作品中のキャラクターも世界中で売れており、ハロウィンでもコスプレイヤーが出現した。

ソウルをまず見ていこう。ギフンが暮らす街という設定で登場し、劇中でも同郷の友人らと話すシーンなどで登場するのが双門洞《サンムンドン》だ。ここは北漢山《プッカンサン》の白雲台《ペグンデ》の麓に位置する。

同郷の友人チョ・サンウの母親の魚店がある市場、白雲市場は、作品の中で何度も登場する。実際に撮影に使われた「八道乾物《パルドコノムル》」という乾物店もある。ここは牛耳新設《ウイシンソル》軽電鉄の松畑《ソルパッ》公園駅から徒歩3分のところにある。

また白雲市場からもすぐの場所にあるのが、道峰《トボン》中央教会で、ここもギフンがタバコを吸っていたシーンで使われている。そして、ギフンがドラマの鍵を握る老人と焼酎を飲むのが、やはりこの界隈の「CU双門牛耳川店《サンムンウイチョン》」の店先だ。

第1話でギフンがイカゲームに参加するきっかけになったメンコ対決をする場所は、盆唐線良才《ヤンジェ》市民の森駅構内のホームである。周辺に閑静な住宅街が広がるエリアにある駅だ。

メンコ対決の相手はコン・ユ演じる謎の男。この勝負に負けてギフンはイカゲームに参加することになるのだが、最終話でもコン・ユは再び登場し、別の人にメンコ対決を勧めている姿を地下鉄車内からギフンが見かけるシーンがある。その場面は、空港鉄道の仁《イン》川《チョン》空港第1・第2ターミナル駅の直前の駅、空港貨物庁舎《コンハンファムルチョンサ》駅のホームで撮影された。

ゲームは大半が無人島で行われるという設定だ。この島のモデルとなったのは、仁川港から60キロ離れたところに位置する仙甲島《ソンガット》。ただし、実際のゲームのシーンは別の場所で撮られている。

冒頭、最初のゲームとして登場するのは、「ムグンファコッチピオッスムニダ」で、日本の「ダルマさんが転んだ」と同じものだ。このゲームでは動いた者を射殺する「ヨンヒ」という人形が出てくるが、韓国ではお馴染みのキャラクターとなっている。2022年1月まで松坡区《ソンパ》にあるオリンピック公園に4メートルのヨンヒ像が展示され、一種の聖地になっていた。

ほかにも細かいロケ地はいくつもあるが、基本的にセットでのロケが多い作品なので、

『イカゲーム』の主なソウルのロケ地

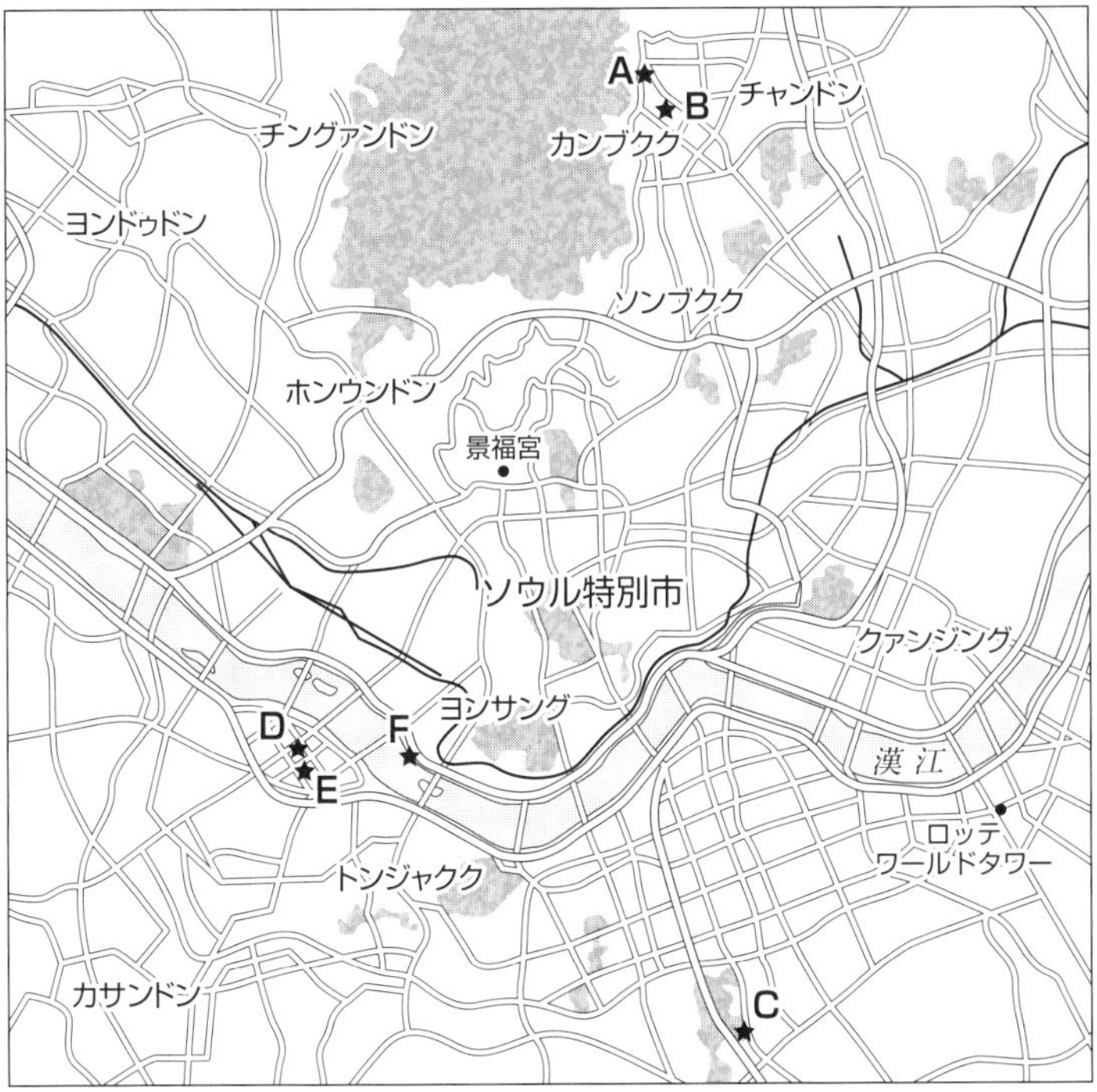

A　ギフンの友人の魚店があり、『イカゲーム』案内所もある白雲〈ペグン〉市場
B　ギフンが老人と焼酎を飲むコンビニの店先（CU 双門牛耳川〈サンムンウイチョン〉店）
C　ギフンがホームでメンコ対決をする地下鉄新盆唐〈シンブンダン〉線良才〈ヤンジェ〉市民の森駅
D　ギフンがゲーム会場へ向かうピックアップの車を待つ場所（BILLY ANGEL 汝矣島〈ヨイド〉三星生命店）
E　ゲームが終わったあとにギフンが車から降ろされた場所（地下鉄5号線汝矣島駅）
F　ギフンが花売りに声をかけられた土手（二村〈イチョン〉漢江公園）

八道乾物〈パルドコノムル〉
（筆者撮影）

双門洞〈サンムンドン〉の「イカゲーム」案内所。ヨンヒの像が置いてある（筆者撮影）

まずは双門洞を押さえておくのがお勧めだ。ソウルは多様な顔を持つ都市だ。双門洞を一言でいうと、下町の佇まいといえばいいのだろうか。まったりとして、落ち着く時間をこの界隈では過ごせるだろう。

☆『その年、私たちは』

ＳＢＳで２０２１年から２０２２年にかけて放送された。もう二度と会いたくないと思っていたはずの元恋人同士の二人が、高校時代に撮影したドキュメンタリーが人気を集めたことをきっかけに、5年ぶりに再会するというロマンティック・コメディ。

Ｎｅｔｆｌｉｘでも配信され、日本のランキング「今日のＴＯＰ10」でも上位を占めた。ＢＴＳのＶの初めてのソロ楽曲が使用されるなど、劇中で流れるＯＳＴも話題を呼んだ。なお、同曲はビルボードチャート「ＨＯＴ１００」にもチャート入りを果たしている。

主役の画家チェ・ウンを演じるのは、『パラサイト』の弟役で注目されたチェ・ウシク。ヒロインのクク・ヨンス役は『梨泰院クラス』で脚光を浴びたキム・ダミ。二人の共演は２０１８年の『The Witch／魔女』以来のことになる。

このドラマでは、高校時代と現在が交錯しながら展開していく。高校は『冬のソナタ』『トッケビ』などでも使われている、ソウル中央高校だ。景福宮《キョンボックン》にも近く、北村《プッチョン》と仁寺洞《インサドン》の入り口でもある地下鉄3号線安国《アングク》駅から北に向かって坂道を登っていったところにある。

画家として生計を立てているウンの家は水原《スウォン》にある。一軒家だが、この建物は李氏朝鮮

SBS『その年、私たちは』公式ホームページ
(https://programs.sbs.co.kr/drama/ourbelovedsummer/main)

時代後期の城塞遺跡で世界文化遺産にも登録されている水原《スウォン》 華城《ファソン》の向かいにあり、以前はカフェだったとのこと。

また、ヨンスが祖母と住む家はその近く、池洞《チドン》壁画村《ビョッカマウル》内にある。水原には「壁画村」が2カ所あるが、ウンの家はもう一カ所の行《ヘン》宮洞《グンドン》壁画村《ビョッカマウル》にある。マウルとは日本語では、「町」と「村」の両方を指す言葉だ。「界隈」と捉えてもいいかもしれない。

水原をベースのロケ地にしているというのは、このドラマにアーティスティックな要素を醸し出させる狙いがあったのだろうか。

第16話で、ウンの留学前にウンとヨンスが待ち合わせをした公園のような場所も水原華城の近くだ。石の壁とライトアップの光景がとても印象的だった。また、ウンが買い物中のヨンスの祖母に遭遇し、荷物を運ぶのを手伝おうとする場面はやはり水原の池洞《チドン》市場だ。

ウンの実家の食堂もたびたび登場するが、こちらは全州《チョンジュ》の韓屋村《ハノンマウル》にある。実際の店名は「メダン」という。全州は韓国の美食のまちであり、この店の評判もいいようだ。第3話でウンとヨンスが頻繁に出会うようになってから、ウンがバイクで転倒してしまったシーンも全州の韓屋村の一角だ。

ソウルに目を転じよう。まずは、ヨンスの働く会社は「JCCクリエイティブセンター」を使用している。ここは日本の安藤忠雄によって設計された教育と文化のための多目的複合施設だ。JCCアートセンターとJCCクリエイティブセンターのふたつの建物で構成されている。恵化洞《ヘファドン》にあり、最寄り駅は地下鉄4号線恵化駅になる。

第3話でウンがヨンスに振られた当時を回想するシーンに登場するレトロなスーパーマーケットは、鍾路区紫霞門路《チョンノグチャハムンロ》の「チャハスーパー」だ。ほかの作品にもよく登場する。ここでアイスを買ったり、店の前で花見をしたりするシーンが撮影された。最寄りの駅は地下鉄3号線弘済《ホンジェ》駅になるが、徒歩だと結構歩くことになる。またこのエリアには少し遠いが、映画『パラサイト』で有名になった紫霞門トンネルもある。

第16話後半で、留学中のウンがヨンスに内緒で会いにきたのは、鍾路区の北村韓屋村《プッチョンハノンマウル》に位置する坂だ。第3話の回想シーンで、ヨンスがウンを背負って坂を登る場面や、二人が別れたシーンもここで撮影されている。雰囲気のいい石垣道で、地下鉄3号線安国《アングク》駅から カフェやレストランが集まる三清洞《サムチョンドン》へ向かう際によく使われる通りにある。

ソウルでは二人がすれ違うカフェとして、「北漢山《プッカンサン》製パン所光化門店《クァンファムンジョム》」が使われている。

『その年、私たちは』の主な水原《スウォン》のロケ地

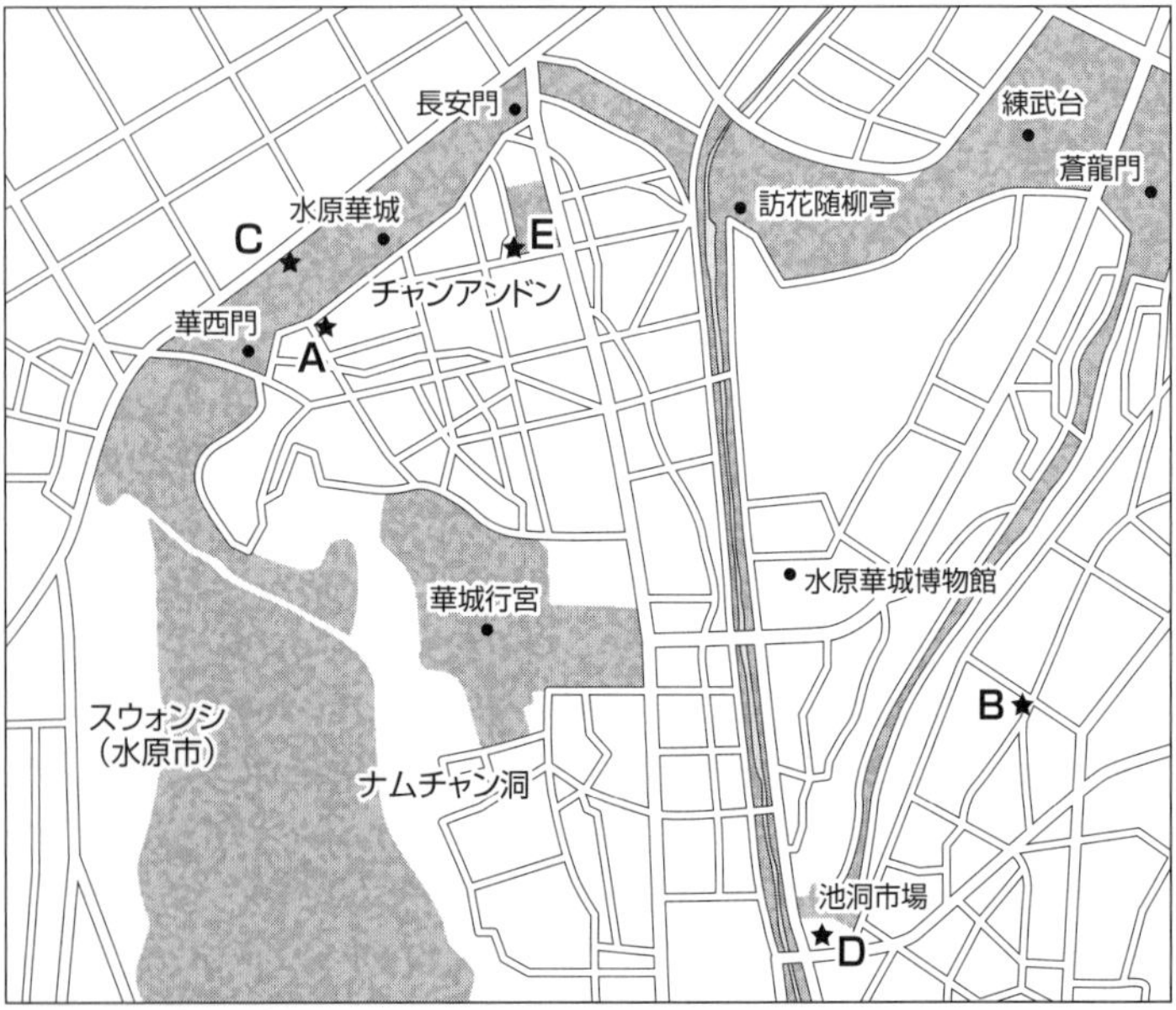

A　ウンの家
B　ヨンスの家
C　ウンとヨンスが大学時代に訪れた長安公園
D　ウンがヨンスの祖母の荷物を運ぶのを手伝う市場（池洞〈チドン〉市場）
E　ウンとヨンスが夜のデートをした石垣の小道。ウンがヨンスが持ってきたナツメを拾う場所でもある

ウンの家（筆者撮影）

ヨンスの家（筆者撮影）

印象的で切ないシーンだった。このカフェもいろいろな作品で登場する裏路地の店だ。地下鉄5号線光化門駅から徒歩圏内だ。

また、二人で行く場所として「ロッテワールド」も出てくる。ここはソウル最大級のエンタメ施設で、地下鉄2・8号線蚕室《チャムシル》駅が最寄り駅となる。

もちろんロケ地は前記の水原、全州、ソウル以外にも多々ある。余裕があれば、二人が訪れた済扶島《チェブド》や雨の中でのキスが美しかった保寧《ポリョン》市の牧場、ヨンスが訪れた始興《シフン》市の烏耳《オイ》島《ド》博物館など、見どころは満載なので、足を向ける意味はあるだろう。

☆『二十五、二十一』

本作品は、tvNで2022年に放送された。

IMF危機に揺れる1990年代末の韓国で、夢を追いかけ、また、夢を諦めざるを得ない若者たちのそれぞれの青春を描く。主演は『ミスター・サンシャイン』などで知られるキム・テリと、『スタートアップ：夢の扉』などで主演したナム・ジュヒョク。

韓国では、第2話から3週連続で同時間帯の視聴率1位を記録、最終回は11・5%と高視聴率を残した。主演の二人の繊細な演技がこのドラマの支持者を増やしたのだろう。

時代背景が1998年ということもあり、ドラマの設定上はソウルの麻浦《マポ》区が舞台になっているが、ロケは当時の雰囲気が残る全州《チョンジュ》市で行われている。

全州は三韓時代の百済のときから形成された古い町であり、歴史と伝統がたくさん残る

tvN『二十五、二十一』公式ホームページ
(http://program.tving.com/tvn/twentyfivetwentyone)

古都でもある。ソウルの龍山《ヨンサン》駅からKTXで約1時間半の距離にある。人口は約65万人だ。

キム・テリ演じるナ・ヒドの家は全州《チョンジュ》韓屋《ハノン》村《マウル》にある。韓国の伝統建築様式である韓屋がエリア一帯を彩っている。全州駅と全州韓屋村は約5〜6キロ離れた場所にあるので、駅を出たら市内バスまたはタクシーを利用する。ヒドの家は丘の上にある、この一帯では珍しい洋館だ。

ナム・ジュヒョク演じるペク・イジンがアルバイトをしていたマンガレンタルショップは「ソリパンアッカン」という音楽作業室で、ここも全州の棲鶴洞《ソハクドン》芸術村にある。ここでヒドは1990年代にヒットした『フルハウス』というマンガを借りる。

また、第2話で出てくる商店は、「ドンネスーパー」の隣の空き家を使ったとのことで、ここも全州の高速バスターミナルから徒歩で7分くらいのところにある。

全州で最も印象的なのは、第2話に登場するトンネルではないだろうか。ヒドとイジンが二人で話したトンネルだ。ここは寒碧《ハンビョク》トンネルといい、韓屋村のそばにある。

第3話でヒドとイジンが水道の蛇口を上に向けて噴水にしたシーンは、全州第一高校を使っている。ここもヒドの家から近い。全州のロケ地は韓屋村の範囲にあり、徒歩で回れる。

ソウルでは、スクリーンクォーター（自国映画保護のために、国内製作映画の上映日数やスクリーン数の最低基準を義務付けた制度）廃止のデモにヒドが行くシーンが出てくるが、ここは光化門《クァンファムン》だ。

ヒドのライバルで生涯の友達になるコ・ユリムの実家である粉食店「ゾウの粉食店」は、「孝子粉食」という店名で鍾路区《チョンノ》新橋洞《シンギョドン》にある。地下鉄3号線景福宮《キョンボックン》駅から10分以上は歩く。向かいはソウル盲学校、ろう学校だ。

また第15話で、ヒドとイジンが2001年を迎えるカウントダウンをした公園は梧桐近《オドングン》隣公園《リンゴンウォン》だ。ここはソウル特別市の江北区《カンブク》と城北区《ソンブク》にかけて位置し、江北樊洞《カンブクポンドン》、彌阿洞《ミアドン》のほか、5つの洞と城北区にかかる大公園で、緑豊かな場所だ。ドラマでは、翌年はヒドがひとりで訪れる。地下鉄6号線月谷《ウォルゴク》駅から徒歩で10分くらいの距離だ。

水原《スウォン》もロケ地になっている。とくに印象的なのは、第16話で別れの挨拶をするシーンだ。バス停はセットで作られたそうだが、咲き誇る桜が美しく、映像美が見事だった。ここは水原 華城南砲楼《スウォンファソンナムポール》だ。

水原まではソウルから急行列車を利用し、30分くらいで着くが、地下鉄でも行ける。水

『二十五、二十一』の主な全州《チョンジュ》のロケ地

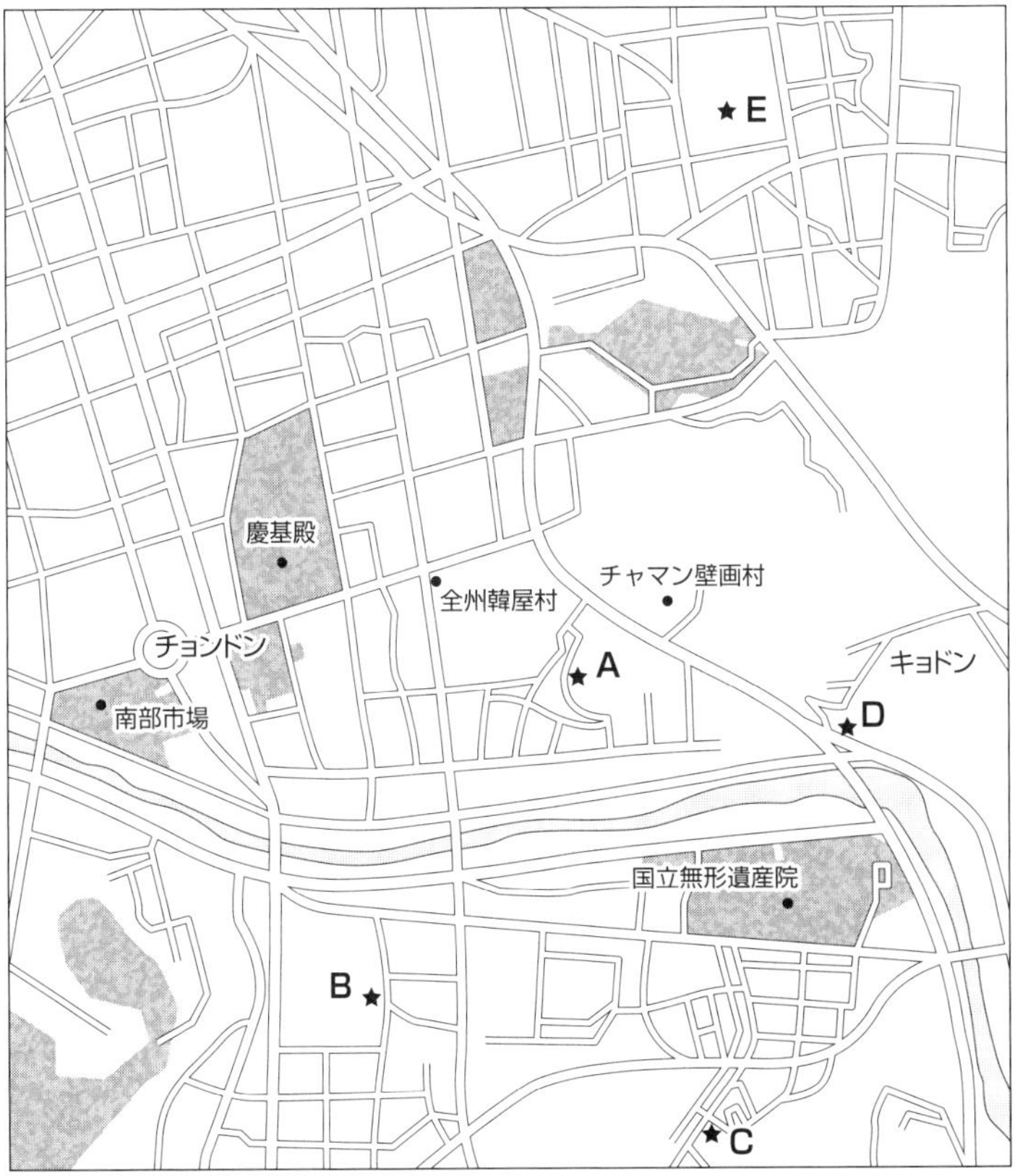

A　ヒドの家
B　マンガレンタルショップ（ソリパンアッカン）
C　ヒドとイジンが店の前のベンチに座ったスーパー
D　ヒドとイジンが話をしたトンネル（寒碧トンネル）
E　ヒドとイジンが水道を噴水にした場所（全州第一高校）

ヒドの家（筆者撮影）

寒碧トンネル（筆者撮影）

原華城は水原駅からバスで10分程度の距離だ。南砲楼は華城の5つの砲楼のうち、八達門《パルダルムン》と西南暗門の間に位置する砲楼で、1796年に完成したものだ。

水原華城南砲楼は『梨泰院クラス』にも登場している。また第3話でヒドがフェンシングのコーチに指導を頼み込み、厳しいトレーニングに励む石畳の道も水原華城界隈だ。

そのほかのロケ地は、春川《チュンチョン》、東海《トンヘ》、江陵《カンヌン》、三陟《サムチョク》など広範囲にわたるが、基本的に全州だけでもドラマの気分には浸れるだろう。このドラマの時代設定からして全州はノスタルジックな雰囲気があるので、最適だったのだろう。エンディングは切ないが、このドラマはその終わり方が相応しいように思える。

☆『ウ・ヨンウ弁護士は天才肌』

2022年6月から8月までENAチャンネルで放送された。全16話、パク・ウンビン演じる天才的な頭脳を持ち自閉スペクトラム症を抱えるウ・ヨンウが、大学卒業後の新人から本物の弁護士へと成長していく物語だ。ヨンウが入るハンバダ法律事務所の先輩で、ヨンウに惹かれていくイ・ジュノをアイドルグループ「サプライズ（5urprise）」のカン・テオが演じている。

第1話は、全国有料プラットフォーム世帯基準視聴率（ニールセン社調査）で0・9%と、スタートとしては悲惨な状態だったが、回を追うごとに伸び、第9話では15・8%を記録。その後、やや数字が下がる傾向を見せたが、最終話は17・5%の自己最高視聴率を

똑바로 읽어도 거꾸로 읽어도 우영우입니다
ENA 수목드라마
이상한 변호사 우영우
박은빈
강태오
강기영
2022.6.29(수)
밤 9시 첫방송
이상한 변호사 우영우
ENA 수목드라마 <이상한 변호사 우영우>는? 천재적인 두뇌와 자폐스펙트럼을 동시에 가진 신입 변호사 우영우(박은빈 분)의 대형 로펌 생존기
출연진
[우영우 역(박은빈) 27세, 법무법인 한바다의 신입 변호사] 자폐스펙트럼을 가진 천재 신입 변호사. 한 번 본 것은 절대로 잊어버리지 않는 기억력의 소유자다. 로스쿨을 수석으로 졸업한 그는 명석한 두뇌를 인정받아 법무법인 한바다의 인턴 변호사가 되지만, 사회성이 부족하고 감정표현이 서툴다. 사람들에게 당연한 세상은 자폐스펙트럼을 가진 그에겐 낯설고 어렵다. 엉뚱하고 솔직한 우영우의 모습은 때로는 사람들을 놀라게 하고, 틀에 박힌 규칙들을 새롭게 바라보게 한다. 다른 신입 변호사들과 경쟁에 놓이기도 하고, 한번도 경험하지 못한 사건 앞에 당황하기 일쑤인 우영우. 그러나 자신만의 방식으로 한계를 극복하고 새로운 시각으로 사건을 해결해 나가는 씩씩한 인물이다.
제작진 / 연출
[연출] 유인식 [극본] 문지원 [제작] 에이스토리 / KT스튜디오지니/낭만크루
편성시간
매주 수/목 21:00
방영채널
ENA

ENA『ウ・ヨンウ弁護士は天才肌』公式ホームページ
(http://ena.skylifetv.co.kr/bbs/board.php?bo_table=skydrama&wr_id=113&sca=%EC%B5%9C%EC%8B%A0)

記録し、これは前話の13・8%より3・7ポイントも高い数字だった。

この作品は最終話の時点で、Netflixのグローバル非英語テレビランキングで1位、日本のテレビ部門TOP10でも1位を独走するなど、2022年を代表するヒット作になった。パク・ウンビンは前作の時代劇『恋慕』でも好演し、子役から韓国を代表する女優に成長したといえる。

さてロケ地だが、ヨンウの実家はキンパ（韓国風のり巻き）店という設定で、作品中の店名は「ウ・ヨンウのキンパ屋」だが、実際は水原《スウォン》にある和食店「風車（カジャグルマ）」だ。ここは水原の華城行宮《ファソンヘングン》の近くで、京釜電鉄線華西《ファソ》駅からタクシーで向かう。

彼女が勤めるハンバダ法律事務所が入居しているのは、２０２１年にできたばかりのツインタワービル「センターフィールド」のウェストだ。ヨンウがジュノと出会う回転ドアも、このビルのものだ。江南《カンナム》区テヘラン路に位置し、地下鉄2号線駅三《ヨッサム》駅から徒歩8分の距離にある。

ヨンウの行きつけの店は、親友のトン・グラミが働く「トルポネ酒店」だ。こちらはソウル郊外の高陽《コヤン》市の一山《イルサン》にある「ソソ酒店」がロケ地になっている。地下鉄3号線大化《テファ》駅から徒歩9分だ。

第2話では、結婚式でウェディングドレスが脱げるというアクシデントに対する訴訟調査のため結婚式場を訪れたジュノが、ウェディングドレスを試着したヨンウに見とれるシーンが出てくるが、ロケ地はソウルの汝矣島《ヨイド》にある「パーク1（Parc.1）」という複合施設の中のホテル「フェアモントアンバサダーソウル」だ。また、この複合施設を構成する現代《ヒュンダイ》のデパートでも、ヨンウが買い物をするシーンが撮影されている。

この作品は基本的にソウルでの撮影が多いのだが、第2話でヨンウとジュノが訪れたカフェは、麻浦《マポ》区の地下鉄6号線広興倉《クァンフンチャン》駅からすぐの場所にある「フランジェリ（FRANGERIE）新村《シンチョン》店」だ。二人はこの店で塩パンを食べ、クリームがたっぷりのったコーヒーを飲む。

第10話でヨンウとジュノがデートした際に、徳寿宮《トクスグン》の石垣道《トルダムキル》を歩いた恋人は別れるらし

『ウ・ヨンウ弁護士は天才肌』の主なソウルのロケ地

A　ヨンウが勤める法務法人ハンバダ（センターフィールド）

B　脱げたウェディングドレス調査に、ヨンウとジュノが訪れた店（フェアモントアンバサダーソウル）

C　ヨンウとジュノが訪れたカフェ（フランジェリ新村〈シンチョン〉店）

D　ヨンウとジュノがデートした道（徳寿宮〈トクスグン〉の石垣道〈トルダムキル〉）

ヨンウの実家（筆者撮影）

いとヨンウが伝える場面が印象的だった。ここは李氏朝鮮時代、王室の人々や支配階級だった両班《ヤンバン》たちが多く居住する場所だった。石垣道は正門である大漢門《テハンムン》の左側から、約８００メートルにわたって延びている道だ。地下鉄１・２号線の市庁駅《シチョン》から徒歩圏内にある。

　さて第７話、第８話で登場する大きな榎は、大物弁護士のテ・スミとヨンウが、お互い母子であることを知らずに眺める木だ。ドラマの中では架空の地名になっているが、実際の所在地は昌原《チャンウォン》市義《ウィ》昌《チャン》区大山面北部１０２－１となっており、ソウルからは遠い。

　昌原市は慶尚南《キョンサンナム》道《ド》の道庁所在地で人口は１００万人を超える。

ソウルから義昌へはKTX、在来線と乗り継ぎ3時間以上かかる。また榎も義昌駅からは遠く、バスもしくはタクシーでの移動になるだろう。

前述した水原のキンパ店はドラマ巡礼の聖地化して長蛇の列になっているが、この榎も同様に聖地化している。樹齢約500年と推定されており、ドラマの撮影終了後に天然記念物に指定しようという議論も始まっているという。

4 ロケ地巡りを通じて見えるソウルの魅力

◎韓国ドラマの聖地を訪れ見えてきたもの

2022年夏、筆者は10日間かけてロケ地巡りを行った。もちろん日程的にすべてを網羅はできなかったが、ここではその感想を述べる。

対象地域はソウル、仁川《インチョン》、水原《スウォン》、全州《チョンジュ》、浦項《ポハン》である。

訪れてまず驚いたのは、すでにドラマの聖地巡礼行動が定着し始めていることだった。その作品を代表する聖地には、スマホを片手にした数多くの観光客の姿があった。日本と違うのは、女性客が中心だということだ。日本ではアニメ中心の聖地巡礼、観光行動が主流なので、一般的には男性客が中心になっている。

また、実際に訪れてみると、ロケのコーディネーターにかなりの力量があることも理解できた。ロケ地が重複している作品もあるが、日常でただ通り過ぎるだけの通りや店舗を、作品の中で見事に意味を持たせることに成功している作品が多い。また、探すのに難渋するような場所もいくつかあり、ロケコーディネーターの豊富な情報把握にも驚くことが多かった。とくに、韓国では日本と異なり壁に絵やイラストが描かれている事例が多く、それも作品の中に活用されている。

大半の作品はソウルが舞台になっているが、高低差によって生じる景観を見事に活かしている。よく東京はすり鉢状になっているといわれ、地形に関する書籍やウェブ記事を数多く見かけるが、ソウルはもっと細かい起伏が至るところにあるといったところだろうか。

例えば、梨泰院のまちは丘陵の中腹にあるので、まちから南山を見上げつつ、視線を移すと眼下にまた別のまちが広がるといった具合だ。

また、地縁関係が濃密に残る庶民の住む界隈と高層ビル群のコントラストも、貧富の差を題材にしたドラマには効果的だ。今まで何度も韓国を訪れているが、今回、気がついたのは、高層ビルの数が一層、増えた印象だったことだ。歩いていると傍らではいくつもビル工事に出くわす。東京はここまで至るところでのビル開発は行われていない。

しかしその半面、映画『パラサイト』で注目を集めた半地下の部屋はまだ数多く存在している。洪水で被害を受けることもしばしばのようだが、まちを歩くさなかで依然として視野に飛び込んでくる。ソウルの魅力は新旧の対比の妙だろう。開発された地域と取り残された地域といえばいいのかもしれない。

韓屋村《ハノンマウル》で有名な全州《チョンジュ》も然りだが、ソウルも景福宮《キョンボックン》界隈の北村《プッチョン》の韓屋群がよくロケに使われる。李氏朝鮮時代の名残とでもいえばいいのだろうか。生活している人々も多いが、一部はリノベーションされてカフェや飲食店、店舗にもなっており、本来的にあった韓屋の雰囲気を留めながら周囲と調和している。

もちろんこのエリアにも高低差があり、上に行くとソウルのまち並みが俯瞰できる。夜景もとても綺麗だ。そういえば、この夜景もドラマの中に巧妙に使われている。東京では東京スカイツリーや東京タワー、高層ビルからの夜景くらいしか思いつかないが、ソウルでは坂道の上の飲食店からも夜景が楽しめる。

坂道が多く、高齢者に優しくないまちではあるが、それを補完する要素としてタクシー代が安いことと、地下鉄やバスなどの公共交通機関が発達しており、しかも安い点が挙げられる。バスにも何度も乗ったが、到着までの時間が表示されるバス停もあり、とても便利だった。

夕方、明洞《ミョンドン》辺りのバス停には長蛇の列ができており、意外なほどに利用客も多く、ドラマの中でバスがしばしば登場することにも納得がいった。

◎ドラマや映画ロケに適しているソウルの魅力

ソウルを丁寧に歩いてみるとその魅力がよくわかり、ドラマがその魅力を背景に効果をあげていることも充分に理解できる。東京よりはコントラストが明瞭なまちだといえる。路地も多く、それぞれに独特の雰囲気を持っている。路地巡りだけでもソウルを訪れる意味がある。これらの路地はサスペンスでは切迫感のある追跡シーンで使われ、ラブロマンスでは恋人たちの空間として使われている。

幹線道路は片側３〜４車線と幅広い。ソウルは公共交通が充実しているにもかかわらず、モータリゼーションのまちでもある。階層が日本よりも二極化しているので、こういう現象が生じているのかもしれない。そしてこのような幹線道路があるからこそ、カーチェイスなどの迫力ある映像が撮れるのだろう。

客観的に捉えると、ソウルはドラマや映画を撮影するための巨大なセットのようにも見える。その中に、生活の場を表現するための小さなセットがちりばめられているといえばいいだろうか。また小さなセットはそれぞれに文化を携えている。それと対峙し、触れ合うことにも興味をそそられる。

ただし、地元の人々が利用する飲食店等では、メニューがハングルのみで記載されているものも多く、またメニューも手元で見るものがなく文字が壁に貼られているだけの店もあるので、ハングルがわからない日本人観光客は要注意だ。そして居酒屋こそあれ、日本食は意外と探さなければなかなか出合えないので、あらかじめ調べていくか、訪韓中は諦めて韓国料理で過ごす覚悟も必要かもしれない。

また、ソウル以外の都市もさまざまなドラマ作品のロケ地に使われている。水原、全州では李氏朝鮮の古い建造物で構成された空間を満喫できるし、仁川、浦項には日本統治時代の建造物も多く残っており、まち歩きをするだけの楽しみがある。またローカル韓国料理もそれぞれあるので、同時に楽しめればいいかと思う。

ソウルは人口が減少傾向にあるが、先述したように再開発の速度も速いので、とくにドラマに出てきたカフェなどは訪れてみるとすでにない、という事例も見られた。しかしそれは仕方のないことで、ロケ地巡りには絶えず付きまとう問題だろう。

筆者としては、ロケ地巡りのみに拘泥するのではなく、ソウルのまちのそれぞれの面に自分なりの魅力を発見してもらえれば幸いであり、その経験が韓国の全体像を俯瞰することの一助になればとも考える。

なお、10日間にわたる訪韓の最中、『梨泰院クラス』で有名になった歩道橋の上や北村の韓屋などで、ドラマのロケに何度も遭遇した。東京ではこのようなことは滅多にない。毎日、ソウルのいたるところで日常的にロケが行われているということなのだろう。その点も付記しておきたい。

第5章

韓流ブームを下支えする SNSや動画共有サイト

1　ノンナレーションまち歩き動画

◎大人気の「ソウルウォーカー」

新型コロナウイルスのパンデミック以降、急激に増加したノンナレーションまち歩き動画（ナレーションのない「まち歩き動画」）も、ソウルの観光的側面を下支えしているように見える。

もちろんソウルだけでなく、世界中の都市がその対象になっているが、とりわけソウルのチャンネルが充実している。

なかでも「ソウルウォーカー（Seoul Walker）」は明洞《ミョンドン》、江南《カンナム》、弘大《ホンデ》といったソウルのまちを歩くＹｏｕＴｕｂｅの４Ｋ動画チャンネルで、約５００本の作品がアップロードされている。チャンネル登録者数は25万８０００人（２０２２年1月31日現在）で、ノンナレーションが特徴だ。１作品の長さは20分から1時間30分くらいまでとさまざまで、作品によっては冒頭に地図を使って行程が説明されたり、字幕スーパーが入っていたりするものもある。

ほかのまち歩き動画チャンネルでは、車載カメラやドローンまで駆使するものもあり撮影方法は多様だが、「ソウルウォーカー」は手持ちカメラが中心だ。このチャンネルで心を引かれるのは、とりわけ夜や雨、雪の風景が４Ｋならではの美しい映像で収められているという点だ。とくに雪のソウルは魅力的だ。しばし見ていると、改めてその美しさに魅了される。

ソウルのまち歩き動画チャンネルはそのほかにも、「ウォークトゥゲザー（Walk Together）」など、複数のチャンネルがＹｏｕＴｕｂｅ上にある。

もちろん、東京を対象としたまち歩き動画チャンネルも、「ローミングジャパン（Roaming Japan）」などいくつかあるが、ソウルを対象としたチャンネルの登録者数には遥かに及ばない。

おそらくソウルは韓流ドラマ、Ｋ－ＰＯＰなどとの相乗効果もあるのだろう。つまり、ソウルはグローバルに東京を凌ぐ勢いで、急速なイメージ浸透が図られていると見ていい。これは韓国へのインバウンド観光客の創出に繋がっていくに違いない。

すでにパンデミック前から、韓流ドラマのロケ地巡りは活発化しており、多くの日本人観光客が訪れるという現象が生じていた。

パンデミックによりロケ地巡りは激減したが、代わって「ソウルウォーカー」のような韓国の都市を対象としたノンナレーションまち歩き動画のＹｏｕＴｕｂｅチャンネルが急増し、自宅にいながらソウルなどのまち歩きが楽しめる状況になっている。

◎韓国の新たな魅力を発信するツールに

韓国のまち歩き動画はソウルに限ったことではなく、釜山《プサン》、大邱《テグ》、大田《テジョン》などにも広がっている。

そして、国内はもとより海外に対しても、効果的な情報発信のツールになっている。例えば『梨泰院《イテウォン》クラス』の舞台になる梨泰院は、ドラマ放送前までは日本でもそれほどポピュラーな場所ではなかったはずだ。しかしドラマ人気が爆発すると同時に、ドラマ放送後に梨泰院のまち歩き動画がＹｏｕＴｕｂｅ上に多数登場することによって、さらにリアルに伝わることになった。ドラマとノンナレーションまち歩き動画には直接的な関係性はないが、ソウルなどのまちの魅力を伝達することには大きな効果をあげている。

時代が大きく変わったということでもある。ある意味、モニターを通したまち歩きでも充分にそのまちの魅力を堪能できる。もちろん、実際に訪れたほうが楽しみ方に奥行きと広がりが生まれるが、まち歩き動画という新たなまちの楽しみ方が提示されたという事実は大きい。見ているだけで新たな発見がある。ソウルの韓屋《ハノク》のまち並みの美しさ、坂道の魅力、小高い丘から見る夜景、カフェストリートに人々が集まるさま、雪の見事さ同様に美しい満開の桜など、知らなかったソウルのまちがそこに浮かび上がる。

また、ノンナレーションまち歩き動画はＢＧＶとしても有効であり、インテリアの一部として、一日中モニターに投影し続けても不自然にはならないだろう。

パンデミックは新たな観光のあり方を提示する契機になった。これからメタバースを含めた仮想空間の模索が進展すると思われるが、それらが韓国のコンテンツを上手に取り込んでいくことは予想に難くない。

2　生活動画、韓流チャンネル

◎在韓日本人からの発信

ノンナレーションまち歩き動画以外にも、韓国を紹介する動画は動画共有サイトに溢れている。日本ではとくに、韓国在住の日本人がアップしている動画が多く再生されている。パンデミックで韓国への渡航者は激減しているものの、韓国は日本人留学生に人気が高く、現地に住んでいる日本人も意外と多い。若い世代ではＫ－ＰＯＰや韓流ドラマなどのポップカルチャーが呼び水になっているのは間違いない。とくに留学生は交換留学のみならず、日本の大学を休学しての短期留学も多い。

これらの動画ではノンナレーションまち歩き動画に比べて生活感溢れるというか、住んでいる住居のルームツアーや、まちを歩き店に入るという一連の生活の流れに沿ったものが多く、韓国に住んでみたい人々には大いに参考になる内容だ。また、比較的長期滞在を考えている観光客にも、よく観られていると思われる。

動画をアップしているのは、韓国人と結婚して現地に住んでいる人や、韓国の企業に勤めている人、留学生、そして観光客などだ。

とくに、ノンナレーションまち歩き動画にない要素として押さえておく必要があるのは、韓国の食文化である。韓国料理は日本でも人気があるが、動画によっては食材、調理方法、手順を丁寧に紹介しているものもある。

これらの動画の多くは、韓国のまちの魅力というより、生活の魅力をアピールしたものだ。韓国在住、滞在者はブログやＳＮＳなどでも記事を多くアップしているが、動画があれば相乗効果も高い。これらの動画は韓国やソウルなどのまちの魅力を補完し、かつ深化させている。

韓国のドラマも、同様の役割を果たしていると見ることができる。日本のパンデミック政策が厳格なため、日本への留学を希望していた外国人学生のうち、留学先を韓国に変えた者も多いと聞く。やはりＫ－ＰＯＰ、ドラマなどのメジャーコンテンツだけではなく、このような動画共有サイトからの情報のキャッチアップも彼らの心を動かしたのではないかと推測できる。

韓国には日本と違った生活文化がある。その魅力を充分にアピールすることに成功しているといえる。そこには高度情報化社会があり、アジアのみならず欧米の人々にも訴求している。日本のビジット・ジャパン政策によるインバウンド観光客の増加は著しかったが、しかし政策総体というより、ビザの緩和、ＬＣＣ（格安航空会社）の普及という面が功を奏したのであり、パンデミック明けには韓国にインバウンド観光客数で再逆転を許すことも予想される。

◎韓流ドラマ情報の発信メディアの変化

気がついてみると、かつて韓流ドラマの情報といえば雑誌の影響が大きかったが、その後、ＣＳ放送の韓流チャンネルが情報発信するようになり、現在では動画共有サイトに数多くの情報が存在している。

そのためか、韓流ドラマの雑誌は「もっと知りたい！　韓国ＴＶドラマ」（メディアボーイ）、「韓国ＴＶドラマガイド」（双葉社）、「韓流ぴあ」（ぴあ）などが代表的なもので、いわゆるグラビア中心のＭＯＯＫ本が多くなっている。とはいえ、雑誌が退潮基調にある昨今で、韓流ドラマ関係の雑誌はまだ勢いがある。

ＣＳ放送では、スカパー！が韓国ドラマやＫ－ＰＯＰに積極的だ。ＫＮＴＶ、アジアドラマチックＴＶ（ASIA DRAMATIC TV）、Ｍｎｅｔなどの韓流チャンネルを擁し、セット料金もある。またＣＡＴＶのＪ：ＣＯＭでも同じような対応を取っている。ＢＳ、ＣＳの登場以降、日本のテレビメディアは多チャンネル化しており、地上波、ＢＳなどでも韓流ドラマコンテンツの存在感は強くなる一方だ。放送されている作品の数では、もはや日本映画やドラマを凌いでいるような印象すら受ける。

ＹｏｕＴｕｂｅをはじめとした動画共有サイトでは、韓流ドラマを観るには別途有料の形をとっているものが多いが、ドラマ情報のチャンネルは多すぎてすべてを把握することはできない。大きくは、ドラマそのものを対象としているものと俳優を対象としているもののふたつに分けられるが、日本の映画やドラマに関するチャンネルに比べて圧倒的に数が多く、ここでも韓流の勢いを感じずにはいられない。

こうした韓流情報については、公式チャンネルもあるが、大半は一般の人々が開設しているものだ。日本語のものもあるが、ハングルそのままのチャンネルもある。また、ドラマの映像やキャプチャー画面を使用するなど、これが日本のドラマなら著作権の問題で規制がかかると思われるチャンネルも少なくない。制作サイドは、ファンによって拡散されることを許容しているのか、これもやはりファンダムなのだろうか。

ともかく、日本においては韓流に関しては活字媒体、地上波、ＢＳ、ＣＳ、そしてインターネット上に情報が溢れている状況にある。日本ですらこのような状況なのだから、韓国ではどうか、推して知るべしだろう。

3　東京に比べて卓越したソウルのイメージ形成

◎観光はメディアが創った都市イメージを確認する作業

都市イメージの形成と伝播には、メディアの力が大きい。実際にイメージ先行型の都市もある。そのような都市は、住んでみたら話はまた別なのだが、メディアによって創られたイメージがわかりやすいことが特徴である。観光都市としての魅力にも溢れていることが多い。

都市名を聞いて、シンプルにイメージが思い浮かぶ都市といえばいいだろうか。札幌でいえばテレビ塔、大通《おおどおり》公園、時計台、京都でいえば清水寺、金閣寺などの寺社仏閣、神戸でいえば港湾風景、北野異人館などが浮かぶ。パリのエッフェル塔、ニューヨークの摩天楼、ロンドンのロンドンブリッジ、東京の東京タワー、東京スカイツリーなども同様だ。

都市のイメージに関しては古典的な研究になるが、ケヴィン・リンチの研究が原点的な位置付けになるだろう。彼は都市の環境イメージを「アイデンティティ（identity）：そのものであること」「ストラクチャー（structure）：構造」「ミーニング（meaning）：意味」の３つの成分に分析した（『都市のイメージ（新装版）』丹下健三／富田玲子訳、岩波書店、２００７年）。とくに『都市のイメージ』では、アイデンティティとストラクチャーのふたつに絞り込んだ。そして5つのエレメントに注目する。

5つのエレメントとは、以下のように説明される。

①パス（path）は道路、人が通る道筋を指し、具体的には街路、散歩道、運送路、運河、鉄道などを示す。

②エッジ（edge）は縁、つまり連続状態を中断するもの。地域の境界を指し、具体的にはパスにならない鉄道路線、海岸、崖などである。

③ディストリクト（district）は地域、比較的大きな都市地域（部分）を指し、その内部の各所に同質の特徴がある地域を示す。

④ノード（node）は接合点、集中点のことで、重要な焦点、つまり交差点、広場、ロータリー、駅などのことである。

⑤ランドマーク（landmark）は目印であり、外部から見る道標。比較的離れて存在する目印のことで、建物、看板、モニュメント、山などを示す。

前述の例は、⑤のランドマークに当てはまるのだろう。

観光学の領域では、ダニエル・J・ブーアスティンが想起される。

彼は、メディアの変化がイメージの大量生産をもたらし、人々の想像力にも真実らしさの観念にも決定的影響を及ぼしたとして、大衆の欲望に合わせてメディアが製造する「事実」のことを「疑似イベント」と呼んだ。つまりブーアスティンは、写真・映画・広告・テレビなどのさまざまなメディアにより創られたイメージのほうが、現実より現実感を持つとする。観光はそのようにメディアに創られたイメージを確認するためのものだけになっていると指摘し、かつツーリストたちもそれを望んでいるとした（『The Image: A Guide to Pseudo-events in America』１９６２年、邦訳『幻影の時代―マスコミが製造する事実』星野郁美・後藤和彦訳、東京創元社）。

つまり、観光においてのメディアの果たす役割が増大し、従来のマスメディアに加えてソーシャルメディアの浸透により、現代社会は情報の氾濫の状況を迎えている。リアルとヴァーチャルのデュアル化が生じているという見方もできる。

観光文脈においても、リアルな観光行動を発展させず、ヴァーチャルのみで完結させるという形態が生じているのは紛れもない事実だろう。観光産業そのものが、今後、新たな局面の理解を余儀なくされていくのかもしれない。

韓国のコンテンツは前記のような都市、地域イメージを増幅、拡散させる役割を果たしている。先に触れたノンナレーションまち歩き動画も同様だが、この部分でも韓国の現状には注目すべきだ。日本では確かにマンガやアニメ作品を介して、東京をはじめとした個々の場所に関する情報発信はなされているが、実写ベースでいうと韓国に後れを取っているという印象は拭えない。

◎制約が多い日本のロケ

日本でのロケは制約が多いという話をよく聞く。例えば三池崇史《みいけたかし》監督の『藁《わら》の楯』では、アクションシーンで新幹線の使用の許可が下りずに台湾で撮影した。また、マーティン・スコセッシ監督の『沈黙－サイレンス－』は遠藤周作の原作だったが、やはり台湾を中心に撮影がなされたという。

映画全盛期にはカースタントも街中で実施されたりしていたが、現在では安全面や道路封鎖の困難さから、次第にそのようなシーンは減少の傾向にある。

とはいえ、決してロケに関しての体制構築がないがしろにされていたわけではない。20世紀後半には個々の地域での胎動があり、2000年に日本初のフィルムコミッション（地域活性化を目的として、映像作品のロケーション撮影が円滑に行われるための支援を行う公的団体）、大阪ロケーション・サービス協議会が設立されてからは、全国規模でフィルムコミッションの整備が進められ、2021年にはフィルムコミッションが約350

団体を数えるようになった。また同時に、フィルムコミッションが関わるロケ撮影作品数も大幅に増加した。現在では、実写作品の大半がフィルムコミッションの支援を受けている。

とはいえ、日本では、各フィルムコミッションもしくは観光振興を目的とした観光協会などの外郭団体で運営されていることが多く、アメリカのフィルムコミッションのように道路封鎖まで行うことができる権限を有してはいない。

2009年に各地のフィルムコミッションの連絡機関として、「特定非営利活動法人ジャパン・フィルムコミッション」が設立されているが、すべてのフィルムコミッションが加入しているわけではない。あくまでも任意団体であり、基本的にはロケ誘致、サポートに関しては個々のフィルムコミッションが担うことになる。

ただ、この一連のフィルムコミッションには都道府県ほぼ全部に相談窓口が設置されており、そこから個々のフィルムコミッションを紹介する形が一般的になってきた。

東京都のフィルムコミッションについては、石原慎太郎都政の時代に積極的な対応を見せた。石原は映画自体を産業として捉え、映画のロケ誘致に伴う雇用確保、行政の収入増加も念頭に置いていた。ロケ手続きの簡素化が一元的にできるように、2001年には大阪に続く形で、東京都が所管するフィルムコミッション「東京ロケーションボックス」を開設している。

しかし現実的には、十全に機能しているとはいえないだろう。石原は2000年、東京国際映画祭で「銀座でカーチェイスを！」と述べたが、依然として手続きは煩雑な部分が残っており、カーチェイスのできるまちからはほど遠い。国のスタンスもまだ見えない。

◎国の支援で海外からのロケ地としても好評な韓国

一方、韓国ではロケ誘致は国を挙げて支援している。アメリカのマーベル作品をはじめとして結果も伴っており、２０１８年のマーベル映画『ブラックパンサー』は釜山でカーチェイスシーンを撮影している。製作スタッフは２週間、釜山でロケを敢行し、監督もロケ地としての釜山を絶賛している。

韓国には「韓国映画振興委員会」と呼ばれる特殊法人がある。行政機関による映画振興を目的としたもので、１９７３年に設置された。設置当時は映画振興公社と呼んでいたが、１９８４年に韓国映画アカデミーになり、１９９７年に南揚州総合撮影所の設置などを経て、１９９９年に現在の呼称に変わった。２００６年の「映画およびビデオ物の振興に関する法律」の改正に伴い、映画発展基金を管理運営することとなった。

海外でよく見られるインセンティブ的な補助金を提供する機能も持っている。コンテンツ振興院同様、この機関も韓国政府の文化体育観光部の傘下にあり、２０１３年には公共機関の革新都市移転計画により、ソウルから釜山に移転している。

１９７０年代末まで韓国は軍事政権下にあり、国外の文化の輸入にも大きな制限がかかっていたが、韓国映画振興委員会のこれまでの一連の流れは、韓国の文化開放の道筋に沿った展開になっているといえるだろう。

このような背景から、実写作品において、韓国と日本には大きな差が生まれている。端的にそれを示す例を挙げれば、日本では渋谷のスクランブル交差点の撮影許可を取るのが難しいために、栃木県足利市にリアルサイズでのロケセット「足利スクランブルシティスタジオ」が作られている。このことからわかるように、やはり東京のまちなかでのロケは難しいのだ。

しかし、アニメの中では克明に東京のまちが描かれている。海外では東京はアニメの中のまちのイメージになっているのかもしれない。半面、ソウルはドラマや映画の中に現実の姿で頻繁に登場する。

都市イメージの形成においては、やはり実写作品の中に登場してこそ、リアリティを喚起できる。そういう面で捉えると、すでに韓流ドラマが世界を席巻する現在、東京よりソウルにアドバンテージがあると見ていいのかもしれない。K－POPをはじめとしたほかのコンテンツの情報発信もそれを補完している。

4　韓国コンテンツの新たな展開

◎デジタルニューディール2・0

韓国では現在、「デジタルニューディール2・0」という政策が進められている。「デジタルニューディール」は、２０２０年7月に打ち出された、新型コロナウイルス後の時代を見据えてデジタルインフラやビッグデータ産業の育成を目指す「韓国版ニューディール」の一環である。２０２1年7月に項目が追加されて「韓国版ニューディール２・０」にアップデートされたことを受けて、デジタルニューディールもメタバースなどハイパーコネクテッド新産業を育成するという課題を追加し、２・０へと進化している。

韓国コンテンツ振興院によれば、韓国の科学技術情報通信部は２０２２年3月21日、「デジタルニューディール２・０」事業の「メタバース新産業先導戦略」の後続措置として、計１０００億ウォン規模のメタバースＭ＆Ａファンドを造成すると発表した。これにより、メタバース関連の中小・ベンチャー企業の競争力を強化する方針だ。

Ｍ＆Ａファンドは計１０００億ウォン以上のファンド造成を目標に、政府が６００億ウォンを出資し、民間出資も４００億ウォン以上を誘導する計画だという。これにより、メタバースサービスを実現する主要基盤技術を保有する中小・ベンチャー企業が、事業領域および規模を拡大し、グローバル競争力を備えた中核企業として成長できるよう支援する。

メタバースに関しては、Ｆａｃｅｂｏｏｋが社名をＭｅｔａに変更したことに象徴されるように、世界中の企業が関心を深めている。日本の企業もさまざまな施策を試みているが、今後、この分野の成長によって、エンターテインメントのみならず消費社会の変化が予想されている。メタバースはいわゆる仮想現実を意味するが、エンターテインメント分野が主戦場になるとして、観光にも影響が少なくないと見る向きもある。

メタバースは3DCGで構築された仮想空間の中に、各人がそれぞれのアバター（分身キャラクター）となって参加し、コミュニケーションを図ったり、また商品の販売、購入などの行為を行ったり、さらにはもうひとつの生活空間として楽しんだりするものと規定されている。まだまだ助走期間ではあるが、次第に具現化しつつあるというのが現状だ。

◎メタバース、コンテンツ、観光の三位一体が実現

韓国政府のメタバース施策について、さらに詳しく見ていこう。2022年には文化体育観光部が、世界中の韓流ファンがメタバースに集まることを可能にする「K－メタワールド」の構築を目指すと発表している。これは世界中で認知度の高いIPと連携し、ファンやアーティストなどがゲームを通じて韓国文化を享受できるというものだ。

「K－メタワールド」の構築には19億ウォン（約1億8400万円）を投入、そして各分野の特性を考慮したメタバースコンテンツ制作のため、114億ウォン（約10億9600万円）の予算を投入する。まずはゲーム・アニメ・実感コンテンツ分野において44億ウォン（約4億2300万円）の予算を投じ、PC・モバイル・クラウドゲームやアニメなど実感コンテンツのメタバースコンテンツへの移行を支援する。

またファッション分野では、メタバースを活用したK－ファッションコンテンツ制作と仮想売場運営・広報マーケティングを支援するため23億ウォン（約2億2100万円）を支援する。メタバース基盤の伝統文化体験コンテンツの開発・普及には30億ウォン（約2

億８９００万円）、メタバース活用芸術プロジェクト支援にも17億ウォン（約１億６４００万円）の予算が策定された（「wowKorea」２０２１年12月23日付）。

文化体育観光部傘下の海外文化広報院でもメタバースに着手し、「コリアワールド」をオープンしたという。これはメタバース上のオンライン展示館で、国際コンテンツ公募展「トークトークコリア２０２１」の応募作約４万点のうち本選に進出した１４０作品に加え、外国人の韓国文化広報専門家であるコリアネット名誉記者団やＫ－インフルエンサーなどの優秀作品、海外文化広報院50周年記念館など、外国人の目から見た斬新で多彩なコンテンツを鑑賞できる。

また韓国では国家観光戦略会議を開き、「観光産業の回復および再飛躍」策を策定、韓国政府が訪韓観光客の誘致を目的に、世界中で圧倒的な人気を集める韓国音楽グループのＢＴＳやＮｅｔｆｌｉｘのオリジナル韓国ドラマ『イカゲーム』などを活用した観光コンテンツを作成し、仮想空間メタバースでのデジタル観光の開発にも取り組むとしている。

そして観光の未来をリードするという趣旨で、「知能型観光」のエコシステムを整備する計画だ。その一環としてメタバースのプラットフォームに、韓国の主要観光スポットや人気映画・ドラマのロケ地などを取り入れた「韓国観光ユニバース」を構築する方向性も打ち出している。

メタバース、コンテンツ、観光の三位一体の政府を軸にした政策が、すでにさまざまな形で動きだしている点は瞠目《どうもく》に値する。日本でも政府が動きだしており、また民間企業も同様だが、韓国のようなダイナミズムを予感させる印象を創出させてはいない。

例えば、この流れはリアルな観光地である光化門《クァンファムン》広場にも援用され、2022年からさまざまな体験型アート、デジタルイベントの総称「光化時代」が開催されている。

そこで展開されている「光化園」は、癒やしと瞑想をテーマにしたメディアアートデジタル庭園で、誰でも予約なく自由に観覧できる。1作品3～4分の映像が複数用意されていて、30分程度の幻想的な時間を楽しめる。

「光化人」は世宗《セジョン》大王、SHINeeのミンホなどのAI（人工知能）ヒューマンと対話ができ、日本語・韓国語・英語・中国語の4カ国語で韓国の文化遺産の見どころが学べる。

そのほか、「光化電車」は、光化門の歴史と体感技術が組み合わさったアトラクション型のCG映像体験プログラム、「光化樹」は世界中の人たちの考えと感情をリアルタイムで反映するAR（拡張現実）認識造形物、「光化談」は光化門とAR技術が合わさったオンライン・オフラインゲームコンテンツ、「光化壁画」は近隣の大韓民国歴史博物館の外壁に設置された大型電光掲示板で、最新の3D技術を用いた作品映像が鑑賞できるというものだ。

このような実感コンテンツの制作を支援するため、国立文化施設に155億ウォン（約14億9100万円）、民間に83億ウォン（約7億9800万円）が投入されている。

第6章

韓国ドラマが日本人を魅了する理由

1　移り変わる韓国文化への関心

◎韓流ブームは中高年から若者へ移り、再び中高年に

２０００年代に入って、『冬のソナタ』のヒット以降、日本人にも韓国に親しみを持つ人々が増えた。例えば２００９年の内閣府調査によれば、「韓国に親しみを感じる・どちらかというと感じる」という意見は過去最高の63・１％を記録、「韓国に親しみを感じない・どちらかというと感じない」とする意見は34・２％だった。

また、２０１０年のＮＨＫとＫＢＳの共同調査では、韓国を「好き」が12％、「どちらかといえば好き」が50％と、「親韓」が過半数になっている。韓国を「好き（『どちらかといえば好き』も含む）」は、年齢層別では、20代69％、30代70％、40代70％、50代64％、60代59％、70歳以上47％であり、若い世代ほど、韓国を「好き」「どちらかといえば好き」と答える傾向が目についた。

しかし、この風潮はときに政治的な日韓の対立により、大きく揺らぐこともある。２０１２年８月、李明博《イミョンバク》大統領（当時）は、低迷する政権支持率を回復させるため、竹島への上陸や天皇への謝罪要求など反日姿勢を繰り返した。それにより、これまで親韓に向かっていた日本人の感情は反転し、嫌韓に向かっていった。次の朴槿恵《パククネ》大統領、さらに次の文在寅《ムンジェイン》大統領も反日路線を継承したため、さらに深刻な状況に陥っていった。

とくに文在寅政権の時代は、慰安婦問題日韓合意の事実上の破綻や元徴用工問題などがあり、日韓関係は戦後最悪ともいわれた。

ただ、日本の若者の多くは、それはあくまで政治の問題であると捉え、多少の影響は受けたものの、Ｋ－ＰＯＰや韓流ドラマなどは一定の支持を受けていた。現在では韓国に留学する大学生も増えており、彼らの関心はコスメや韓国料理、食材など、ポップカルチャー以外にも向けられている。その関心度の高さは東京の新大久保に行ってみるとよく理解できるかと思う。

つまりどちらかといえば、韓流ブームは当初は『冬のソナタ』にハマった中高年層が牽引し、その後はＫ－ＰＯＰの認知度が高まるにつれ若者が主役になったといえよう。

現在では、パンデミックの巣ごもり需要によるＮｅｔｆｌｉｘの普及に伴い、韓流ブームは再び中高年層に拡張し始めている。

◎相互理解のツールとしてのコンテンツ

ましてや、２０２２年には文在寅から尹錫悦《ユンソンニョル》に大統領が代わった。日韓の関係修復に積極的に取り組むとしている尹錫悦大統領の就任は、追い風となるかもしれない。もっとも、就任後にスタンスが変わるということもよくあって予断を許さないので、諸手を挙げて喜ぶというわけにもいかない。

しかし、国際社会がパンデミックとウクライナ問題によって既存の枠組みで捉えることができなくなってきている昨今、改めて相互理解のうえで日韓関係が再構築されることを願わずにいられない。いつまでも「近くて遠い隣国」のままでは、不自然すぎるだろう。

その相互理解のための重要なツールが、コンテンツをはじめとしたポップカルチャーである。いわゆる庶民レベルで相互理解を深めるということになるが、政治レベルとは違った局面で互いの関心を喚起できれば、その意味は大きいだろう。

もちろん日本にも韓国にも、歴史問題はそれぞれの解釈の齟齬《そご》から根深く存在しており、それほど簡単に関係が修復されるわけもないが、庶民レベルでの相互理解を促進することによって、時間をかけて丁寧に修復を図ることができれば幸いだ。

本章では、ドラマで描かれるテーマなどを中心に、日本と韓国の文化的な相違について見ていこう。

2　日本のドラマにはないもの

◎日本よりホームドラマが根強い人気の韓国

韓国ドラマで特徴的によく描かれるのは、家族、貧富の差、学歴社会、汚職、隠蔽、隣国との緊張などについてだ。

家族問題については、核家族化した日本でもたびたび描かれはするものの、韓国のほうがより濃密なように思える。

日本ではホームドラマの代表作として、1990年から2011年まで放送された橋田《はしだ》壽賀子《すがこ》脚本の『渡る世間は鬼ばかり』(TBS)がよく挙げられるが、実はホームドラマの全盛期は1960年代から1970年代にかけてで、『七人の孫』(TBS、1964～1966年)、『ただいま11人』(TBS、1964～1967年)、『肝っ玉かあさん』(TBS、1968年)や『ありがとう』(TBS、1970～1975年)などが高視聴率を稼いでいた。

久世光彦《くぜてるひこ》が演出した『時間ですよ』(TBS、1970年、以降、数度シリーズ化)、『寺内貫太郎一家』(TBS、1974～1975年)などもホームドラマの範疇《はんちゅう》に入る作品だろう。

しかし、高度経済成長からオイルショックを経て、家族のあり方に変化が生じていく。大家族制は崩壊し、核家族へ移行、家族はもとより親族間の関わりも希薄化していった。そして家族が強く描かれることはなくなり、1980年代後半からバブル経済を背景に、若者たちを描くトレンディドラマの時代が到来することになる。

一方の韓国では、1980年代以降に近代化が急速に進み、経済が飛躍的に発展した。現在の韓流ドラマの流れが形成されたのは1990年代のことだとされる。日本と同様、トレンディドラマがひとつの流れを形成したが、その一方でホームドラマが命脈を保ったのは、急成長の陰でさまざまな社会的事件が多発し、世情の不安定さが顕在化、従来の家族関係にも変化が見られるようになった反動で、視聴者がホームドラマに逃避したからだ。

そして、1990年代の後半にはアジア通貨危機に端を発するIMF危機に見舞われ、雇用が揺らぎ家族崩壊も続出したため、やはり逃避場所としてのホームドラマが支持を集めた。もちろん、こうした背景に韓国人の儒教的思想があることも否定できない。日本では形骸化したホームドラマが韓国ではまだひとつのジャンルとして存在し、他ジャンルのドラマでも、とりわけ家族愛が強調して描かれることも多い。

以上のように、家族愛は韓国ドラマのひとつの特徴であるが、貧富の差を描く場合にも家族愛は強調される。映画『パラサイト』がその典型的な一例であろう。

◎韓流ドラマに見る韓国の格差社会

IMFによれば、日本は2018年に1人あたりのGDP（2017年の物価水準で見た購買力平価）で韓国に追い抜かれ、その後も差は拡大している（次ページ［図16］）。もともと、2020年代に韓国が追い抜くと予測する機関や識者が多かったが、実際にはそれより早く抜かされてしまった。

韓国の経済成長は著しい。1990年に8353ドルだった韓国の1人あたりのGDPは、この30年間で5倍以上になった。

一方、日本の1人あたりGDPは2000年に世界2位（名目）だったが、2021年には27位まで下がった。日本の1人あたりGDPは、2007年まではOECD平均を上回ったが、2008年以降、12年間も平均を下回っている。

[図16] 日本と韓国の1人あたりGDPの推移
（物価水準で見た購買力平価）

	2018	2019	2020	2021	2022(予)
日本	41,722.89	41,936.73	40,048.32	41,507.42	42,730.63
韓国	41,993.05	42,764.60	42,297.76	43,780.33	44,981.52

単位：ドル

出典）International Monetary Fund, World Economic Outlook Database April 2021

もちろん統計の取り方によって、1人あたりGDPで日韓はまだ逆転していないとするものもあるが、いずれの場合でも数年以内に逆転すると予測されている。

IMFが発表した2021年の世界各国のGDPでは、1位アメリカ、2位中国、3位が日本だが、日本はすでにアメリカの約4分の1以下、中国の約3分の1以下だ。韓国は10位で日本の3分の1を超えてきている。

いずれにせよ、日本経済が退潮にあることは間違いなく、今後の地位の低下も予想されている。

以上のように韓国の経済発展は日本を凌ぐ勢いだが、ただ貧富の差は大きく、それが韓流ドラマにも反映されている。またそこに学歴社会が色濃く反映されたり、地域格差も顔を覗かせたりする。

映画『パラサイト』は、韓国の格差社会を見事に描いた作品のひとつだ。貧しい半地下の家に住む主人公一家と、高台の豪邸に住む一家の対比が上手に描かれていた。

2016年放送の『上流社会』は、韓国有数の財閥の令嬢が社会勉強としてデパートの食品コーナーでアルバイトをするところから始まるが、江南区駅三洞《ヨクサムドン》にあるラウムアートセンターが彼女の住む豪邸として使われた。これに対して彼女の友人は、オクタッパンと呼ばれる屋上の部屋に住んでいるという設定だった。オクタッパンというのは、オーナーが賃貸を増やすために屋上に増築した部屋で、寒暖の差も激しく住環境としては恵まれていない。

このように韓流ドラマでは、貧富の差の象徴としてそれぞれの住宅が描かれることが多い。

個人的に印象に残るのは、『マイ・ディア・ミスター～私のおじさん～』で描かれるIU演じるヒロインの家だ。不法な借金を抱えて祖母と同居しているという設定だが、ロケ地は仁川《インチョン》の貧民層が住むタルトンネと呼ばれる界隈である（145ページ地図参照）。タルトンネとは、貧民層が住む界隈の総称であり、どこの都市にも存在しているが、近年では再開発によって姿を消すケースも多いと聞く。

◎学歴社会もドラマに色濃く反映

2018年から2019年にかけて放送された『SKYキャッスル～上流階級の妻たち～』も高視聴率をあげて話題になった作品だが、大学病院関係者のみが入居を許された高級住宅街に住む上流階級の子供たちの進学にまつわる人間関係を描いたものだ。

タイトルにあるSKYとは、ソウル大学校、高麗《コリョ》大学校、延世《ヨンセ》大学校の頭文字であり、韓国ではこの3つの大学のいずれかを卒業しないと、好条件の就職はできないともいわれる。

ユネスコの調査によれば、韓国の大学進学率（短大含む）は98・45％（2019年）、同じ調査における日本は64・10％（2018年）と大きく水をあけられている。韓国の高学歴社会は以前から注目されていたが、それによって大学間格差も生じ、「SKY」に代表される最上位校を目指して激烈な受験戦争が繰り広げられている。また、ソウルの大学の優位性もあり、地方都市の大学では就職のみならず、就職後にも不利だといわれる。

これだけの大学進学率を誇る韓国で、格差が生じているのだ。つまり、ピラミッド社会が成立しているともいえる。

韓国の高校は8時間目までの授業の後に補習があるのが一般的で、放課後というものがなく、部活動がない高校がほとんどだ。例えば、日本では野球部がある約3900の高校が日本高等学校野球連盟（高野連）に加盟しているが、韓国で野球部がある高校は約80校だという。部員の数も日本は約13万8000人だが、韓国は3200人程度らしい。

ドラマ『二十五、二十一』のヒロインは高校のフェンシング部に所属しているが、おそらく韓国全体の高校生からするとレアな存在なのだろう。ドラマでは、彼女は一部の授業を免除されている。スポーツで期待される高校生はそういう特別待遇があるのかもしれない。しかし韓国の高校生の大半は、高校時代のすべてを受験準備に費やす。

OECDによれば、2018年の韓国の相対的貧困率（所得がちょうど中間の人の半分未満の割合）は16・7％で、42カ国中で4番目に高い水準だった。とくに高齢者の貧困率が高いのが特徴だ。17歳以下が12・3％なのに対し、高齢者は43・4％に達している。もっとも、日本の相対貧困率も12位の15・7％で、数値としては韓国とは大差はない。

フランスの経済学者トマ・ピケティなどが運営する「世界不平等研究所」によると、2021年の韓国では、上位1％の富裕層の所得が国民全所得に占める割合は14・7％だった。上位10％の富裕層で見ると全体の46・5％を占めているという。相当な格差社会だといえる。韓国で格差が生じる原因になっているのは、大企業と中小企業、非正規労働者の賃金水準の差が広がっていることだ。

韓国雇用労働部の調査によれば、大企業に対する中小企業の賃金水準は、2000年に65・0％だったものが、2021年には54・5％に下がっている。また、正規労働者に対する非正規労働者の賃金比は2021年には53・0％で、やはり大きな格差が生じている。

ただ格差社会については韓国だけではなく、日本も同様に問題となっている。貧困がニュースの話題になることもしばしばだ。しかし、日本のドラマでは依然として中間層を軸にしたものが多いような気がする。日本人は鈍感になっているのかもしれない。経済指標を見れば停滞というよりも下降線を辿っていることは明らかだが、深刻には受け止めていないとも見てとれる。韓国では政治も含めてデモがしばしば起こる。これは国民性といってもいいのだが、日本人は大抵、羊のように沈黙することが当たり前になっている。

◎社会正義をドラマに求める風潮

ここ数年、韓国で視聴者の人気を得ているジャンルとしては、犯罪を追う捜査劇や権力の不正、汚職、隠蔽を暴く社会派などのミステリーサスペンスがまず挙がる。韓国でジャンルに特化した「ジャンルもの」と呼ばれるドラマが数多く作られるようになったのは、2016年にtvNで放送された『シグナル』からだといわれている。1台の無線機を通して時空を超えて繋がった二人の刑事が未解決事件に挑んでいくストーリーだが、この作品は日本でもリメイクされて評判となった。

2017年にOCNで放送された『ボイス～112の奇跡～』は、ひとりのボイスプロファイラーを中心に事件を解明する刑事たちの物語だが、2021年にはシーズン4まで制作されているヒット作だ。こちらも日本でリメイクされている。

また、2017年のtvN『秘密の森～深い闇の向こうに～』は、検察や警察内部の不正を暴くために検事と刑事が権力に立ち向かうというストーリーだが、こちらも2020年にシーズン2が制作される人気作となっている。

これらはラブロマンス、ラブコメディとは対極の位置にあるが、ともに韓流ドラマの人気ジャンルになっている。

日本でもこの類のテーマの作品は多いが、韓国で多くの視聴者の共感を得ているのは、現実社会でも「闇」が顕在化しているからなのだろう。ただ韓国のドラマは巧妙で、手の込んだ脚本と芸術性の高い映像美、そして豪華なキャスティングなど、映画並みのクオリティの高さを誇ってもいる。この点では幾分、日本の同ジャンルのテレビドラマは水をあけられてしまっているように思う。

◎日本にはないリアリティの軍事ドラマ

また、隣国の北朝鮮との緊張関係がテーマとして描かれることも多い。韓国の分断国家としての性格からだろう。韓国ではいわゆる「太陽政策」により、北朝鮮に対する融和努力が見られることもあるが、やはり緊張状態にあることに変わりはない。そのことは板門店《パンムンジョム》が象徴している。

2016年にKBS2で放送された『太陽の末裔』では、冒頭で北朝鮮軍と韓国軍の水面下での対峙が描かれており、また、『愛の不時着』は韓国の財閥令嬢と北朝鮮の軍人との恋の物語だ。かつてのヒット映画『シュリ』も同テーマだった。

政治は動くが、韓国と北朝鮮は緊張関係のままだ。日本ではあまりリアリティが感じられないかもしれないが、実際に韓国では、北朝鮮から40キロメートル程度の距離にあるソウル市内の地下街、地下鉄、地下駐車場、トンネルなど、約4000カ所がシェルターに指定されており、全国ではシェルターが約3万カ所あるといわれている。シェルターには懐中電灯が約50メートル間隔で設置されており、防毒マスクや防護服なども用意されている。

考えてみると、韓国と北朝鮮は休戦中なだけで、まだ戦争中なのである。近年では幾分、緊張感は薄れ、以前は毎月行われていた防空・民防訓練は、現在、ソウルでは年に１回15分の実施になっており、その２、３日前には主要道路沿いに「民防の日」を知らせる旗が掲げられるという。

日本で避難訓練といえば、地震などの災害に備えるという意識のほうが高い。実際には日本も地政学的には北朝鮮のみならず、周囲に中国、ロシアなどの大国もあり、政治的にも安全保障上も難しい位置にはあるが、韓国ほどのリアリティはない。

ソウル市内では軍服姿の軍人を見かけることがあるが、東京ではほとんどない。韓国以外の国でもしばしばまちなかで軍人が視野に入ることがあるが、日本では横須賀などの特定の都市や自衛隊の基地の近隣以外では見かける機会は滅多にない。

韓国では、軍隊そのものもよくドラマで描かれる。チョン・ヘイン主演の『Ｄ.Ｐ.―脱走兵追跡官―』などがその代表作だし、徴兵制があることで、生活の延長線上に軍隊があるという捉え方もできるだろう。基本的に男性は満年齢で18歳以上が徴兵検査対象者となり、19歳で兵役判定の検査を受ける。大半の大学生は大学１年生の終了後、２年生になる前に休学して兵役に就く。

１年間に約40万人が徴兵検査を受け、そのうち約35万人が兵役に就く。徴兵では陸軍、海軍、空軍、海兵隊に分かれて配属される。陸軍と海兵隊は18カ月、海軍は20カ月、空軍は21カ月の服務期間になっている。

ただ、最近ではＢＴＳのメンバーの兵役免除などの議論も活発化している。また宗教的拒否も増えていて、徴兵を拒否すると刑期が生じるのだが、それを選択する若者も少なくはない。国会でも徴兵制から志願制に移行する議論が行われているが、韓国も少子化社会なので現実的にはなかなか難しいのかもしれない。

3 エンタメの中の感動

◎物語を消費する時代

エンターテインメント産業は換言すれば、「感動産業」と呼べるかもしれない。ユヴァル・ノア・ハラリの『サピエンス全史』（2011年）は、日本でも邦訳書が刊行され、大きな注目を集めたが、そこで語られたひとつの論点として、サピエンスはフィクションを生み出し、それをみんなで共有し力を合わせるようになるということが強調されていた。物語を創る行為もここに依拠しており、韓流ドラマや一連のコンテンツ作品も物語性を伴っている。そして人々はその物語に没入し、共感し、感動を覚えるのだ。

コンテンツは、ビジネス面では確かに「ワンソース・マルチメディア」という戦略に紐づいて高付加価値を生み出すが、その物語性を外すことはできない。

大塚英志《おおつかえいじ》は『物語消費論―「ビックリマン」の神話学』（新曜社、1989年）で、コミックやアニメ、玩具といった商品に見られる消費形態は、商品そのものが消費されるのではなく、それらを通じてその背景にある物語が消費されている点を指摘した。

その後、東《あずま》浩紀《ひろき》は『動物化するポストモダン―オタクから見た日本社会』（講談社、２００１年）で、「データベース（ＤＢ）消費」という概念を提示し、作者や制作者が意図する物語から、雑然とした情報が集まるＤＢが背景に存在するという方向に向かうとした。そこには厳密な計算はなく、消費者が読み取る点に特徴があるという。

つまり、１９８０年代から２０００年代に時代が進むにつれ、インターネットの普及などもあって消費者の多様化が進み、二次創作含め小さな物語が無数に生まれ、本物と偽物の区別もつきにくくなった。現代ではフェイクニュースも氾濫し、まさにハラリのいうようにフィクションの時代になっている。コンテンツはフィクションの産物である。韓国の目の付けどころは正しかったのかもしれない。人々はそのフィクションであるコンテンツの中に真実を見出す。換言すれば、それは感動なのかもしれない。

人々が失ってはいけないものが感動だ。そして、それを共有することによってコミュニティが生まれる。コンテンツの効用はそういうところにある。たとえそれがＤＢ消費であれ、何らかの感動、心の動きは伴っていくに違いない。この点に注目してマーケティングの分野でも物語戦略が提唱された。もちろん、根底にはモノではなく物語を売ることで、独自化、差別化を図るということがあるのだが、近年では企業ブランドを確立させる手法としても活用されている。

内田和成監修『物語戦略』（日経ＢＰ、２０１６年）は、企業のシンボリックストーリーを中心に議論したものだが、そこで提唱されるストーリーとは、①企業の強みを象徴している、②企業の戦略方針に合致している、③思わず人に話したくなる、というものだ。物語は競争戦略やビジネスモデルと結び付いて、顧客や従業員をはじめとしたステークホルダーを惹きつける力を持っているとされる。

また、楠木建『ストーリーとしての競争戦略—優れた戦略の条件』（東洋経済新報社、2010年）では、優れた競争戦略は論理的に無理のない、良質のストーリーとして語られなければならないという主張のもと、具体的な企業を事例に挙げて解説しており、そのストーリーの本質は部分の非合理性を全体の合理性へと転化することだとしている。部分、部分は一見すると辻褄《つじつま》が合っていないようだが、全体を通して見ると辻褄が合うということになるだろうか。

◎物語が可能にする感動の共有

前記のように、物語はその本質を超えた形でマーケティングの世界でも援用されている。まさに物語が持つ力だといえよう。

そういう意味で捉えると、韓国はその物語の力を高めようとしているのではないだろうか。それは筆者の思い過ごしかもしれないが、古今東西、物語を持つ国は強い。それは絶えず人々の心のよりどころになるからだ。

その根源が感動である。心を揺さぶられることで人は何かを発見し、成長する。そして付加価値として、ほかの人との感動の共有が可能になる。これもまた物語の力だ。例えば地域において、その地域特有の物語を有しているところも多い。また、その地域出身の著名人の物語を共有することによって、精神的な基盤を形成しているところも少なくない。

宮沢賢治の故郷・岩手県花巻市などが代表的な例だろう。「雨ニモ負ケズ」の詩が、市民の心のよりどころにもなっている。また全国でも、地域の先人を顕彰するところが増えているが、こうしたことも、物語の共有に拍車をかけているだろう。

もっとも、時間のなかで作られたフィクションも含まれているということを理解しながら、顕彰することも必要かもしれない。

4　今、日本は韓国に何を学ぶべきなのか?

◎プラットフォームを制するものは世界を制する

これまで見てきたように、韓国のコンテンツ戦略は物語を生産すると同時に、プラットフォームの構築を目指しているように見える。それもワールドワイドでだ。K－POPや韓流ドラマはコンテンツそのものとしてはグローバルな認知を獲得しつつある。

JETRO（日本貿易振興機構）が2022年3月に発表した報告書「プラットフォーム時代の韓国コンテンツ産業振興政策および事例調査」は、タイトルからして正鵠《せいこく》を射ているといえる。

そこでは、「デジタルメディア発展案のビジョンは、『革新成長を牽引するデジタルメディア強国』であり、韓国政府は2022年までに『韓国メディア市場規模を10兆ウォンに拡大する』、『コンテンツ輸出額を134・2億ドルに増加する』、『グローバル・プラットフォーム企業を最低5社設立する』ことを目指して韓国メディア産業を支援するとした」と記されており、その前段として、グローバル・プラットフォームであるNetflixによる韓国コンテンツへの投資のプラス面とマイナス面についても言及されている。

Netflixなどのグローバル・プラットフォームを通じて、韓流ドラマの海外市場での認知が高まり、また拡大され、制作会社の収益性改善とグローバル競争力上昇を期待できる肯定的な側面もあれば、コンテンツの著作権が従属されることにより、イニシアティブを持つことができないという否定的な側面もある。ただ、大規模な制作費をグローバル・プラットフォームが負担してくれる面もまた見逃せない。

以前から、コンテンツ産業は流通網を押さえるものが優位になるといわれてきた。放送局を一種のディストリビューションと捉えることも可能であり、音楽産業でも旧来は卸、小売りの流通網を確保することが重要だった。また、デジタル化以降もiTunes Storeから現在のSpotify、Apple Musicなどのストリーミングサービスも同様だ。動画共通サイトではYouTube、TikTok、動画配信でもNetflix、Amazonプライム・ビデオ、ディズニープラスなどがグローバル市場でしのぎを削っている。

◎OTTに対する国の支援体制が整いつつある韓国

前述の報告書は、以下のように述べる。

「韓国のOTT市場規模は2012年1085億ウォンに過ぎなかったが、年平均28％の成長を繰り返し、2020年7801億ウォン規模に7倍以上成長した。Netflixなどグローバル OTTの韓国市場拡大に対抗して、韓国企業も放送会社別、通信会社別、制作企画会社別などで連合してOTTサービスを提供し始めたが、韓国系OTTは各業種別に分かれたため、OTTサービス別に人気コンテンツが分散してしまい、競争力が落ちると指摘されている」

つまり、まだ模索期にあると見てとれる。日本では2007年開始のギャオネクスト（現U－NEXT）が先行し、日本テレビとの合弁であるHulu、主要放送局の共同出資であるTVer、サイバーエージェントとテレビ朝日の共同出資によるABEMAなどがあるが、やはりグローバルな展開はなし得ていない。日本では音楽も映像もパッケージがまだまだ強いことから、OTTへの移行がなかなか難しいといわれているが、とはいえOTTへの転換は時代の趨勢《すうせい》でもあるので、官民一体となった取り組みが望まれる。

韓国ではOTTに対する国としての支援体制も整いつつある。2021年にOTT特化コンテンツ制作支援事業を新設し、ドラマと芸能、ドキュメンタリー分野に15億ウォン規模の支援事業を行ったという。また、文化体育観光部と韓国コンテンツ振興院は事業者間のマッチングのために商談会も積極的に開催し、クラウドファンディングや先に触れたメタバース・プラットフォームの構築、メタバースに対応できる人材育成への支援も行っている。NFTやゲームもその範疇として捉え、日本に先行している。

やはりこの展開の背景には、ここ近年における韓国のコンテンツの海外市場での成功があるに違いない。海外に通用するコンテンツ作品を輩出していることが、ビジネス面での大きな自信になっているのだろう。韓国経済には総じて問題点も多いのだが、伸びるものは伸ばすという〝選択と集中〟の戦略が生きているように見える。

これまでアジアのなかで、日本のコンテンツが優位性を誇っていた。それはポップカルチャーとしても同様だった。しかし、アニメなどで世界的なヒットを作り上げることに成功してはいるものの、コンテンツ全般で考えると、韓国とは勢いが違う。つまりそれはコンテンツ産業のシステムが違うということでもあろう。日本はまだ従来型のシステムから逸脱できず、グローバル化にうまく適応できていないように見える。

この領域ではすでに韓国が先行しているのだとすれば、ひとつのベンチマークとしてもっと学ぶべきなのかもしれない。もちろん、筆者は日本のコンテンツの可能性を否定するものではなく、潜在的な優位性を認めているからこそ、他国に学ぶことも大事なことだと思っているのである。

5　日本のドラマが忘れたディテールへのこだわり

◎ロケの多さがドラマの緻密さを形成

いつの間に韓流ドラマは精緻さを増したのだろう。数々の作品を観て驚きが残る。Ｎｅｔｆｌｉｘとの連携によって制作費が潤沢になってきたこともあるが、比較対象となる日本のドラマに１クール９〜11回の作品が増えていることも関係しているかもしれない。

日本では基本的に１クールは13回だが、改編期に特別番組が放送されるために、それよりは放送回数が少なくなる。一方、韓国のドラマは一般的に16回が基本になっている。それを１シリーズとし、評判次第では続編も制作される。

実際に、それが直接的に影響しているのかどうかはさておき、映像表現の面でのディテールへのこだわりは日本の比ではない。例えば、日本のアニメでは新海誠《しんかいまこと》作品が表現の細かさで高く評価されているが、韓国ドラマはそれと同じ方向を見ている作品が多いという印象がある。

そのひとつは、ドラマ１シリーズのロケ地の多さだ。ロケ地が多いということは、それだけ手間がかかるということだ。当然、予算やスタッフの数も必要になる。しかし、その細かさが韓流ドラマのクオリティを担保しているともいえるだろう。先述したように、それがロケ地巡りの活性化に繋がっていると思われる。

また、ひとつひとつのシーンにも細かい演出が見え隠れする。とくに、雨や夜のシーンでは水溜まりやネオンにまで細かい配慮が見え、ポエジーな意味合いが付加されることもしばしばだ。まるで映画の創り方を踏襲しているようだ。

◎カメオ出演というファンサービスと制作費の問題

キャスティングに関しても、脇を実力者で固め、ヒーロー、ヒロインを際立たせる。そして、韓流ドラマでお決まりのカメオ出演もドラマファンの楽しみでもある。主役級の俳優が1シーンだけ自然に出演するのが、韓流ドラマの定番になっている。例えば『梨泰院クラス』のパク・ボゴム、『青春の記録』のパク・ソジュンのカメオ出演が思い浮かぶ。

時の勢いもあるのだろうが、それに比べて日本のドラマは制作費の削減に頭を痛めているという。韓流ドラマでは、シナリオに合わせて海外でのロケも頻繁に行われている。今の日本では、これは相当に難しいことだろう。キャストの長期拘束も不可欠で、ときには海外のスタッフを使う必要もある。

予算が潤沢というのは制作サイドの大きなアドバンテージになる。そう考えると、日本の現状ではなかなか難しいだろう。国の支援、Ｎｅｔｆｌｉｘのような配信プラットフォームとのビジネス構築などが視野に入ってくるが、まだ明確なビジョンは見えていない。

6　観光における都市の魅力の発信

◎日本でのフィルムコミッションの問題

前述のように、細かく丁寧に表現していくことは、都市の魅力をアピールすることにも繋がっていく。それは決してリアル一辺倒ではなく、演出された映像美という意味合いだ。ソウルは東京に比べるとまちが汚れているという印象は拭えず、ここに日本の優位性がある。

しかし、映像を通じて都市を魅力的に見せる方法はいくつもある。ドラマはあくまでもフィクションだ。演出の妙によって実際よりもそのまちを魅力的に見せることができる。集客人口を増やすためには、いかにその地域の魅力を、メディアやコンテンツを通じてアピールするかが重要になってきている時代だ。そして、そこで発信された魅力が人々を観光に誘う。

都市は観光における重要拠点だ。ただし、前述したように、東京をはじめとして日本の大都市はなかなかロケが難しい点があり、それを解消するためにフィルムコミッションが誕生した。

日本では2000年に設立された大阪ロケーション・サービス協議会がその嚆矢《こうし》とされているが、翌年に全国フィルム・コミッション連絡協議会が設立されて全国的な動きへと波及していく。現在では組織変更し、特定非営利活動（NPO）法人ジャパン・フィルムコミッションへと移行しているが、地域のフィルムコミッションは自治体、観光協会、コンベンション協会、NPO、一般社団法人など、その組織形態はさまざまだ。

フィルムコミッションとは映画のロケ誘致や撮影支援を行う公的機関で、その目的は映画のロケ誘致を行うことで地域活性化、文化振興、観光促進を図ることであり、近年のロケ地巡りの活発化によってフィルムコミッションも必然的に注目されるようになってきたといえる。

しかし日本ではロケ誘致、支援を中心にした性格が強く、例えばイギリスのようなインベストメント（投資）的な性格はほとんど有していない。2008年にイギリスのフィルムコミッションの調査に行ったことがあるが、財源も明確で、個々のローカル・フィルムコミッションのスタッフの数が多くて驚いた。基本的にはNPOの形をとっており、日本に比べて組織的な充実が図られているように見受けられた。

◎日本の実写映画のロケ地巡りの実情

当然、日本のフィルムコミッションのこれからの展開が注目されるが、広義の意味での地域映画にはこのフィルムコミッションの設立が大きな役割を果たしたといえる。かねてから映画のロケ地巡りは観光のひとつの要素ではあったが、1995年『Love Letter』（岩井俊二監督）から2004年『世界の中心で、愛をさけぶ』（行定勲《ゆきさだいさお》監督）を経て、本格的にファンの間で「聖地巡礼」が始まった。前者は北海道小樽市に、後者は庵治町《あじちょう》（現香川県高松市）に大勢の観光客を集めることになったことはよく知られている。

ほかに代表的な作品としては、2004年『スウィングガールズ』（矢口史靖《やぐちしのぶ》監督）、2006年『フラガール』（李相日《リサンイル》監督）、2008年『おくりびと』（滝田洋二郎《たきたようじろう》監督）などが挙げられる。いずれもロケ地巡りの観光客で地域活性化を図った事例として知られている。それぞれに集客面で一定の成果をあげているのだが、東京などではドラマの撮影も含めて、やはりロケ地の選定および撮影許可に手間取ることも多い。前述したように、2019年、栃木県足利市に渋谷スクランブル交差点を再現した映画撮影用のオープンセットが作られた。当初は3作品の撮影が終了する2019年内の解体を予定していたが、その後、要望が多かったことから存続が決まった。

ジャパン・フィルムコミッションの「日本国内におけるロケ撮影の現状と課題」（2017年）によれば、日本では許認可手続きの煩雑さ、国としての窓口の一本化ができていないことが指摘されている。

一方で、韓国では韓国映画振興委員会という行政機関がある。2021年11月12日付の「聯合《れんごう》ニュース」は、韓国政府が韓国の魅力をアピールするため、K－POPをはじめとする韓流コンテンツを積極的に活用すると報じている。

前述したように、日本ではロケにまつわる手続きが煩雑なので、アニメが都市の表現の場になっているという見方も多い。このままでは、東京がアニメの中のまちになってしまうことを危惧しているのは、筆者だけではないだろう。

7　日本のコンテンツ産業はグローバル市場をどう捉えるか

◎過去作品のアーカイブ化が急務

グローバル視点に立つと、2022年のエミー賞で『イカゲーム』が6部門を受賞したことなどと比べて、日本は韓国の後塵を拝している感が否めない。この現状には日本も一定の危機感を持つべきだろうし、韓国ではインバウンド観光戦略において、コンテンツをテコとすべくロケ地の整備が進んでいる点にも留意すべきだろう。逆にいえば、日本コンテンツのアドバンテージがどこにあるのかを、真剣に議論する機会が到来したと捉えることもできる。

ビジネスモデル構築に関しては韓国に先行されているとして、当然、その手法は学ぶべきではあるが、改めて日本のアドバンテージを確認してみよう。日本はコンテンツに関しては長い歴史を持っている。筆者は以前にも文化庁や業界団体に提唱したのだが、海外市場への意識は薄いものの、このコンテンツのアーカイブを利活用できないものなのだろうか。

京都の国際マンガミュージアムをはじめとして、アニメのデータベース化が始まると聞いている。また、現在、1980年代のシティポップスが海外で評価されていることもひとつの指針になるのではないだろうか。まだまだ日本は観光対象としてのアドバンテージを持っているので、この優位性が失われないうちに、何とかそれぞれのコンテンツジャンルでアーカイブ化が進むことを切に願っている。

それは対外的な情報発信の一助になるだろうし、日本国民にとってのアイデンティティ確立にも繋がっていくに違いない。２０２０年、筆者は愛知県庁のヒアリングを受けたが、同県で２０２２年11月にオープンした「ジブリパーク」も同じ文脈にあると考えていい。「ＴＧＳ２０２２」（東京ゲームショー２０２２）でも暫定的ではあるが、「ゲーム歴史博物館」の展示があった。

ただ、いくつか個別の動きはあるものの、国全体の取り組みには程遠い。公的権力が関わることにはさまざまな意見があると思うが、コンテンツを単なる消費財ではなく、文化財として捉えれば、それほどおかしいことではない。日本はコンテンツに関しては、これまで消費財として認知されるのが一般的だった。文化財を大衆文化と換言してもいい。

◎日本の独自性をいかにアピールできるかが鍵

そして、コンテンツはアーカイブとして保存、展示などを行うのみではなく、再活用の方法もしっかりと議論すべきだろう。財である以上は日本の財産であるのだから、リスペクトとともに新たな時代に活用する必要もあると感じる。ヒットした作品にしろ、そこまではいかなかった作品にしろ、これまで数多くのクリエイターたちが膨大な労力で創り上げてきたという事実がある。それが日本の文化のひとつの潮流を形作ってきたことは否定できないし、もっと自覚していい。

もちろん再活用に関しては、著作権に関する議論もデジタル時代に対応することが必須となる。この点について、「初音《はつね》ミク」に見られるような二次創作を含めたビジネスモデルを構築している事例もあるが、あくまで個々の対応になっている。韓国はこの部分も含めて国が関与している。

ただし、海外で成功事例を重ねている韓国を単純に真似するだけではいけない。日本のコンテンツの特徴、比較優位にも目を配りながら、独自のビジネスモデルを構築すべきだろう。日本は海外由来のカルチャーをカスタムメイドする能力には長けている。これまではその利活用の範囲が国内に限られていたが、グローバル化に伴う越境化によって、コンテンツが世界中を駆け巡るのが当たり前の時代だ。

確かに韓国から学ぶべき点は多い。しかし、日本の独自性を持つコンテンツを作り続け、それを通じて魅力ある日本を対外的にアピールすること、これは日本が生き延びるひとつの道だろう。大袈裟にいえば、コンテンツ立国、観光立国ということになるのだろうが、少なくとも日本にはその素地が間違いなく存在するはずだ。

第7章

日本のエンタメ業界から見た韓国ドラマの強さ

岡田幸信

1　韓流5・0

韓国ドラマを筆頭に、映画やK－POPを含めた韓国エンターテインメント・ソフト群―通称「Kコンテンツ」の勢いが止まらない。この10年間、韓国から発信された映像と音楽コンテンツの多くが、本家本元であるアメリカ・ハリウッドの作品を凌駕するクオリティと充実ぶりを誇っている。

日本のエンターテインメント業界で働く関係者は、この数年に及ぶKコンテンツの躍進ぶりには驚愕を通り越し、恐れすら感じている。かつて韓国の「中央日報」は、韓国ドラマによる世界的第1次韓流ブームを「韓流1・0」、K－POPをきっかけとした第2次韓流を「韓流2・0」、そして韓国文化全般に対する韓流ムーブメントを「韓流3・0」と定義付けていた。

この表現をそのまま借り受けるなら、2018年から2022年まで再び世界的流行を記録した韓流ドラマやK－POPの潮流は「韓流4・0」だ。しかも現在、この韓流コンテンツがアジアのみならずハリウッドをも制する勢いで成長し、かつ世界のリーダーたるポジションにまで躍進する2023年度以降を「韓流5・0」とでも命名すべき現象が起こっている。

日本において韓流ドラマの草分けとなったのが、2003～04年の間に放送された『冬のソナタ』だった。あれからわずか20年余りで、韓国ドラマのクオリティはハリウッドにも決して劣らないレベルに到達してしまったのだ。

韓流ドラマの破竹の快進撃ぶりに対し、日本のクリエイターの多くが戦意を喪失するなか、今世紀中に日本のドラマが韓流ドラマのレベルに到達することは不可能、とまで言うテレビマンも少なくない。

こうしたことを書くと、当然のように「この国には、世界に誇れるアニメがあり、多くの原作を保護しているから大丈夫だ……」という声があがるかもしれない。だが、このアニメコンテンツもすでに瓦解状態にあり、アニメ第一国という考えは幻想に過ぎない。

いまやKコンテンツの一角を担っている韓国発のデジタルコミック、ウェブトゥーン（ネット上で公表される、スマホをターゲットにした縦スクロールのコミック）の進化には目を見張るものがあるからだ。コンテンツ開発力の企画力とスピード性において10年後、いや早ければ5年以内にも後塵を拝する可能性が否定できない。２０２８年には韓国の市場規模が３兆円に達するという見通しも出ている。

韓国コンテンツ振興院が発行する「２０２１年下半期および年間コンテンツ産業動向分析報告書」によれば、韓国のコンテンツ産業市場規模は２０２０年の約１２８兆ウォンから２０２１年には約１３６兆ウォン（14兆２４００億円、２０２２年11月現在）と、前年比で６・３％も増加している。韓国内におけるコンテンツ産業の売り上げにおいて最も大きな割合を占めていたのが放送で、22・95兆ウォン（約２億４０００万円）だ。前年比

16・8％も売り上げを伸ばしている。

世界でヒットを飛ばし続ける韓国ドラマは、韓国国内に特需をもたらしている。韓国ドラマが世界で認知されたことで、原作となった小説やマンガ、さらにゲーム産業の売り上げは大幅な伸びを見せた。マンガコンテンツは前年比23・5％、出版16・2％、そしてゲームは9・2％の成長率を記録。放送やゲーム事業とならび出版事業が大きな成長を遂げたのだ。その理由だが、Ｎｅｔｆｌｉｘなどの配信系メディアで韓国ドラマが連続して世界ランキングに名を連ねた結果、世界に通用する〝ドラマコンテンツ〟だと認められたことが影響している。アメリカやイギリス、ＥＵ（欧州連合）諸国などのエンタメ産業界のプロデューサーらが将来のドラマ化を想定し、韓国で出版された小説やマンガの原作権、映画権などを先を争うように購入した結果、出版業界の売り上げが急成長したのだ。

また、韓流ドラマが「配信コンテンツとして面白い＝ヒットする」というセオリーが構築されるなかで、世界中の人々が韓国という国に対し親近感を持ち、文化的背景をより詳しく知ろうとするようになった。その延長線上で、歴史書やガイドブックなどを中心に売り上げが伸びた。新型コロナウイルスが蔓延し、海外旅行などに規制がかけられるなか、世界中の韓流ドラマファンは、ガイドブックを手にしながらドラマを視聴し、コロナ規制解除後に渡韓してドラマのロケ地などを訪問する聖地巡礼を、心密かに待ち望んでいるのだ。

新型コロナが収束すれば、莫大な数の観光客が韓国を訪れるだろう。

[図17] 韓国コンテンツ産業市場規模

（単位：兆ウォン〈四捨五入〉）

分野	2018年	2019年	2020年	2021年
出版	20.95	21.34	21.65	22.11
マンガ	1.18	1.34	1.53	1.89
音楽	6.1	6.81	6.06	6.36
ゲーム	14.3	15.58	18.89	20.62
映画	5.9	6.43	2.99	2.73
アニメーション	0.63	0.64	0.55	0.56
放送	19.76	20.84	21.96	22.95
広告	17.21	18.13	17.42	19.37
キャラクター	12.21	12.57	12.22	12.26
知識情報	16.3	17.67	19.37	21.34
コンテンツソリューション	5.1	5.36	5.64	6.16
合計	119.64	126.71	128.29	136.36
前年比	105.70%	105.90%	101.20%	106.30%

出典）韓国コンテンツ振興院『2021年下半期および年間コンテンツ産業動向分析報告書』

かつて『冬のソナタ』が放映されたときに、どこの誰が今の韓流ドラマの隆盛を想定できたであろうか。まさかあの韓国がエンターテインメント王国になり、エンタメ先進国といわれた日本が負けるとは夢にも思わなかったはずだ。それが現実のものとなった2022年……。

そもそもなぜ、韓流ドラマは日本人のみならず世界中の人々をここまで魅了するのか。本章では、現役のテレビマンなりに分析を試みてみた。

2 韓流ドラマの成長期

まず、韓国エンタメ界の一線で活躍する業界関係者に対する取材を行い、レポートや文献などを読み漁った結果、おぼろげながら見えてきたのが、視聴率データに裏打ちされた熾烈なまでの競争社会（競争）とマーケット至上主義（マーケット）の実態だった。この韓国独特の競争理論がやがては韓国エンタメ界の血となり肉となり、アメリカ・ハリウッドを凌駕するほどに成長していく。

エンタメ界で競争社会の源泉となったのが、リサーチ会社ニールセンコリアを筆頭としたデータマーケティングを是とする制作手法だ。IT先進国である韓国では、日本を凌駕するデータマーケティングが整備され、視聴率＝数字こそが唯一無二の正義としてエンターテインメント界を律している。視聴率は絶対的な神であると同時に富の象徴でもあり、エンタメ界のハイアラーキー（階層構造）を形成しているといっても過言ではない。

そもそも韓国エンタメ界に競争の原理をもたらしたのは、ドラマ『冬のソナタ』の想像を絶する大成功だった。驚くことに、当時の韓国エンターテインメント界で働くスタッフらは、韓国がお手本とする日本で『冬のソナタ』が大ヒットしたことが信じられなかったそうだ。なぜなら、主演を務めたペ・ヨンジュンは、地元韓国では旬を過ぎた俳優として見られていたからだ。

しかし、日本から始まった『冬のソナタ』に端を発した第1次韓流ブームは、韓国の前年のGDPを0・18％も押し上げ、放映権やDVDなど日本に対する輸出は前年比で6倍の3600万ドルにまで跳ね上がった（JETRO、2004年）。

さらに、ペ・ヨンジュンを筆頭に出演者や制作陣のギャラは一気に10倍近くにも跳ね上がった。要は、ドラマが当たれば儲かるということを韓国人は肌で感じたのだ。政府も外貨が獲得できることを知り、これまで以上に国策として応援するようになった。

韓国ドラマは〝PCC〟――要はP（Place＝テレビ局）・C（Contents＝ドラマ）・C（Creator＝制作者）という3つの要素で構成されている。ここに「競争」と「マーケット」の市場原理が作用し、韓国エンタメ界は先進国でも例を見ない3つの時代を経ることになる。〝成長期（2006〜2015年）〟と〝破壊期（2016〜2020年）〟、そして〝安定期（2021年以降）〟だ。

成長期――2006年、韓国が世界に誇るエンターテインメント企業CJ ENMが、男女20代から40代の視聴者層をターゲットに据えたケーブル放送局「ｔｖＮ」（Total Variety Network の略称）を、続いて２０１１年には映画の専門有料ケーブル局「ＯＣＮ」（Orion Cinema Network の略）をそれぞれ開局した。このケーブルテレビ局の誕生（政治および歴史的事情については前の章で述べている）が、韓国エンタメ界におけるドラマ制作の質を飛躍的に向上させた。同時にこの流れに乗ったＣＪグループは計20チャンネルを持つ国内最大のテレビ局に急成長を遂げていく。

さらに、２００９年になると李明博《イミョンバク》大統領（当時）の政策により、規制緩和の一環でケーブルテレビ局が次々と誕生した。新聞社に対し放送局の所有を認めるメディア改革が行われた結果、中央日報が「ＪＴＢＣ」（Joongang Tongyang Broadcasting Company）、東亜日報が「ＣＨＡＮＮＥＬ　Ａ」、朝鮮日報が「ＴＶ朝鮮」、毎日経済新聞が「毎日放送」の４つのケーブル局をそれぞれ開局する。驚くのは、ケーブル局でありながら地上波と変わらない総合編成を実施し、地上波との差異がなかったことだった。

現在、韓国でのケーブル局の普及率は90％以上に及ぶ。多くの世帯が基幹となる地上波3局（ＫＢＳ、ＭＢＣ、ＳＢＳ）にケーブル局（ｔｖＮ、ＯＣＮなど）、そして総合編成局である「ＪＴＢＣ」「ＣＨＡＮＮＥＬ　Ａ」「ＴＶ朝鮮」「毎日放送」など、計１００チャンネル以上のテレビ局を視聴できる環境にあるのだ。しかも、インターネット代込みでそのほとんどが２０００円弱で加入できることも付け加えておく。ちなみに日本国内のケーブルテレビ局の普及率は52・４％（総務省、令和3年度）に過ぎない。

3　日本にはない多種多様なドラマジャンル

この地上波やケーブルテレビの多チャンネル化は、韓国エンタメ界に日本やアメリカなどでもあまり例を見ない熾烈な視聴者獲得戦争を勃発させた。同時期に生まれたのが、あらゆる視聴者層をターゲットにした多種多様なドラマジャンル＝コンテンツだった。

２００２年の『冬のソナタ』、２００３年の『宮廷女官チャングムの誓い』以降――韓流ドラマにはラブロマンスを筆頭に――コメディ、ファミリー、愛憎＆復讐劇、青春＆学園、ヒューマン、歴史・時代劇、ファンタジー＆ＳＦ、サスペンス・ミステリーなど、多種多様なドラマジャンルが作られた。ドラマの舞台も、飲食店や警察、ファッション界、ホテル、病院、テレビ局、マフィア、法廷、芸能界、学校、大学や王宮などなど……この世に存在した、あるいは、空想したモノすべてが対象だといっても過言ではない。

職業も同様に、刑事、医者、弁護士、外科医、テレビマンや新聞記者、政治家、キャリアウーマン、女優、検事、ＯＬ、ヤクザ、社長、アイドル、シェフ、大学生、剣士などすべてが対象だ。設定＆テーマも不倫やタイムスリップ、幽霊やヴァンパイアにゾンビ、記憶喪失、特殊能力、双子、末期がん患者、整形美人、結婚、妊娠、裏切り、連続殺人事件、汚職などさまざまである。

それまでの韓流ドラマの基本軸は、恋愛モノ＝ラブロマンスが中心だったといっても過言ではない。大きな特徴としては、物語自体にほとんどリアリティがないことだった。ドラマの主人公には、財閥の御曹司や信じられないくらいの大金持ちなどが登場する。また、登場人物は不治の病だったり、記憶喪失だったりと、あり得ないカセがはめられていた。究極は、韓国の三国時代から高麗、李氏朝鮮から現代まで、過去と未来を行き来するタイムスリップモノなど、あり得ない展開が多かった。しかし、登場人物のキャラの強さやドラマの異様なスピード感に、多くの視聴者が「韓流ドラマはこのようなスタイル」と半ば押し切られていた……。

さらに、ドラマの話数も30~40話前後、ときには50話以上も珍しくなく、1話も60分から90分と長く、しかもCMが入らないため、モニターの前にかじりつく必要があった。しかし、2006年以降に多くのテレビ局が誕生したことで、P（Place＝テレビ局）だけでなくC（Contents＝ドラマ）にも大きな影響を与えるようになった。ドラマジャンルはさらに細分化され、テーマや設定も大きな進歩を遂げた。

2010年代も、スピード感とあり得ない設定が特徴だった韓国ドラマのDNAは、「マクチャンドラマ」（非現実的であり得ない設定のドラマ）というジャンルに受け継がれていく。ちなみに、「マクチャン」とは韓国語のスラングで〝瀬戸際〟や〝どん詰まり〟という意味だ。ジェットコースターのような展開で、一度ドラマを視聴したら最後、その後の展開が気になって仕方がない中毒性があることが特徴だ。

しかし、「マクチャンドラマ」以上に衝撃的だったのが、これまでの韓国エンタメ界に類を見なかった新しいジャンルのドラマが誕生したことだった。まさに新しい時代が到来したといってもいい。

4　ドラマの新潮流

その筆頭が、韓流ドラマお決まりの恋愛シーンがひとつも登場しなかったにもかかわらずヒットを記録したドラマ、『ミセン－未生－』（2014年、演出：キム・ウォンソク、脚本：チョン・ユンジョン）だ。以前の韓流ドラマの定番は、〝ラブ落ち〟でひとくくりにされてきたといっても過言ではなかった。逆をいえば、恋愛＝ラブの設定のないドラマは存在することが許されなかったといっていい。

だが、ドラマ『ミセン』の制作陣は、あえてラブロマンスの要素をドラマから徹底的に削除した。当時、『ミセン』を制作したのはＣＪ ＥＮＭ傘下のケーブル放送局ｔｖＮだ。

ドラマの中身について軽く触れておく。

営業3課の新人社員であり、囲碁の天才でもあった青年チャン・グレ（イム・シワン）。7歳のときに囲碁に出合い、10歳で韓国棋院に研究生として入門する。プロ棋士になるため10代のすべての時間を囲碁だけに注いできた。

しかし、18歳になったとき、プロになるための最終入段試験は落第。さらに、父親が病気で亡くなり、母とカムジャタンの店を開くもののわずか8カ月で閉店に追い込まれてしまう。生活は苦しく、母親を養うためにグレは仕方なく一般企業への就職を決意する。韓国棋院時代の恩師の紹介により、高卒枠で総合商社のインターンとして採用されたのだ。

出勤初日には亡くなった父親の大きなサイズのスーツを着て出社するものの、配属された営業3課内で嘲笑され、早速、いじめの洗礼を受ける。おまけにグレの上司で課長のオ・サンシク（イ・ソンミン）は、グレがコネにより入社したインターンという事実を知り、責任ある仕事を与えない。しかし、グレは持ち前の明るさと人の好さで数々の困難を乗り越えていく……。

ドラマの最高視聴率は7％だったものの、主人公チャン・グレが体験する学歴社会や雇用形態、会社の上下関係、汚職、女性差別、年功序列、セクハラ・パワハラなどなど、サラリーマンのリアルな現状の描写は韓国国内で「サラリーマンの教科書」とも呼ばれ、社会現象を巻き起こした。人気ウェブトゥーンの同名作をドラマ化したことでも大きな注目を集めている。

当時、こんな話が後日談として語られている。ウェブトゥーン『ミセン』の原作者だったユン・テホ氏の元には、地上波局やほかのケーブル局からドラマ化のオファーがいくつも来ていた。しかし、どの局も映像化の絶対条件として、ラブロマンスを新たに付け加えることを求めていたのだ。

ユン氏はこれを頑なに拒否。最終的に彼の意向を汲んでドラマ制作に取り組んだのがtvNのクリエイターであるキム・ウォンソク氏（ドラマ『シグナル』『太陽の末裔』『マイ・ディア・ミスター～私のおじさん～』などの演出や脚本を担当）。韓国のNHKと称されるKBSからtvNがヘッドハンティングしたPD（Program director）だ。

余談になるが、ケーブル局が力を注いだのが、地上波3局にも負けない人的資源の確保だった。なかでも目立ったのがtvNやOCN、JTBCである。KBSからクァク・ジョンファン氏（ドラマ『逃亡者PLAN B』『バスケットボール』『町のヒーロー』『THE K2～キミだけを守りたい～』のPD）、シン・ウォンホ氏（ドラマ『応答せよ1997』『応答せよ1994』『恋のスケッチ～応答せよ1988～』『刑務所のルールブック』『賢い医師生活』の演出担当）、キム・ソクユン氏（ドラマ『錐《きり》』『今週妻が浮気します』のPD）らを引き抜いている。

各ケーブル局は莫大な資金を背景に、ドラマ界のスタープロデューサーをKBSから当時の年収（1500万～2000万円）の2～3倍を提示して引き抜き、テレビ界の話題を一手にさらった。

ドラマ『ミセン』同様、この成長期の時代にヒットし、新たなドラマの幕開けとして韓国エンタメ界で大きな脚光を浴びたドラマを、一部紹介しよう。

新興のケーブル局に絶対に負けまいと、当時、地上波テレビ局は総力を挙げて〝ニュータイプ〟と称されたドラマを制作する。なかでも話題を集めたのが次の3作だった。

ドラマ制作には絶対の自信があったSBSが世に送り出したのが、ドラマ『パンチ～余命6ヶ月の奇跡～』（2014年）。自らの野心を満たすため、不正も顧みずに仕事に邁進してきた最高検察庁の捜査指揮課長パク・ジョンファン検事（キム・レウォン）。しかし、ある日突然、悪性の脳腫瘍が見つかり、余命半年の宣告を受ける。残された短い命を前にこれまでの人生と真摯に向き合い、不正を正していく。

演出：イ・ミョンウ
脚本：パク・ギョンス

KBSからは、ドラマ『ラスト・チャンス！～愛と勝利のアッセンブリー～』（2015年）。曲者《くせもの》だらけの政界に飛び込んだ、愚直だが実直さでは誰にも負けない元溶接工の国会議員ジン・サンピル（チョン・ジェヨン）の成長を描く。政治の裏側で起こっているリアルエピソードを、政府に近いKBSが制作したということで大きな話題作となった。

演出：ファン・インヒョク、チェ・ユンソク
脚本：チョン・ヒョンミン

MBCが世に送り出したのが、マクチャンドラマの最高傑作という評判を取ったドラマ『偉大なる糟糠《そうこう》の妻』（2015年）。夫らに邪険に扱われた妻たちによる、痛快かつ痛烈な逆襲劇が話題になった。女子高生のユ・ジヨン（カン・ソンヨン）とチョ・ギョンスン（キム・ジヨン）は、会えば喧嘩ばかりする犬猿の仲。優しい性格のオ・ジョンミ（ファ

ンウ・スルへ）がいつも二人の仲を取りもっていた。そんなある日、いつものようにジヨンとギョンスンが大喧嘩していると、怪しい男が近寄ってくるが、二人は誤って殺してしまう。遺体を隠して逃げた二人はその日以来、音信不通に。月日は流れ、大学教授の妻として優雅に暮らすジヨンが暮らすマンションの隣に越してきたのは、あのギョンスンだった……。ジョンミとも再会し、不倫、離婚、嫁姑の確執、不妊、マザコン夫などに対する怒りを爆発させた3人の妻たちが、奇妙な団結力を発揮する物語。

演出：キム・ソンウク、キム・フンドン
脚本：ファン・スニョン

続いて、ケーブル局が制作し、ドラマの潮流を激変させたといわれる注目作についても触れておく。

ｔｖＮが制作したドラマ『応答せよ』シリーズ。3作品が作られた。シリーズ第1弾は『応答せよ1997』（2012年）。ＩＭＦ危機で社会が混乱する1990年代を背景に、鮮やかに描かれる6人の男女の青春物語。物語は、2012年、ソウル市内で開かれた釜《プ》山《サン》のある高校の同窓会から始まる。懐かしい顔ぶれとの再会に、自然と笑顔が溢れるこの場で、一組のカップルが結婚を発表するという。結婚発表をする二人とはいったい誰なのか。時は遡り、1997年の釜山。彼らはまだ高校生だった。誰もが経験する懐かしい初恋の記憶を思い出す。

演出：シン・ウォンホ、パク・ソンジュ
脚本：イ・ウジョン、イ・ソンヘ、キム・ランジュ

シリーズ第2弾は『応答せよ1994』（2013年）。1994年を舞台に、地方から上京し、ソウルのある下宿に住む大学生4人が織りなす青春ドラマ。4人を巡る恋愛や大学生活、就職活動、将来への不安などを丁寧に描いた青春群像劇。90年代のヒット曲とともに綴られるストーリーは世代を超えて支持を集め、懐古ブームとともに話題になった。
演出：シン・ウォンホ
脚本：イ・ウジョン

さらに、シリーズ第3弾が『恋のスケッチ～応答せよ1988～』（2015年）。舞台はソウルオリンピックの好景気に沸いた1988年、ソウル道峰《トボン》区双門洞《サンムンドン》に住む5つの家族の愛、友情、恋を描いたホームドラマ。1980年代にタイムスリップしたかのような感覚が味わえる。

いずれのシリーズでも、共通のテーマとなっているのは〝ヒロインの夫は誰なのか…？〟ということだ。ロマンス・ミステリーの手法を取りながら、当時の世相を反映させたヒューマンドラマの秀作である。韓国エンタメ界では『ミセン』に負けず劣らずの高い評価を得ている。

同じくtvNからは、性格的欠陥をもった男女が、互いの欠点を補い合いながら本当の「幸せ」を見つけていく新しい形の恋愛ドラマ『風船ガム』（2015年）。当時、韓国内で〝友達以上恋人未満〟という微妙な関係を意味する〝サム〟をテーマにした、男女の新しい関係をリアルに描いた意欲作だった。

演出：キム・ビョンス
脚本：イ・ミナ

JTBCからは、次の3作を挙げておく。

倦怠期を迎えた2組の夫婦が偶然、同じアパートに引っ越してきてから巻き起こるミステリアスな事件と、アラフォー4人のロマンスがテーマのドラマ『隣人の妻』（2013年）。赤裸々すぎる夫婦生活をコミカルに描いた、次世代のドラマとして脚光を浴びた。

演出：キム・ジェホン、イ・テゴン
脚本：ミン・ソン、ユ・ウォン、カン・ジヨン、イ・ジュニョン

有能なファンドマネジャーからホームレスにまで身を落としたチャン・テホ（ユン・ゲサン）が弱肉強食の地下経済界で復讐を誓い、生き残りを懸けて闘いに挑むドラマ『ラス

ト・ゲーム～最後に笑うのは誰だ!?～』（2015年）。
演出：チョ・ナムグク
脚本：ハン・ジフン

ソウルで起こった大地震を背景に、災害派遣医療チーム（DMAT）と救助隊の命を賭した救出活動の模様を描いたヒューマンメディカルドラマ『D－DAY』（2015年）。大震災がベースとなっていたため、当時、東日本大震災を経験した日本では残念ながら放送も配信も行われなかった。CGなどの映像技術がハリウッドでも注目された。
演出：チャン・ヨンウ
脚本：ファン・ウンギョン

そしてOCNからは、『バッドガイズ～悪い奴ら～』（2014年）。悪は悪をもって制す——過剰捜査で停職中だった刑事オ・グタク（キム・サンジュン）は特命を受け、服役中の凶悪犯らを秘密裏に集めて特別チームを編成する。天才的頭脳を持つサイコパス連続殺人犯のイ・ジョンムン（パク・ヘジン）を筆頭に、暴力団員や元一流のスナイパーなどを集め、法の網をかいくぐる凶悪犯らを追い詰めていく本格ハードボイルド・ドラマ。OCNで歴代ドラマ視聴率1位を獲得した。
演出：キム・ジョンミン

脚本：ハン・ジョンフン

5　ドラマ制作スタジオの誕生

２０１６年1月、アメリカ合衆国のオーバー・ザ・トップ（ＯＴＴ）・コンテンツ・プラットフォーム最大手のＮｅｔｆｌｉｘが、韓国でサービスを開始した。これまでに類を見なかった外資エンタメ企業の進出は、安定した成長を続けてきた韓国エンタメ界に、突如、破壊期をもたらすことになる。

もっとも、Ｎｅｔｆｌｉｘが韓国でサービスを開始した当初は、韓国エンタメ界の多くがＮｅｔｆｌｉｘの目論見は失敗に終わると予測していた。すでにＩＰＴＶ（ブロードバンドで視聴できるテレビ）やケーブルＴＶなどの普及率が90％を超えていたばかりか、そもそも付随しているサービスで映画やドラマコンテンツなどは、いくらでも視聴することが可能だったからだ。

ところが大方の予想に反し、オリジナルコンテンツの制作にこだわったＮｅｔｆｌｉｘは、数々のヒット作を世に配信していく。さらに、韓国で大手ケーブル局の足元にも及ばなかった中小のＩＰＴＶ事業者らと業務連携を行い、地道に加入者を獲得していった。

その結果、参入から6年近くが経過した現在、Ｎｅｔｆｌｉｘの加入者は韓国で約１２４５万人程度（２０２２年2月時点）までに膨れ上がっている。サービスを始めた当時の加入者はわずか6万人弱だったが、現在では人口約5000万人の韓国において25％近い加入者を囲い込んだのだ。

Ｎｅｔｆｌｉｘの大躍進は、韓国内の地上波やケーブルテレビ局に対しても、これまで経験したことのないドラマコンテンツの需要と供給、そして大量消費をもたらした。さらに、Ｎｅｔｆｌｉｘがばらまいた制作費は韓国の既存のドラマ制作体制を崩壊させ、新たな制作文化を芽生えさせる。韓国エンタメ界で地上波テレビ局やケーブル局の下請けとしてドラマ制作を請け負っていた既存の〝制作会社〟とは明らかに一線を画す、ドラマ専門の制作会社が誕生したのだ。

それは、ドラマの制作はもちろんのこと、企画・販売・流通まですべてを執り行うという、異例のスタイルが売りだった。この独自形式を持ったカンパニー（制作会社）は、韓国エンタメ界では既存の制作会社と区別するため〝制作スタジオ〟と呼称されるようになった。

この日本にも前例のないビジネスモデルとなる制作スタジオ・システムを他社に先駆け構築したのが、韓国エンタメ界のガリバーＣＪ ＥＮＭだった。

自社の黒字部門だったドラマ事業本部を独立させ、2016年5月に韓国初となる制作スタジオ「スタジオドラゴン」を創設する。オフィスがあるのは、ソウル西部主要メディアが集まるデジタルメディアシティ（ＤＭＣ）。一等地にある高層ビルの17階だ。ＣＪ ＥＮＭはＮｅｔｆｌｉｘの世界的進出に脅威を感じて警戒心を抱く一方、ビジネス的成功に関し、大いなる興味を持ちながらその動向を分析していく。最終的にＣＪ ＥＮＭは、Ｎｅｔｆｌｉｘをライバルではなく、共存共栄できるビジネスパートナーだと認識し、スタジオドラゴンを立ち上げた。

現在、スタジオドラゴンの制作力は韓国内随一を誇っている。これまで１８０の作品を制作し、Ｎｅｔｆｌｉｘなどを通して２００カ国以上に届けてきた。大量生産だけではない。その制作力は世界規模で高いクオリティを誇り、世界的ヒット作を次々と生み出し、急成長を遂げている。

２０２２年11月までに配信された作品のうち、世界ランキングでトップ10入りした作品は９本。国別ランキングでトップ10入りした作品は30本以上にもなる。

6　スタジオドラゴンの快進撃

スタジオドラゴンの成功は、韓国エンタメ界にさらなる大きな衝撃を与えることになる。自社で流通・販売のツールを持ったことで、地上波テレビ局やケーブル局に対し強く依存していた歪《いびつ》な関係がなくなり、対等な立場になったのだ。

以前は放送局が制作会社に発注し、制作会社は完成したドラマコンテンツを放送局に納品するというスタイルで、放映権の二次販売などの展開も放送局任せだった。放送局にとって制作会社は、まさに下請け会社のひとつに過ぎず、立場は常に弱かった。

韓国および日本の制作会社でドラマや映画を制作した経験のあるプロデューサーは、筆者の取材に対し、

「制作会社はドラマを放送局に納品し、知的財産権は基本、放送局にあるというのが当たり前だった。こうした構造のため、ドラマのクオリティが発展せず、ある程度のレベルでドラマ制作を続けざるを得ない環境でした。こうしたことを、長い間の慣習として無意識のうちに受け入れていたんです」

と語った。

スタジオドラゴンの誕生は、Ｎｅｔｆｌｉｘなどの新たな発注需要に応えるという目的もあったが、真の目的は恒常的なこの〝下請け構造〟から脱却することだった。事実、スタジオドラゴンは創業した翌年には株式上場を果たしている。上場したことにより、多額の制作資金を自社で賄えるようになったのだ。これこそ産業の構造転換を実現したといってもいい。

「スタジオはドラマを制作するだけではない。大事なのは企画開発や資金調達、流通などを通して、いろいろな方法で収益を実現すること。ドラマ制作全体に対しすべての責任を負いながら、作り上げたドラマコンテンツ自体で収益を生み出せるよう、ドラマ界の構造を根本から変え、成功した。誰もが不可能だと思っていたことを成し遂げたんです」（前出プロデューサー）

このように、ドラマコンテンツで収益をあげられるようになった結果、より大きな規模

でドラマを制作することが可能になったわけだ。規模が大きければ、結果的に大きな収益も生み出せる。その収益で再投資するという好循環が生まれる。その結果、韓国のドラマ市場は拡大成長し、ドラマのクオリティも高まった。さらにＶＦＸ（視覚効果）やＣＧ技術の飛躍的向上で、ドラマ表現や演出の幅が超次元で広がったのだ。

「制作スタジオの出現で、これまでの一般の地上波テレビ局やケーブルテレビ局の制作構造では絶対に到達できない制作費を生み出すことが可能になった。その結果、制作費面でも構造改革が実現できるようになったわけだ。

よく、韓流ドラマのクオリティは映画にも負けないといわれるが、これを支え、可能にしたのが、自前で制作資金を調達できるような構造への改革だった。結果、ハリウッドにも質で負けていないドラマを制作できるようになった。すでにドラマと映画の差異は、動画配信にとって放送形態のみという状況になりつつある。

Ｎｅｔｆｌｉｘのドラマは大抵16話、１話に１億円以上をかけているという話だ。それだけわれわれが作りだすドラマは高レベルに達していると自負している」（韓国エンタメ関係者）

日本のドラマや映画の関係者には眉唾《まゆつば》のように聞こえる話だが、事実、スタジオドラゴンの売り上げは驚くべき急上昇を遂げている。独立した翌年の２０１７年に２８６億円だった売り上げは、３年後の２０２０年には83％増の５２５億円、２０２１年は新型コロナウイルスの影響でやや減少したものの、２０２２年は過去最高の６００億円超えになると見られている。

スタジオドラゴンのヒットドラマから得た巨額の収益は、さらなる好循環をもたらしている。2022年4月には、総工費200億円を投じて、最先端技術を備えた世界にも類のない新たなバーチャルスタジオを設立している。スタジオドラゴンはCJ ENMの莫大な資金源を背景に、2019年11月、Netflixとの業務提携を実現させる。同時に世界を驚かせたのが、Netflixがおよそ100億円でスタジオドラゴンの株を4・99％取得したことだった。両社は3年間で21本以上のドラマ配信を実現する契約を締結。Netflixはスタジオドラゴンをはじめとする一連の韓国エンタメ界のドラマ制作ノウハウを認め、アメリカ・ハリウッドに先駆けて投資を行った。共存共栄に向け大きく歩みだしたのだ。

自社で企画制作し、制作資金を賄い、流通・販売を確保するスタジオドラゴンのシステムは、韓国に新たなスタジオ形式の制作会社を次々と誕生させることになる。2020年、ケーブルテレビ局のJTBCが「JTBCスタジオ」（2022年3月にSLL＝Studio LuluLala に社名変更）、SBSが「スタジオS」を相次いで創業させる。

また非常に興味深いのが、この時期、JTBCのドラマ企画と投資を一手に担っていた制作会社ジェイコンテンツリーも、Netflixとの契約を実現したことだ。新規に共同制作する作品に関し、Netflixに莫大な制作費を負担してもらうことで、海外での独占的配信権を譲渡。さらに韓国ドラマファンを世界中で獲得しながら、既存のコンテ

[図18]　ドラマ制作スタジオ

親会社	スタジオ名&設立年	備考
CJ ENM	スタジオドラゴン（2016年）	2017年秋 KOSDAQ 上場。2019年11月、CJ ENM と共に Netflix と MOU 締結。2022年スタジオドラゴン・ジャパン設立。tvN のテレビドラマを多く制作している。日米韓4カ所（韓国2カ所）にマルチスタジオ体制構築
JTBC	SLL（旧 JTBC スタジオ）（2020年）	JTBC 子会社を再編。2020年12月には中国の IT 企業テンセントが同社に対し1000億ウォン（約95億円）の出資を行い、7.2%の株式を取得している。2022年3月 SLL（Studio LuluLala）に社名変更
SBS	スタジオ S（2020年）	SBS 子会社 "THE STORY WORKS" から社名変更

ンツを複数のＯＴＴ（動画配信サービス）に対して販売するという形で、海外輸出を加速させていった。ドラマ『イカゲーム』の大成功で、スタジオドラゴンとジェイコンテンツリーは莫大な配信権料を手にしている。

以上のように、日本には存在しない制作スタジオの新しい取り組みが、韓国でのドラマ制作に革命をもたらしたといっても過言ではない。

こうしたスタジオ形式の制作会社は、韓国の30社近い中小の制作会社（サムファネットワークス、ペンエンターテインメント、文化倉庫、キルピクチャーズ、ＳＨＯＷＢＯＸなど）にも影響を与えていく。地上波テレビ局やケーブル局だけでなく、Ｎｅｔｆｌｉｘのような配信会社が生まれたことで、自社コンテンツを公開する機会が激増したからだ。

その結果、制作スタジオや制作会社の多くが、制作したドラマのＩＰ（著作権）を共同もしくは単体で所有するようになる。また、海外における独占的配信権を譲渡することで、Ｎｅｔｆｌｉｘなど配信系会社に莫大な制作費を負担してもらうケースも見受けられるようになった。いずれにせよ、いちばん高値を付けた放送局や配信会社にコンテンツを販売することで、安定した利益を見込めるようになったのだ。

また、放映権を配信会社に転売することで、スタジオ各社や制作会社は地元・韓国で当たらなかったドラマコンテンツを海外配信することにより、新たな市場で二度目のチャレンジを得られることになった。いずれ韓国では当たらなかったドラマが、海外配信でバカ当たりする事例が報じられるかもしれない。

Ｎｅｔｆｌｉｘをはじめとする配信会社の出現は、地上波テレビ局とケーブルテレビ局に抑え込まれ、言われるままの厳しい条件でドラマコンテンツを制作してきた中小の制作会社に対し、かつてない有利な条件かつ複数の会社とのビジネス交渉を可能にしたのだ。

Ｎｅｔｆｌｉｘの登場は、韓国ドラマの放送形式にも影響をもたらした。顕著なのは、ドラマの話数だ。以前は30～50話などというドラマが普通に散見されたが、Ｎｅｔｆｌｉｘの世界配信形式に基づいた10～16話、多くても20話というのが定番スタイルとして落ち着きつつある。１話の分数も、以前は正味70～80分だったのが、Ｎｅｔｆｌｉｘに準拠する形で30～60分前後というのが主流になっている。

また韓国ドラマといえば、ＣＭが入らずにドラマ本編のなかでスポンサーの商品を露骨に扱うＰＰＬ（プロダクトプレイスメント）という間接広告がお馴染みだったが、法改正により2021年度より地上波およびケーブル局でもCMを挟み込むことが可能になった。すべては自局のコンテンツを世界配信する際への配慮があるからだ。

7　中小制作会社がつくった『イカゲーム』

Netflixの韓国進出は、韓国エンタメ界に海外市場を開き、ドラマジャンルをさらに細分化させ、韓流ドラマのクオリティを飛躍的に向上させた。なかでも韓流ドラマの実力を世界に知らしめたのが、2021年9月に配信された『イカゲーム』の世界的ヒットだった。世界94カ国のNetflixランキングで1位を獲得したことで、韓流ドラマに対する世界の評価が180度、変わったのだ。

もちろん、ポン・ジュノ監督が手掛けた韓国映画『パラサイト　半地下の家族』が2020年の第92回アカデミー賞作品賞を受賞したことも影響しているが、それ以上に、マーケティング理論にこだわって、世界をターゲットにしたドラマ企画に仕上げたことが大きい。

日本では、Netflixで配信された『愛の不時着』や『梨泰院《イテウォン》クラス』の流れの延長で『イカゲーム』がヒットしたと誤解されがちだが、これは根本的に間違っている。『愛の不時着』はtvNが2019年12月に、『梨泰院クラス』はJTBCが2020年1月に、それぞれ韓国内で放送したコンテンツの放映権をNetflixに販売したものだか

[図19] Netflix 韓国のコンテンツ投資額の推移（単位：億ウォン）

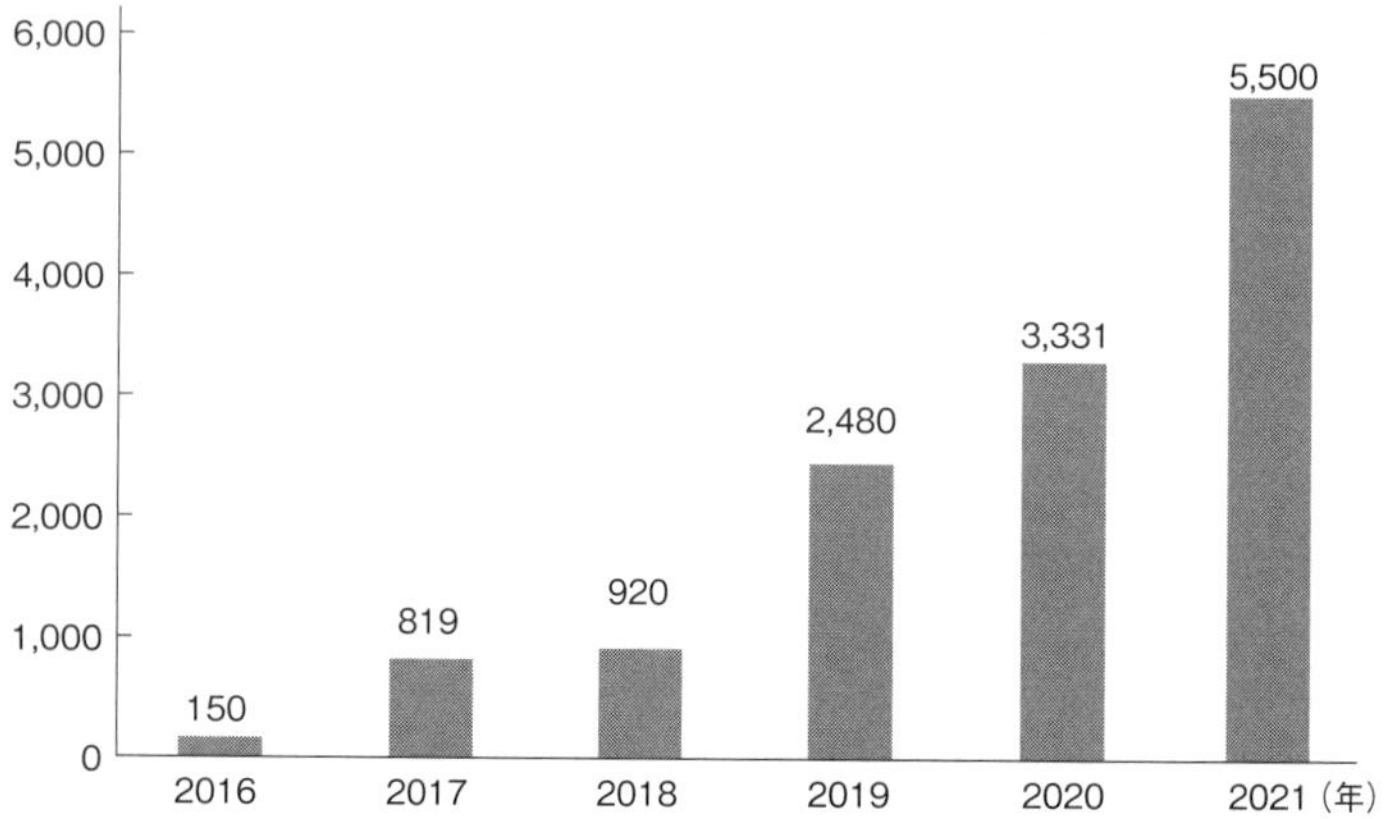

出典）2022年3月 JETRO「プラットフォーム時代の韓国コンテンツ産業振興策および事例調査」（韓国輸出入銀行世界経済研究所、2021年、「OTT 産業と K コンテンツ輸出」、K ニューディール産業 INSIGHT レポート）

らだ。

その点において、『イカゲーム』はNetflixオリジナルドラマとして世界で初めて認められたドラマだといってもいいだろう。

ちなみに、『イカゲーム』を制作したのは大手資本の入ったスタジオドラゴンでもスタジオSでもなければ、SLLでもない。社員が10人にも満たない「サイレン・ピクチャーズ（Siren Pictures）」という中小の制作会社だった。監督・演出・脚本をすべて手掛けたのがファン・ドンヒョク氏。2009年から脚本を執筆していたが、当時、韓国内では出資に応じる制作会社が見つからず、一時は制作を断念している。その企画に目をつけ、1話1億円という破格の制作費を投入したのがNetflixだった。

韓国にはこうした制作会社がいくつも存在しており、ハリウッドをはじめとする世界中のコンテンツハンターは、韓国ドラマの底力に驚くと同時に大金を投入し、常に「シナハン」（シナリオハンティング）を実践している。

Ｎｅｔｆｌｉｘは『愛の不時着』『梨泰院クラス』『イカゲーム』の成功により、韓流ドラマを市場開拓に欠かせないキラーコンテンツとして再認識する。２０２２年の韓国作品への投資額を、前年度比65％増の５５００億ウォンに拡大することを決定している。２０１６年に１５０億ウォンに過ぎなかった投資額が、わずか６年で37倍に膨れ上がった計算だ。

８　優れた企画と脚本

わずか20年という短い期間で、世界エンタメ界のトップに躍り出た韓国。どのようにしたら、このように多様なジャンルで数多くのヒット作を連発し続けられるのか。

その秘密に迫るには、地上波およびケーブルテレビ局で培われてきた韓国エンタメ界独特の企画開発システムを理解する必要がある。

どこの国でも例外なく、ドラマコンテンツにおいて最重視されるのが企画と脚本だ。この企画と脚本に韓国エンタメ界は莫大な投資を行ってきた。韓国国内におけるドラマの制作体制は大きくふたつのスタイルに分別される。

［図20］Netflix が提供する韓国オリジナルコンテンツドラマ

2019年	『キングダム』シーズン1
2019年	『初恋は初めてなので』シーズン1
2019年	『初恋は初めてなので』シーズン2
2019年	『好きなら鳴る』シーズン1
2020年	『私一人であなた』
2020年	『キングダム』シーズン2
2020年	『人間レッスン』
2020年	『保健教師アン・ウニョン』
2020年	『Sweet Home ―俺と世界の絶望―』シーズン1
2021年	『好きなら鳴る』シーズン2
2021年	『ムーブ・トゥ・ヘブン：私は遺品整理士です』
2021年	『明日地球が滅びてしまえばいい』
2021年	『キングダム:アシンの物語』
2021年	『D.P. ―脱走兵追跡官―』シーズン1
2021年	『イカゲーム』
2021年	『マイネーム：偽りと復讐』
2021年	『地獄が呼んでいる』
2021年	『静かなる海』

出典）Netflix ホームページおよび Google 検索

ひとつは「脚本家主導制作スタイル（脚本家主導型）」だ。韓国で高視聴率ドラマの脚本を何本も手掛けた実績のある、通称「A級作家」と呼ばれる大御所の脚本家が中心となり、ドラマの企画から脚本執筆、キャスティングに至るまで全責任を持って執り行うスタイルだ。なお、ほとんどのケースでA級作家を支える「補助作家」と呼ばれるアシスタントが付く。基本、PDと監督らが参加するのは、脚本が出来上がってからになることが多い。

もうひとつは「PD（プロデューサー）主導制作スタイル（PD主導型）」だ。これは文字どおり、PDが企画を立ち上げる。その際に脚本家や監督に相談しながらドラマの企画書を完成させる。PDは脚本の執筆まではしないが、ドラマの方向性や登場人物のキャラクターなどに対して決定権を持っている。キャスティングは日本と違って、脚本が完成した段階で役に合う俳優を選ぶことになる。ＰＤがイメージする俳優がいなければ、オーディションを行い役を選ぶ。売れているから、人気があるからという理由で選ばれたり、最初から俳優ありきだったりのキャスティングではないのだ。

ちなみに、韓国ではプロデューサーをＰＤと呼称する。「program director」の略であり、韓国エンタメ界では「님（読み＝ニム・意味＝様）」をつけて「ＰＤ님（ピディニム）」と呼ばれるのが一般的だという。

日本国内のプロデューサー（通称Ｐ）とはリスペクトぶりが違うという。その理由は、予算やキャスティングだけでなく脚本や演出にも堂々と口を挟むだけでなく、それぞれの作業に対してまで驚くほど関与するからだ。ドラマを担当する監督や脚本家がどんなに大御所でも絶対に遠慮しない。儒教の思想が根付く社会でありながら、忖度《そんたく》などもってのほかなのだ。むしろ対等、いやそれ以上の存在だという。

ちなみに地上波キー局やケーブル局、制作スタジオのＰＤ職に就けるのは、各テレビ局が実施する試験に合格したほんの一握りの人間に過ぎない。韓流ブームも後押しし、以前は１０００人に１人の確率だったものが、いまやその１・５倍になっている。つまり１５００人に１人ということだ。

公務員試験「考試」と同じレベルであることから、民間試験でありながら「言論考試」との異名がついている。とくに重要視されるのが論文試験や文章読解力だという。それは番組を制作する際に企画書や脚本が大事であり、これらを読みこなし、潜在的に脚本を執筆可能な才能を持っているかどうかでふるい分けることが目的だといわれている。

ＰＤの出身大学もＳ（ソウル大学校）、Ｋ（高麗《コリョ》大学校）、Ｙ（延世《ヨンセ》大学校）の出身者が大勢を占めている。晴れてＰＤとして採用されても、入社後４〜６年は補助ＰＤとして修業することになる。気になる年収だが、多くのヒットドラマ＝高視聴率を生み出すＰＤは「スターＰＤ」と呼ばれ、インセンティブなどを含めるとミリオネア（年収１億円以上）になることも可能なのだ。

そうしたなか、昨今のドラマ制作スタイルは、圧倒的に「ＰＤ主導制作スタイル」がメインになっている。世界を照準にして大ヒットを狙うなら、ＰＤ主導型が圧倒的に合理的だということが立証されているからだ。

9 「ＰＤ主導制作スタイル」の企画開発

現在、韓国のドラマ界で主流となっている「ＰＤ主導型」では、具体的にどのようにしてドラマ企画および脚本が作り上げられるのか。前述した、韓国が世界に誇る制作スタジオ・スタジオドラゴンの企画開発システムについて紹介する。

現在、スタジオドラゴンは１６０人の社員を擁し、そのうち１００人がＰＤという体制を維持している。しかも、ＰＤの多くは地上波キー局やケーブル局で数々のヒット作を手掛け、ヘッドハンティングや中途採用でスタジオドラゴンに移籍した一騎当千のやり手だ。

スタジオドラゴンが制作するドラマは年間およそ30シリーズ。ドラマ企画に対するGOサインを出すか否かは、2週間に一度開催される最終意思決定機関会議「グリーンライトコミッティー（Greene Light Committee＝通称GLC）」でジャッジが下される。

この会議に参加を許可されているのは、原則として、スタジオドラゴンのCEO（最高経営責任者）であるキム・ヨンギュ氏とキム・ジェヒョン氏、コンテンツ戦略企画開発統括の二人の企画制作局長、そして9人のチーフPD（CPD）だ。

9人のCPDは、それぞれがラブロマンス、サスペンス・ミステリー、ホラー、SF、アクション・ノワール、ヒーロー、時代劇、社会派、コメディ、ヒューマンなど、得意とする専門分野を最低3～5つ持っている。各CPDは自分の名前を冠したチームを編成し、各チームには約10人のPDが所属。各CPDが自班のキャリアとプライドを賭して会議メンバーにプレゼンし、採択を挑むのがGLC会議なのだ。

これまでスタジオドラゴンのGLCは極秘扱いされていたが、つい先ごろ、NHKのカメラが取材に成功し、世界のエンタメ関係者を驚かせた。取材の成果は特番『韓国ドラマ　世界的ヒットの秘密　～密着　企画制作の現場～』（2022年11月2日／12月11日OA）として放送された。この番組内でもGLCを取り上げていた。機会があればぜひ視聴してほしい。

話を戻すが、GLCには9人のCPDが事前に企画開発統括から承諾を得たドラマ企画書と計4話分の脚本が提出される。現在、韓国内で制作されているドラマの多くが16話で構成されているため、4分の1にあたる計4話分の脚本でジャッジされるのだ。

会議参加メンバーには開催1週間前に企画書と4話分の脚本が共有され、徹底的に読み込むことが義務化されている。これは絶対で、CEOとて例外ではないという。

GLCにおいて評価されるのは、以下のようなポイントだ。
・ドラマのコンセプト&テーマ（視聴者に訴求したいテーマが明確で、作り手側に公明正大な正義があるか？）
・時代&社会性（世間のニーズにマッチしているか？　時代を捉えているか？　制作陣の独りよがりになっていないか？）
・魅力ある登場人物（ドラマの登場人物に視聴者を惹きつけて止まない魅力があるか？）
・ドラマ構成&台詞《セリフ》（16話分の構成に矛盾がないか？　台詞が陳腐でないか？　台詞がテンポよく回り、視聴者を惹きつける力があるか？　台詞と登場人物のキャラクターに矛盾はないか？）
・コンテンツ展開（制作費の確保や放映権販売、商品化などの収益、現金化するプランがしっかり示され、リクープライン〈損益分岐点〉を超えているか？）
以上の5点を参加者が10点満点で採点する。

ちなみに、「グリーンライトコミッティー」のグリーンライトとは青信号を意味し、文字どおりGOサインを表している。GLCの決裁を受け、晴れてドラマ制作が可能になるのだ。

当然のことながら、会議の場で審議されるドラマ企画については、参加者から厳しい意見や批判、質問が飛び交う。こうした議論を経て企画が採択されていく。

スタジオドラゴンが制作するドラマの制作費は最低でも1話1億円以上。最近は視聴者のニーズに応えようとするあまり制作費がどんどん膨らみ、1シリーズあたりのドラマ制作費が20億円以上になることも珍しくない。

「企画をジャッジするGLCメンバーの責任も重大だが、それ以上にプレッシャーなのは企画を提出するPDです。彼らの年収は最低でも2000万円以上（インセンティブ制のため各個人で差異がある）。このギャラを維持するために、それこそ命を削ってドラマ企画書を作成しているといっても過言ではない。GLCで採択されるドラマ企画の6～7割以上はそれなりの収益を出しているが、当然、なかにはコケる作品も出てくる。一度目なら何となく許されるが、二度、三度となるとバッターボックスには立てなくなる雰囲気になってくる。PDは常に緊張を強いられている」（韓国エンタメ関係者）

もっとも、スタジオドラゴンのPDは、ドラマ企画開発のために特別な環境が与えられている。スタジオドラゴンは韓国エンタメ界トップと評される脚本家や監督ら200人以上のクリエイターと契約しており、スタジオドラゴンのPDなら24時間365日、いつでも自由に、誰に遠慮することもなく彼らと話し、企画作成の協力要請や依頼、発注をかけられるシステムが作られている。

秀逸なのは、一人の作家や監督にPDからの指名が殺到しないよう、スケジューリングもデスクらによってしっかりと補完されていることだ。その結果、常に200人以上のトップクリエイターが、スタジオドラゴンのPDとの業務遂行が可能になるのだ。いうまでもないが、日本のメディアでこのような体制を持っているテレビ局や制作会社などは見たことも聞いたこともない。しかも、韓国ではこうした体制はスタジオドラゴンだけのものではなく、スタジオSやSLLなど、ほかの制作スタジオでも同様のシステムを持っているのだ。

こうした手厚いサポートを受けたPDは、脚本家や監督など3～5人で1チームを作り、ドラマ企画書や脚本作りに専念することができるわけだ。通常、ひとつのドラマ企画書を作成するのには最低でも半年間はかかる。脈があると判断され、CPDや企画開発統括の決裁を受けたものなら、さらに時間をかけ、4～5年間もかけて作り込むドラマ企画書もあるというから驚きだ。

そもそも200人以上のトップクリエイターらに支払うギャラだけでも、年間で10億円以上にも達するのだ。スタジオドラゴンにとって脚本家や監督に支払う契約金はあくまでも先行投資であり、決して高額だとは考えていない。それは〝未来のための投資〟という考え方が、会社トップを中心に浸透しているからにほかならない。クリエイターに投資する額よりも、将来、確実に得られるであろうコンテンツ収益のほうが遥かに多いという自信の表れでもあるのだ。

現に、こうした先行投資の費用対効果は、以下に挙げたドラマのヒットがすべてを物語っている。驚くほどの確率で、スタジオドラゴン制作のドラマは世界視聴ランキングでトップ10入りを果たしている。

参考＊スタジオドラゴンの成果

☆世界ランキング1位

『未成年裁判』（2022年、Netflix）

地方裁判所少年部に赴任したエリートの女性判事・シム・ウンソク（キム・ヘス）は未成年による犯罪を嫌悪している。時に冷酷ともとれる態度で少年たちの嘘を見抜き真実を暴いていく。

ジャンル：ヒューマン

演出：ホン・ジョンチャン

主なキャスト：キム・ヘス、キム・ムヨル、イ・ソンミン、イ・ジョンウン

☆世界ランキング最高2位

『キングダム：アシンの物語』（2021年、Netflix）

大ヒットドラマ『キングダム』シリーズの第3弾。朝鮮に降りかかる悲劇の始まりとなった生死草と主人公アシンの話を描いたスペシャル版。

ジャンル：歴史・時代劇、ゾンビ
演出：キム・ソンフン
主なキャスト：チョン・ジヒョン、パク・ビョンウン、キム・シア、キム・レハ、ク・ギョファン

『海街チャチャチャ』（2021年、tvN）
田舎街の漁村「コンジン」を舞台に、現実主義で融通が利かない歯科医ユン・ヘジン（シン・ミナ）と、有能なのに定職を持たないホン班長（キム・ソンホ）のじれったい恋物語。
ジャンル：ラブコメディ、ヒーリングロマンス
演出：ユ・ジェウォン
主なキャスト：シン・ミナ、キム・ソンホ、イ・サンイ、イン・ギョジン

『二十五、二十一』（2022年、tvN）
1988年、IMF経済危機により所属チームを解雇されるフェンシング選手のナ・ヒド（キム・テリ）と父の会社が倒産したことで夢を奪われるペク・イジン（ナム・ジュヒョク）。時代に夢を奪われた若者たちのさまよいと成長を描いた甘酸っぱい青春物語。
ジャンル：ラブロマンス、青春、スポーツ

演出：チョン・ジヒョン
主なキャスト：キム・テリ、ナム・ジュヒョク、ボナ（宇宙少女）、チェ・ヒョヌク、イ・ジュミョン

『私たちのブルース』（2022年、tvN）
済州島の小さな漁港を舞台に、住人たちを巡る悲喜こもごもの群像劇。ほろ苦い初恋や障害のある恋など、さまざまなラブストーリーに親子の情愛などを交えオムニバスで進行する。すべての視聴者に通じる、甘くてほろ苦い人生を応援するドラマ。
ジャンル：ヒューマン
演出：キム・ギュテ、キム・ヤンヒ、イ・ジョンムク
主なキャスト：イ・ビョンホン、シン・ミナ、チャ・スンウォン、イ・ジョンウン、ハン・ジミン、キム・ウビン

☆世界ランキング最高3位
『シスターズ』（2022年、tvN）
貧しく暮らしながらも、親からの溢れる愛情を受けて育った三姉妹。あるとき、700億ウォンという大金を手にしたことから、人生の歯車が狂いだす。罠にはめられたことを知った3人の姉妹は、韓国でいちばん富裕な一族に、それぞれのやり方で立ち向かってい

く。
ジャンル：復讐・愛憎劇
演出：キム・ヒウォン
主なキャスト：キム・ゴウン、ナム・ジヒョン、パク・ジフ、ウィ・ハジュン、オム・ジウォン、オム・ギジュン

『還魂』（2022年、tvN）
歴史にも地図にも存在しないテホ国という架空の国を舞台に、魂を変えることができる〝還魂術〟によって数奇な運命に巻き込まれながらも、主人公が術士として成長を遂げていく。
ジャンル：ラブロマンス、歴史・時代劇
演出：パク・ジュンファ
主なキャスト：イ・ジェウク、チョン・ソミン、ファン・ミンヒョン、ユ・ジュンサン、シン・スンホ

☆世界ランキング最高6位
『ゴースト・ドクター』（2022年、tvN）
傲慢だが卓越した医術を持つ天才医師チャ・ヨンミン（Rain）は、交通事故に遭う。

目が覚めると幽体離脱した状態に気がつく。搬送先では、医師の使命感など微塵もないダメ研修医コ・スンタク（キム・ボム）が自分の体にメスを入れようとしていた。思わず彼の手をつかんだヨンミンは、スンタクの体に乗り移ってしまう。正反対の二人がボディを共有しながら騒動を巻き起こす。

ジャンル：医療、ヒューマン

演出：プ・ソンチョル

主なキャスト：Ｒａｉｎ（ピ）、キム・ボム、ユイ、ソン・ナウン（Ａｐｉｎｋ）、イ・テソン

☆世界ランキング最高7位

『ハピネス』（２０２１年、ｔｖＮ）

感染病が日常化した新たな近未来――。高層階を一般分譲で、低層階を賃貸住宅に分けた大都市の新築マンション内で突如、発症すると人を襲う謎の感染症が蔓延する。マンション内の住人は高層階と低層階でいがみ合い、やがて混乱と生存を賭けた戦いに発展していく……。

演出：アン・ギルホ
ジャンル：ヒューマン、スリラー
主なキャスト：ハン・ヒョジュ、パク・ヒョンシク（ＺＥ《ゼ》：Ａ《ア》）、チョ・ウジン、パク・

ジュヒ、パク・ヒボン

（以上、Ｎｅｔｆｌｉｘ　２０２２年11月末現在の視聴者ランキングより）

10　スタジオNの登場とウェブトゥーン

韓流ドラマを中心とする「Ｋコンテンツ」は、２０２３年以降、アメリカ・ハリウッドを制する勢いで成長しており、世界のエンタメ界に革新を及ぼす「韓流５・０」と呼ぶべき時代がすでに始まっている。

なかでも、この章の締めくくりとして触れておきたいのがウェブトゥーン原作のドラマだ。その代表的作品が、２０２０年にＮｅｔｆｌｉｘで配信されるやいなや、わずか１カ月間で世界２２００万世帯が視聴したドラマ『Sweet Home ―俺と世界の絶望―』だ。原作は韓国で13億ビューを記録した同名のウェブトゥーン。韓国ではウェブトゥーン原作のドラマが激増しており、２０２０年にはドラマ市場の15％を占めるまでに成長している。

このウェブトゥーンをキラーコンテンツとして使い、ドラマをスタジオドラゴンなどと共同制作することで業績を伸ばしている制作会社が「スタジオＮ」だ。韓国国内で最大のウェブトゥーンサイト「Ｎａｖｅｒ　Ｗｅｂｔｏｏｎ」が２０１８年に１００％出資して作った子会社だ。ＣＪ　ＥＮＭで映画事業部門の責任者であったクォン・ミギョン氏がＣ

ＥＯを務めている。

ＰＤはわずか14人と少数だが、『Sweet Home ―俺と世界の絶望―』（スタジオドラゴンとの共同制作、２０２０年）、『ユミの細胞たち』（スタジオドラゴン、メリーカウクリエイティブ、ＴＶＩＮＧコーポレーションとの共同制作、２０２１年）など、ドラマ・映画など計20本近い作品を制作している。スタジオＮの強みは、親会社ＮａｖｅｒＷｅｂｔｏｏｎが持つ１４０万本ものウェブトゥーンコンテンツだ。スタジオＮは、このなかから自由に作品を選び、映像化することが可能なのだ。

さらに最大の武器は、ドラマ化するウェブトゥーンのストーリーにスタジオＮのＰＤらが自由に手を加えられることだ。通常、ドラマ化権は、著者や原作者と出版社がその許可権を所有している。このため、物語に手を加える場合は、著者や原作者と版元の双方から許可を取らなければならない。しかし、スタジオＮの場合は、映像化権は親会社のＮａｖｅｒＷｅｂｔｏｏｎが所有しているため、誰に憚《はばか》ることなく大胆かつ自由に物語を脚色できるのだ。

このことについて、日本のドラマ関係者は驚きながらも次のように称賛する。

「日本では絶対に考えられないことだ。制作サイドが物語を改変したり、新たな登場人物を設定するなどの提案は１００％揉める原因となる。最近は報道やネットの口コミなどで著作権関連の情報が取り沙汰されることも多く、原作者の権利意識が過剰気味になっているため、マンガの映像化はますます厳しくハードルが高くなっている。

また、原作者や著者が映像化に対しあれこれ注文を出してくるという、逆のケースもある。しかし、ほとんどの場合が素人考えであり、プロ制作陣からしたらあり得ない話であることが多い。その結果、映像化が流れてしまったというケースも漏れ伝わっている。餅は餅屋の論理だ。

その点、韓国は実にビジネスライクに徹して、この難点を処理している。２０２０年にスタジオＮが『Bon Factory Worldwide』と共同制作し、ｔｖＮで放送したドラマ『女神降臨』も、ストーリーやキャラクターに手が加えられている。原作マンガを読んだが、マンガをそのまま忠実にドラマ化したらまず当たらなかったはずだ。マンガでは主人公の立場について、クラスメイトからからかわれる程度のソフトな感じで描かれていたが、ドラマ版では陰惨なイジメとしてかなり誇張されていた。ドラマのほうが明らかに面白くなっていることは、素人目にも明らかだった。

ウェブトゥーン原作のドラマ化は間違いなく激増していく。日本の制作陣がスタジオＮに共同制作を打診するようになるのは時間の問題だろう」

『Sweet Home—俺と世界の絶望—』（２０２０年、Ｎｅｔｆｌｉｘ）

引きこもりだった高校生が家族を失い、絶望のなか引っ越した先の集合住宅で、突然、残忍な怪物が暴れだし、住民らと力を合わせ命がけの戦いを挑んでいく。

ジャンル：サスペンス・ミステリー、ホラー

演出：イ・ウンボク
主なキャスト：ソン・ガン、イ・ジヌク、イ・シヨン、イ・ドヒョン

『女神降臨』（2020年、tvN）
地味で冴えない容姿が原因でいじめられ、自殺まで考えていたヒロインのイム・ジュギョン（ムン・ガヨン）。しかし、メイクを覚えたことで女神と崇められるほどの美人に変身する。ムンのメイク前とメイク後の変身ぶりが話題を集めた。
ジャンル：ラブコメディ
演出：キム・サンヒョプ
主なキャスト：ムン・ガヨン、チャ・ウヌ（ASTRO）、ファン・イニョプ、パク・ユナ、イム・セミ、チョン・ジュノ

11　日本のクリエイターが目指す道

今後、日本が数年のうちに韓国、つまりKコンテンツのレベルに到達することはほぼ不可能だと思われる。まずは10年ほどの時間をかけ、制作体制から見直すべきではないだろうか。

お手本とすべきビジネスモデルが、お隣の韓国で実践されて大成功を収めているのだか

ら、模倣しない手はない。キャスティングありきの企画を見直し、作り手がもっと自由に声をあげられる環境を整えるためにどうすればいいのか。スポンサーが要求するコアターゲット（13〜49歳の男女）ばかりに媚《こ》び、ドラマ企画を作り続けてきた結果が今日なのだ。もちろん、クリエイターレベルで韓国と日本を比較した場合、決して日本の制作陣は負けてはいない、むしろ個人的なレベルでは勝っているはずだ。そう信じたい。

現在、日本の民放キー局のＴＢＳのみが、ＣＪ ＥＮＭとコンテンツ共同開発・制作に向けた戦略的パートナーシップ協定を締結している。すでにＴＢＳは日本版スタジオドラゴンの設立を目指し、水面下で着々と準備を進めている。ＴＢＳのチャレンジがどのような結果を導くのか注目したい。

そうしたなか、韓国は早くも次のステップに向けて大きな歩みを進めている。２０２０年10月にＣＪグループが設立した映像配信サービス「ＴＶＩＮＧ」の事業を成功させるため、２０２１年5月、ＣＪ ＥＮＭは今後5年間で約５０００億円の制作投資を行うと発表した。これはＮｅｔｆｌｉｘやＡｍａｚｏｎプライム・ビデオ、ディズニープラスに対する宣戦布告であると、一部の関係者の間では捉えられている。

ＮｅｔｆｌｉｘとＣＪグループの配下であるスタジオドラゴンが、Ｎｅｔｆｌｉｘと業務提携を結び蜜月関係にあることは前述した。多額のドラマ制作資金を用意してくれるばかりか、グローバルビジネスに展開できるというメリットがあったが、最近は韓国内で批判の声もあがり始めている。莫大な制作費を負担してもらう代わりに、著作権をＮｅｔｆ ｌｉｘが保管するため、二次販売の利益には基本的に与《あずか》れない。そのことを疑問視する声が韓国内で出始めたのだ。

そのような事情から、ＣＪグループが自分たちでＮｅｔｆｌｉｘのような配信系事業サービスを立ち上げ、実現したのが「ＴＶＩＮＧ」だ。２０２３年度内には正式に日本でも事業を展開する予定だ。国内の韓流ドラマファンを魅了する高いサービスが想定されており、新たな台風の目になることは確実だ。

最後に、日本のドラマが停滞しているいちばんの理由だが、旧態依然とした制作体制はもとより、企画書や脚本作成に潤沢な予算や充分な時間をかけることができないことにある。

日本のドラマ界では、基本的に若い視聴者層をターゲットにした作品ばかりが常に求められる。スタジオドラゴンが採用する企画開発システムを日本で採用できれば、現在の、スポンサーの顔色と視聴率だけに一喜一憂する、出口の見えない硬直状態に、一筋の光明が見出せるのではないだろうか。まだ時間はあるはずだ。

おわりに

韓国ドラマの海外展開の成功を見ていると、良質なコンテンツの制作と情報発信、拡散、そしてそれを活かした新たな観光創出が両輪になっていることがわかる。

また、IMF危機以降の国の戦略として、〝選択と集中〟がうまくいったということでもある。ITとコンテンツがその柱でもあった。そしてその成功は日本にとって大きな刺激にもなっている。

本書では、韓国のコンテンツ制作の仕組みをドラマを通じて俯瞰し、さらにその作品が導出するツーリズムまでを射程に入れて説明した。コンテンツツーリズムはコンテンツ作品に依拠する観光行動であるため、いかに魅力的なコンテンツ作品が創作され、いかにそのコンテンツ作品が利活用されるのかという、産業振興、観光振興の両面を見ていかなければならない。

良質なコンテンツは観光行動を創出するというのが、筆者の考えである。振り返ると2010年に筆者が『物語を旅するひとびと―コンテンツ・ツーリズムとは何か』（彩流社）を上梓したときには、コンテンツツーリズム研究はまだ一般には認知されておらず、筆者としては観光地理学や文化地理学の一領域に踏み込んだつもりだった。それから10年余りが経ち、筆者の著作はもとより、数多くの書籍が刊行され、論考が発表されてきた。

コンテンツツーリズム研究が活発化した端緒は、２００７年前後に遡る。それには、デジタル技術の発達によって、アニメで実景に近い、精緻な背景が描かれるようになったことが大きい。それに伴い作品のファンが各地のアニメの舞台探訪を開始した。つまり、現在に至るコンテンツツーリズムの一般化にあたっては、コンテンツの中でもアニメの影響が最も大きいと考えていい。またアニメツーリズムにおいては、地域活性化などと結び付き、自治体、観光協会などの施策としての集客事業へと展開した事例も少なくない。

さて、新型コロナウイルスのパンデミックの影響で、筆者も少なからず自宅に籠ることが多くなり、結果、Ｎｅｔｆｌｉｘを中心に、第4次韓流ブームといわれる韓国ドラマを相当数、観ることになった。

これまで韓国に関しては脇目で眺めているというのが実情だったが、ようやく本腰を入れてみようと考えて、本書の企画に辿り着いた。筆者はかつて30年近くメディア、コンテンツの仕事に従事してきており、大学の教員になって以降も、最初の頃はコンテンツ研究に勤《いそ》しんでいた。

もともとコンテンツ創出のメカニズムに関心があって、それが発展、拡張してコンテンツツーリズム研究の基盤にもなったのだが、本書でも、韓国のコンテンツをコンテンツ産業研究、コンテンツツーリズム研究の両輪で捉えてみたつもりだ。そのために東京・四谷の韓国コンテンツ振興院にも何度もヒアリングに行かせてもらい、さらに本文でも述べたように韓国を訪れ、10日間のフィールドワークも実施した。

もちろん韓国に在住しているわけではないので、幾分、客観的すぎるかもしれない記述になっているが、それでもフィールドワークを加えたことでリアリティは担保できたと思っている。ソウル以外のまちでの発見も多かった。コンテンツの基盤にあるさまざまな都市空間の確認は重要だ。

韓流ブームはすっかり日本では定着した感があるが、今後はどのような発展をしていくのだろうか。ますます興味が湧いてくる。また機会を見て韓国を訪れたいとも思う。今や韓国から学ぶ点は多い。ただし、それによって日本のコンテンツのアドバンテージも確認できるだろう。

健全な競争の中で、韓国、日本がそれぞれ特徴のある発展をすることを期待している。それによって、また、互いのカルチャーやコンテンツを尊重し合うことによって、両国の交流が深まることも願っている。

本書作成に当たり、徳間書店の明石直彦氏、安田宣朗氏には企画段階からいろいろとお世話になった。本書を上梓できる機会を与えてくれたことに大きな感謝である。

2022年は諸事情あり、多忙を極めたが、何とか辿り着いたというのが本音である。

改めて思うのは、韓国のコンテンツが世界で評価されることによって、日本のコンテンツにも当然、いい風が吹くだろうということ、しかし、日本は日本でさらなる努力を怠らないことが大事だということだ。そのことを最後に述べて筆をおこう。

2023年1月　桜台にて

増淵敏之

○参考文献

東浩紀（２００１）『動物化するポストモダン―オタクから見た日本社会』講談社

渥美志保（２０２１）『大人もハマる！ 韓国ドラマ 推しの50本』大月書店

伊東順子（２００２）『韓国カルチャー 隣人の素顔と現在』集英社

イ・ヘミ著、伊東順子訳（２０２２）『搾取都市、ソウル―韓国最底辺住宅街の人びと』筑摩書房

イ・ヨンソク（２０２１）『２０００年代以降韓国ドラマ制作システム研究 ドラマ企画方式を中心に』高麗大学校大学院

内田和成監修、岩井琢磨・牧口松二著（２０１６）『物語戦略』日経ＢＰ

大瀬留美子（２０２２）『ソウル おとなの社会見学』亜紀書房

大竹喜久、宋賢富（２０１２）「韓国の都市輸出戦略① 韓国の都市輸出戦略における国家支援および韓国土地住宅公社の役割」土地総合研究／土地総合研究所［編］Ｐ13‐18

大塚英志（１９８９）『物語消費論―「ビックリマン」の神話学』新曜社

大塚英志（２０２２）『大東亜共栄圏のクールジャパン 「協働」する文化工作』集英社

川村湊（２０００）『ソウル都市物語―歴史・文学・風景』平凡社

姜在彦（２０２１）『朝鮮半島史』ＫＡＤＯＫＡＷＡ

菅野朋子（２０２２）『韓国エンタメはなぜ世界で成功したのか』文藝春秋

木村幹（2022）『韓国愛憎—激変する隣国と私の30年』中央公論新社
金相美（2004）「日本における『冬のソナタ』視聴と効用—韓国に対するイメージ・関心・評価向上を中心に」ソウル大学校・東京大学合同シンポジウム・プレゼンテーション
金正勲（2008）「創造経済の台頭とコンテンツ産業の未来」『intelplace #112 December 2008』国際大学グローバル・コミュニケーション・センター
金正勲、生貝直人（2006）「創造経済におけるコンテンツ政策」『メディア・コミュニケーション（56）』、P183-197、慶應義塾大学メディア・コミュニケーション研究所
キム・ミスク（2021）『ドラマプロデューサーとしての制作会社企画プロデューサー研究〜制作会社エグゼクティブ・プロデューサーのドラマ・プロデューサーとしての役割に関する研究〜』カトリック関東大学校
楠木建（2010）『ストーリーとしての競争戦略—優れた戦略の条件』東洋経済新報社
鈴木ちひろ（2021）『行った気になれる！妄想韓国ドラマ旅』主婦の友社
砂本文彦（2009）『図説 ソウルの歴史—漢城・京城・ソウル 都市と建築の六〇〇年』河出書房新社
主婦と生活社編（2004）『「冬のソナタ」の歩き方（別冊週刊女性）』主婦と生活社
夏目深雪（2022）『韓国女性映画 わたしたちの物語』河出書房新社
長谷川朋子（2021）『NETFLIX 戦略と流儀』中央公論新社
林香里（2005）『「冬ソナ」にハマった私たち—純愛、涙、マスコミ……そして韓国』文藝春秋社

○参考文献

東山サリー（２０１９）『韓国カフェ巡りinソウル』ワニブックス
藤脇邦夫（２０１６）『定年後の韓国ドラマ』幻冬舎
藤脇邦夫（２０２１）『人生を変えた韓国ドラマ　２０１６〜２０２１』光文社
文化体育観光部、韓国国際文化交流振興院（２０２０）『韓流白書』文化体育観光部、韓国国際文化交流振興院
マーク・ランドルフ著、月谷真紀訳（２０２０）『不可能を可能にせよ！　ＮＥＴＦＬＩＸ成功の流儀』サンマーク出版
増淵敏之（２０１０）『物語を旅するひとびと―コンテンツ・ツーリズムとは何か』彩流社
増淵敏之（２０１１）『物語を旅するひとびとⅡ―ご当地ソングの歩き方』彩流社
増淵敏之（２０１８）『ローカルコンテンツと地域再生―観光創出から産業振興へ』水曜社
Ｍｉｓａ（２０２２）『韓国ドラマの知りたいこと、ぜんぶ』青春出版社
文京洙（２０１５）『新・韓国現代史』岩波書店
吉村剛史（２０２１）『ソウル25区＝東京23区―似ている区を擬えることで土地柄を徹底的に理解する』パブリブ
四方田犬彦（２００１）『ソウルの風景―記憶と変貌』岩波書店
四方田犬彦（２０２２）『戒厳』講談社
陸善（２０１８）「韓国産コンテンツによる新たなツーリズムの可能性―アニメーションとマンガを中心に」『コンテンツツーリズム学会論文集　５巻』コンテンツツーリズム学会
Florida, R. (2002) *The Rise of the Creative Class:And How It's Transforming Work, Leisure,*

Community and Everyday Life, Basic Books.
Nye Jr., Joseph Samuel (2004) *Soft Power: The Means to Success in World Politics*, Perseus Books Group

http;//inet-koreadramafan.com
https://www.sankeibiz.jp
https://www.interbrandjapan.com/
https://www.globalnote.jp/
https://www.fsight.jp
https://www.facebook.com/KOCCATOKYO/
https://www.businessinsider.jp
http://kodatv.or.kr/sub/index.php
https://www.citydigitalmedia.com
https://news.livedoor.com/article/detail/21784374/
https://www.musically.jp/news-articles/ifpi-global-report-2020
https://rainnews.com/ifpi-global-report-streaming-is-the-worlds-top-music-revenue-source/
https://www.etnews.com/20220330000001
https://crowdworks.jp/public/jobs/7096651
https://torja.ca/entame-zanmai-68/

○参考文献

https://gendai.ismedia.jp/articles/-/87106?page=6
https://www.fmmc.or.jp/
https://www.cao.go.jp/cool_japan/report/
https://www.meti.go.jp/policy/
https://www.citydigitalmedia.com
https://www.musically.jp/news-articles/
https://gendai.ismedia.jp/articles/
https://torja.ca/
https://www.nhk.jp/p/ts/6J782XY4NX/
https://crowdworks.jp/public/jobs/
https://www.etnews.com/
https://www.dbj.jp/topics/dbj_news/
International Monetary Fund - Homepage（imf.org）
https://www.konest.com/
https://www.wowkorea.jp/
https://www.Netflix.com/jp/
http://www.studiodragon.net
https://www.studioncorp.com/en/
（※一部はすでに存在しないＵＲＬもある）

増渕敏之（ますぶち・としゆき）
1957年、札幌市生まれ、東京大学大学院総合文化研究科博士課程修了、学術博士。法政大学大学院政策創造研究科教授、同研究科長、専門は文化地理学。
NTV映像センター、AIR-G'（FM北海道）、東芝EMI、ソニー・ミュージックエンタテインメントにおいて放送番組、音楽コンテンツの制作および新人発掘等に従事後、現職。
コンテンツツーリズム学会会長、文化経済学会〈日本〉特別理事、希望郷いわて文化大使、岩手県文化芸術振興審議会委員、小田原市政策戦略アドバイザー、NPO氷室冴子青春文学賞特別顧問など公職多数。主な著作に2010年『物語を旅するひとびと』（彩流社）、『欲望の音楽』（法政大学出版局）、2012年『路地裏が文化を生む！』（青弓社）、2016年『きょうのごはんは“マンガ飯”』（WATOとの共著、旭屋出版）、2017年『おにぎりと日本人』（洋泉社）、2018年『ローカルコンテンツと地域再生』（水曜社）、2019年『「湘南」の誕生』（リットーミュージック）、2020年『伝説の「サロン」はいかにして生まれたのか』（イーストプレス）、2021年『白球の「物語」を巡る旅』（大月書店）など多数。

岡田幸信（おかだ・ゆきのぶ）
1972年、東京生まれ。早稲田大学卒業後、出版、新聞、放送、配信などの各メディアでキャリアを築く。現在、コンテンツツーリズム、地域再生、メディア文化論などの研究に携わる。

韓国コンテンツはなぜ世界を席巻するのか
ドラマから映画、K-POPまで知られざる最強戦略

第1刷　2023年1月31日

著　者　増渕敏之
　　　　岡田幸信
発行者　小宮英行
発行所　株式会社徳間書店
　　　　〒141-8202　東京都品川区上大崎3-1-1
　　　　目黒セントラルスクエア
　　　　電　話　編集(03)5403-4344／販売(049)293-5521
　　　　振　替　00140-0-44392

印刷・製本　大日本印刷株式会社

本書の無断複写は著作権法上での例外を除き禁じられています。
購入者以外の第三者による本書のいかなる電子複製も一切認められておりません。

乱丁・落丁はお取り替えいたします。
© 2023 MASUBUCHI Toshiyuki, OKADA Yukinobu, Printed in Japan
ISBN978-4-19-865553-2